国家出版基金项目
NATIONAL PUBLICATION FOUNDATION

丝绸之路历史文化研究书系

第三辑

杨富学 主编

高昌石窟壁画研究

陈爱峰 著

甘肃文化出版社

甘肃·兰州

图书在版编目（C I P）数据

高昌石窟壁画研究/ 陈爱峰著. -- 兰州 : 甘肃文化出版社, 2021.12
(丝绸之路历史文化研究书系 / 杨富学主编. 第三辑)
ISBN 978-7-5490-2099-7

Ⅰ. ①高… Ⅱ. ①陈… Ⅲ. ①石窟—壁画—研究 Ⅳ. ①K879.414

中国版本图书馆CIP数据核字(2020)第188484号

高昌石窟壁画研究

GAOCHANG SHIKU BIHUA YANJIU

陈爱峰 | 著

项目策划 | 郧军涛
项目统筹 | 周乾隆　贾　莉　甄惠娟
责任编辑 | 甄惠娟　史春燕
封面设计 | 马吉庆

出版发行 | 甘肃文化出版社
网　　址 | http://www.gswenhua.cn
投稿邮箱 | gswenhuapress@163.com
地　　址 | 兰州市城关区曹家巷 1 号 | 730030(邮编)

营销中心 | 贾　莉　王　俊
电　　话 | 0931-2131306

印　　刷 | 兰州新华印刷厂
开　　本 | 787 毫米 × 1092 毫米　1/16
字　　数 | 300 千
印　　张 | 21
版　　次 | 2021 年 12 月第 1 版
印　　次 | 2021 年 12 月第 1 次
书　　号 | ISBN 978-7-5490-2099-7
定　　价 | 126.00 元

总 序

丝绸之路是一条贯通亚、欧、非三洲经济文化交流的大动脉。自古以来，世界各地不同族群的人都会在不同环境、不同传统的背景下创造出独特的文化成就，而人类的发明与创造往往会突破民族或国家的界限，能够在相互交流的过程中获得新的发展。丝绸之路得以形成的一个重要原因，就在于东西经济文化的多样性和互补性。

在中西交往的经久历程中，中国的茶叶、瓷器及四大发明西传至欧洲，给当时的西方社会带来了影响，至今在西方人的生活中扮演着重要角色。反观丝绸之路对中国的影响，传来的大多是香料、金银器等特殊商品，还有胡腾舞、胡旋舞等西方文化。尽管这些西方的舶来品在考古现场有发现，在壁画、诗词等艺术形式上西方的文化元素有展示，但始终没有触及中华文明的根基。

早在远古时期，虽然面对着难以想象的天然艰险的挑战，但是欧亚大陆之间并非隔绝。在尼罗河流域、两河流域、印度河流域和黄河流域之北的草原上，存在着一条由许多不连贯的小规模贸易路线大体衔接而成的草原之路。这一点已经被沿路诸多的考古发现所证实。这条路就是最早的丝绸之路的雏形。

草创期的丝绸之路经历了漫长的历史演进，最初，首要的交易物资并不是丝绸。在公元前15世纪左右，中原商人就已经出入塔克拉玛干沙漠边缘，购买产自现新疆地区的和田玉石，同时出售海贝等沿海特产，同中亚地区进行小规模贸易交流。而良种马及其他适合长距离运输的动物也开始不断被人们所使用，于是大规模的贸易往来成为可能。比如阿拉伯地区经常使用的耐渴、耐旱、耐饿的单峰骆驼，在公元前11世纪便用于商旅运输。而分散在亚欧大陆的游牧民族据传在公元前4世纪左右才开始饲养马。双峰骆驼则在不久后也被运用在商贸旅行中。另外，欧亚大陆腹地是广阔的草原和肥沃的土地，对于游牧民族和商队运输的牲畜而言可以随时随地安定下来，就近补给水、食物和燃料。这样一来，一支商队、旅行队或军队可以在沿线各强国没有注意到他们的存在或激发敌意的情况下，进行长期、持久而路途遥远的旅行。

随着游牧民族的不断强盛，他们同定居民族之间不断争斗、分裂、碰撞、融合，这使原始的文化贸易交流仅存于局部地区或某些地区之间。不过，随着各定居民族强国的不断反击和扩张，这些国家之间就开始了直接的接触，如西亚地区马其顿亚历山大的东征，安息王朝与罗马在中亚和地中海沿岸的扩张，大夏国对阿富汗北部、印度河流域的统治以及促使张骞动身西域的大月氏西迁。这些都说明上述地区之间进行大规模交通的要素已经具备，出入中国的河西走廊和连通各国的陆路交通业已被游牧民族所熟知。

丝路商贸活动的直接结果是大大激发了中原人的消费欲望，因为商贸往来首先带给人们的是物质（包括钱财等）上的富足，其次是来自不同地域的商品丰富了人们的精神文化生活。“紫驼载锦凉州西，换得黄金铸马蹄”，丝路商贸活动可谓奇货可居，令人眼花缭乱，从外奴、艺人、歌舞伎到家畜、野兽，从皮毛植物、香料、颜料到金银珠宝、矿石金属，从器具、牙角到武器、书籍、乐器，几乎应有尽有。而外来工艺、宗教、风俗等随商人进入更是不胜枚举。这一切都成了中原高门大户的消费对象与消费时尚。相对而言，唐代的财力物力要比其他一些朝代强得多，因此他们本身就有足够的能力去追求超级消费，而丝路商贸活动的繁荣无非是为他们提供了更多的机遇而已。理所当然的就有许许多多的人竭力囤积居奇，有钱人不仅购置珍奇异宝而且还尽可能在家里蓄养宠物、奴伎。诚如美国学者谢弗所言：7世纪的中国是一个崇尚外来物品的时代。当时追求各种各样的外国奢侈品和奇珍异宝的风气开始从宫廷中传播开来，从而广泛地流行于一般的城市居民阶层之中。古代丝绸之路的开辟，促进了东西方的交流，从而大大推动了世界各国的经济、政治发展，丰富了各国人民的物质文化生活。

丝绸之路上文化交流，更是繁荣昌盛。丝绸之路沿线各民族由于生活的环境不同，从而形成不同的文化系统，如印度文化系统、中亚诸族系统、波斯—阿拉伯文化系统、环地中海文化系统、西域民族文化系统、河西走廊文化系统、黄河民族文化系统、青藏高原文化系统等等。而在这其中，处于主导地位的无疑是中原汉文化、印度文化、希腊文化和波斯—阿拉伯文化。

季羡林先生曾言："世界上历史悠久、地域广阔、自成体系、影响深远的文化体系只有四个，即中国、印度、希腊和伊斯兰……目前研究这种汇流现象和汇流规律的地区，最好的、最有条件的恐怕就是敦煌和新疆。"这两个地方汇聚了四大文化的精华，自古以来，不仅是多民族地区，也是多宗教的地区，在丝绸之路沿线流行过的宗教，如萨满教、祆教、佛教、道教、摩尼教、景教、伊斯兰教，甚至还有印度教，以及与之相伴的各种文化，都曾在这里交汇、融合，进而促成了当地文化的高度发展。尤其是摩尼教，以其与商人的特殊关系，始终沿丝绸之路沿线传播。过去，学术界一般认为摩尼教自13世纪始即已彻底消亡，而最近在福建霞浦等地发现了大批摩尼教文献与文物，证明摩尼教以改变了的形式，在福建、浙江一带留存至今。对霞浦摩尼教文献的研究与刊布，将是本丛书的重点议题之一。

季先生之所以要使用"最好的"和"最有条件"这两个具有限定性意义的词语，其实是别有一番深意的，因为除了敦煌和新疆外，不同文明的交汇点还有许多，如张掖、武威、西安、洛阳乃至东南沿海地带的泉州，莫不如此。新疆以西，这样的交汇点就更多，如中亚之讹答剌、碎叶（今吉尔吉斯斯坦托克马克）、怛罗斯、撒马尔罕、布哈拉、塔什干、花剌子模，巴基斯坦之犍陀罗地区，阿富汗之大夏（巴克特里亚）、喀布尔，伊朗之巴姆、亚兹德，土耳其之以弗所、伊斯坦布尔等，亦都概莫能外，其中尤以长安、撒马尔罕和伊斯坦布尔最具有典型意义。

西安古称长安，有着 1100 多年的建都史，是中华文明与外来文明的交流的坩锅，世所瞩目的长安文明就是由各种地域文化、流派文化融汇而成的，其来源是多元的，在本体上又是一元的，这种融汇百家而成的文化进一步支撑和推动了中央集权制度。在吸收整合大量外域文化之后，长安文明又向周边广大地域辐射，带动了全国的文明进程，将中国古代文化的发展推向高峰，并进一步影响周围的民族和国家；同时中国的商品如丝绸、瓷器、纸张大量输出，长安文明的许多方面如冶铁、穿井、造纸、丝织等技术都传到域外，为域外广大地区所接受，对丝绸之路沿线各地文明的发展产生了重大影响，体现出长安文化的扩散性和长安文明的辐射性。这是东西方文化长期交流、沟通的结果。在兼容并蓄思想的推动下，作为“丝绸之路”起点的长安，不断进取，由此谱写了一部辉煌的中外文化交流史。长安文化中数量浩繁的遗存遗物、宗教遗迹和文献记载，是印证东西方文化交流、往来的重要内容。

撒马尔罕可谓古代丝绸之路上最重要的枢纽城市之一，其地连接着波斯、印度和中国这三大帝国。关于该城的记载最早可以追溯到公元前 5 世纪，其为康国的都城，善于经商的粟特人由这里出发，足迹遍及世界各地。这里汇聚了世界上的多种文明，摩尼教、拜火教、基督教、伊斯兰教在这里都有传播。位于撒马尔罕市中心的“列吉斯坦”神学院存在于 15—17 世纪，由三座神学院组成，他们虽建于不同时代，但风格相偕，结构合理，堪称中世纪建筑的杰作。撒马尔罕的东北郊坐落着举世闻名的兀鲁伯天文台，建造于 1428—1429 年，系撒马尔罕的统治者、乌兹别克斯坦著名天文学家、学者、诗人、哲学家兀鲁伯所建，是中世纪具有世界影响的天文台之一。兀鲁伯在此测出一年时间的长短，与现代科学计算的结果相差极微；他对星辰位置的测定，堪称继古希腊天文学家希巴尔赫之后最准确的测定。撒马尔罕北边的卡塞西亚，原本为何国的都城，都城附近有重楼，北绘中华古帝，东面是突厥、婆罗门君王，西面供奉波斯、拂菻（拜占庭）等国帝王，这些都受到国王的崇拜。文化之多样性显而易见。

伊斯坦布尔为土耳其最大的城市和港口，其前身为拜占庭帝国（即东罗马帝国）的首都君士坦丁堡，地跨博斯普鲁斯海峡的两岸，是世界上唯一地跨两个大洲的大都市，海峡以北为欧洲部分（色雷斯），以南为亚洲部分（安纳托利亚），为欧亚交通之要冲。伊斯坦布尔自公元前658年开始建城，至今已有2600多年的历史，其间，伊斯坦布尔曾经是罗马帝国、拜占庭帝国、拉丁帝国、奥斯曼帝国与土耳其共和国建国初期的首都。伊斯坦布尔位处亚洲、欧洲两大洲的接合部，是丝绸之路亚洲部分的终点和欧洲部分的起点，其历史进程始终与欧亚大陆之政治、经济、文化变迁联系在一起，见证了两大洲许许多多的历史大事。来自东方的中华文明以及伊斯兰教文化和基督教文化在这里彼此融合、繁荣共处，使这里成为东西方交流的重要地区。

综上可见，丝绸之路上的文化多元、民族和谐主要得益于宗教信仰的自由和民族政策的宽松——无论是中原王朝控制时期，还是地方政权当政期间，都不轻易干涉居民的宗教信仰和民族之间的文化交流。丝绸之路上各种思想文化之间相互切磋砥砺，在这种交互的影响中，包含着各民族对各种外来思想观念的改造和调适。“波斯老贾度流沙，夜听驼铃识路赊。采玉河边青石子，收来东国易桑麻。”通过多手段、多途径的传播与交流，中西文化融会贯通，构成一道独具魅力、异彩纷呈的历史奇观。从这个意义上说，丝绸之路可称得上是一条东西方异质经济的交流之路和多元文化传播之路，同时又是不同宗教的碰撞与交融之路。

为了进一步推进“丝绸之路”历史文化价值的研究，本人在甘肃文化出版社的支持与通力合作下策划了“丝绸之路历史文化研究书系”，得到全国各地及港澳台学者的支持与响应。幸运的是，该丛书一经申报，便被批准为国家出版基金资助项目。

“丝绸之路历史文化研究书系”为一套综合性学术研究丛书，从不同方面探讨丝绸之路的兴衰演进及沿线地区历史、宗教、语言、艺术等文化遗存。和以往的有关丝绸之路文化方面的论著相比，本套丛书有自身个性，即特别注重于西北少数民族文献与地下考古资料，在充分掌握大量的最新、最前沿的研究动态和学术成果的基础上，在内容的选取和研究成果方面，具有一定的权威性和前沿性。整套丛书也力求创新，注重学科的多样性和延续性。

杨富学

2016年8月23日于敦煌莫高窟

序

半年前，陈爱峰发来《高昌石窟壁画研究》书稿，请我为之作序，我毫不犹豫就答应了。爱峰是我的开山弟子，也是我最满意的弟子之一。从2003年开始，我应邀在西北民族大学历史文化学院中国少数民族史专业招收硕士研究生，当年招生三人，分别由我和谢玉杰、赵学东二位教授各带一人，陈爱峰就归在我的名下。硕士点负责人赵学东教授体瘦心宽，思考问题长远，注意发挥团队优势，学生虽按规定分配至不同导师名下，实则徒具形式而已，具体培养不分彼此，既有利于同学们增进凝聚力，避免门户之见，也有利于同学们兼得不同导师的治学之长。这一培养方案收到了良好的效果，十余年来，已有不少同学在各自岗位崭露头角，如陈爱峰（满族）、康建国（蒙古族）、秦才郎加（藏族）、赵天英（藏族）、樊丽沙（汉族）、张海娟（汉族）、仁青（藏族）、朱满良（汉族）等，看到他们一个个脱颖而出，我心里只有"高兴"二字。

爱峰读研时专注西夏史，尤其是黑水城出土文书，我们于2012年出版的《西夏与周边关系研究》就是其努力钻研的结果。2007年，爱峰硕士毕业后到吐鲁番学研究院工作，开始将主要精力转往高昌石窟和吐鲁番文书，于是便有了2013年我们师生合作出版的《吐鲁番宗教史》。《高昌石窟壁画研究》是爱峰推出的第三部学术著作，也是他个人的第一部独著（他的博士学位论文《高昌回鹘时期吐鲁番观音图像研究》也将于近期由上海古籍出版社出版），洋洋30余万言，共收录15篇论文，其中3篇为调查简报，10篇是对具体壁画内容的释读，1 篇是对地面寺院形制布局以及性质的考释，1 篇是对国外探险家考察石窟的资料整理。

3 篇调查简报分别以吐鲁番雅尔湖石窟、大桃儿沟石窟、小桃儿沟石窟为调查对象。雅尔湖石窟现存 15 个洞窟，分上下两层，另有僧房、天井、阶梯等遗迹。洞窟形制多为长方形纵券顶，其中第 1—7 窟为一个组合，有礼拜窟和禅窟组成。始建年代为北凉据有交河时期（450—460），一直延续使用到高昌回鹘时期。石窟内残存大量汉文、突厥文与回鹘文题记，从这些题记可以反映出石窟的兴废及其与周边政权和民族的关系。大、小桃儿沟石窟为藏传佛教石窟，洞窟类型包括僧房窟、禅窟、礼拜窟。壁画题材包括观无量寿经变、五佛曼陀罗、八十四大成就者、藏式如来八塔、藏传佛教上师、学僧图、佛、菩萨、飞天、装饰纹样等。依据石窟形制及题材内容、风格等判断，两处石窟的兴建年代为宋元时期。

10 篇释读壁画内容的论文也都以第一手调查资料为依据，如《吐峪沟石窟第 44 窟兔王本生故事考》通过文图对读，认定此幅壁画应为“兔王本生”，出自三国吴支谦译《菩萨本缘经》卷下《兔品第六》。《柏孜克里克石窟第 17 窟佛说大乘庄严宝王经变考释》揭示了北宋时期中原与西域的文化交流，同时纠正了以往学界对第 17 窟年代的推定，即并非唐西州时期，结合窟内供养人族属的认定，作者初步将该窟壁画的绘制年代定在北宋初（10 世纪末）至回鹘归顺蒙古之前（13 世纪初）。再如《净土的选择：柏孜克里克第 29 窟六字观音经变考释》，从石窟左侧壁六字观音经变入手，通过与正壁的弥勒净土变、右侧壁的阿弥陀净土变之比较，以探寻其内在关系。若从观音信仰的角度分析，即为信仰者一方面希望通过祈求观音而得到现世的佑助，另一方面又希望通过称颂阿弥陀佛和弥勒菩萨而得到来世的往生。但弥勒位于正壁，而阿弥陀佛却“偏居”侧壁，这可能反映了出资修建洞窟的功德主在选择往生何种净土时，更倾向于弥勒净土。

密教是西域佛教研究中的薄弱环节，密教艺术更是少有人问津，究其原因，一是因为新疆古代流行多种文字，而汉籍史料又记载偏少，研究起来常有捉襟见肘之感;另一个原因是高昌石窟由于受自然的、人为的因素影响,壁画破坏严重,而且很多壁画已被剥离,散藏在吐鲁番以外的地方,给壁画内容的识别造成了非常大的困难,若没有长期扎根吐鲁番进行仔细调查琢磨的工夫,很难判定壁画的内容。本书中多篇文章涉及这一主题:柏孜克里克第 40 窟右侧壁如意轮观音经变,较之敦煌石窟的如意轮观音经变,内容更加丰富,有许多题材是敦煌所未有的,如十大明王、释迦与弥陀组合像等。这些新增的题材彰显了宋代中原与高昌回鹘的佛教文化交流之密切,中原的佛经翻译和佛教实践为高昌回鹘佛教的发展提供了源源不断的新鲜血液,是高昌回鹘佛教繁盛的源泉。从绘画风格来看,该经变融合了中原和龟兹画风,体现了高昌回鹘时期吐鲁番佛教艺术的多元化风格。高昌回鹘时期,上至王室贵族,下至普通民众,都投入极大的热情出资开凿石窟、绘制壁画、供养幡像,以表达对千手千眼观音虔诚信仰之心。那些拥有佛教理论知识,熟悉汉语与回鹘语的高僧,则积极将汉文千手千眼观音类经典翻译为回鹘文,从而推动了千手千眼观音信仰的普及与流播。以观音为主尊,文殊、普贤为胁侍的三大士组合,最早出现于唐代,辽宋时期逐渐发展并兴盛起来,高昌回鹘流行的三大士图像就是在此背景下产生的。文章以柏孜克里克第 39 窟的华严三大士图像为中心,简要考释了该窟的壁画内容,进而探讨了高昌回鹘时期华严三大士图像流行的时代背景,及其与敦煌、黑水城和五台山的互动与交流。

藏传佛教艺术也是本书比较集中的议题,这是此前学术界很少有人涉足的处女地。吐鲁番大桃儿沟第 9 窟绘有印度八十四大成就者图像,作者通过对图像的分析及回鹘文榜题的释读,考证出部分成就者的名号,并与莫高窟北区出土回鹘文文书比对,复原出成就者在洞窟中的原本序次(即原本位置)。在此基础上,得出如下结论:其一,该窟成就者图像的绘制,所依文本为回鹘文《八十四大成就者传》,该文本在莫高窟北区曾有出土;其二,该窟大成就者图像与莫高窟北区回鹘文《八十四大成就者传》的一致性,表明吐鲁番与敦煌两地在大成就者信仰流派上也是一致的。大桃儿沟第 10 窟观经变绘制于 13 世纪初至 14 世纪末,有浓厚的藏传佛教风格。虽然因循了敦煌石窟观经变的造像传统，但在净土庄严像中，其布局与构图与敦煌石窟有着诸多迥异之处，体现了吐鲁番当地的造像特色。吐鲁番高昌故城的东南佛寺是一所藏传佛教寺院，修建于西夏后期至元代，建筑布局为前殿后塔形式。佛殿内残存的壁画显示出了浓厚的藏传佛教风格，表现的主题是五方佛；佛塔是在印度及中亚流行的十字形佛塔的基础上演变而来，后为藏传佛教所独爱，先流行于西藏，后传播到敦煌，最后传至吐鲁番等地。

由上可以看出，爱峰的这部书稿，探讨问题的深度、广度不无“老道”之处，不仅立意新颖，而且资料丰富，其中很多信息都是他通过实地踏查得来的，非常难得，值得同学们效法。

拉拉杂杂谈了以上许多，一来有感于爱峰甘于寂寞不断进取的精神，二来有感其攻坚克难终有所成的历程，希望爱峰博士能够再接再厉，在注意劳逸结合的前提下再创佳绩。是为序。

杨富学

2020 年 4 月 28 日

目 录

雅尔湖石窟调查简报

雅尔湖石窟位于交河故城西南雅尔乃孜沟南岸的崖壁上，东距吐鲁番市区 10 千米，地理坐标为北纬 42°57′21.6″，东经 89°03′03.6″，海拔 69.8 米（图 1）。

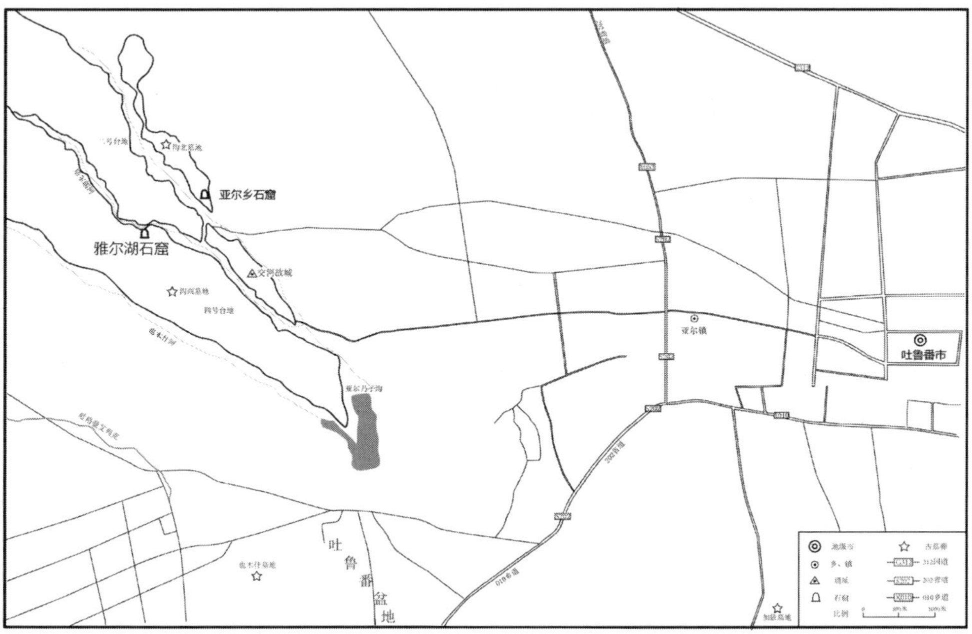

图 1　雅尔湖石窟位置示意图

图 2　雅尔湖石窟全景图

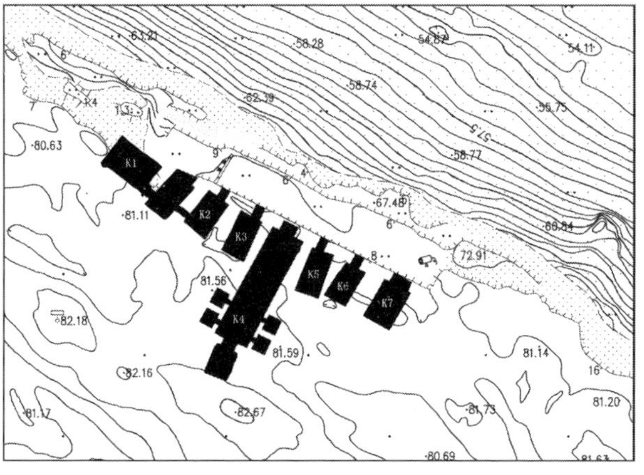

图 3　雅尔湖石窟(K1–7)分布图

雅尔湖石窟现存 15 窟[①]，建造技艺为崖内凿洞。整个石窟分上下两层，上层自西向东编号为 1 至 11 窟，下层自东向西编号为 12 至 15 窟。其中，第 1 窟至 7 窟为长方形纵券顶窟；第 1 窟主室前半部分坍塌，侧室为横券顶，北面部分坍塌，后来做了修补；第 2 至 7 窟保存较好；第 8、9、14、15 为龛窟；第 10 窟至 13 窟坍塌严重，已无法判断。第 12 窟之上有井式通道，向上可达上层第 7 窟的前庭；第 13 窟的西侧有阶梯向上通达第 1 窟的前庭；第 1 窟西侧可能是僧房遗迹，僧房遗迹的西侧有井式通道，可达下层。除此之外，在沟的北岸也有若干洞窟，窟前和窟内累积了大量的沙土(图 2、图 3)。

① 雅尔湖石窟，之前吐鲁番市文物局编号了 7 个洞窟，此次调查在原有编号不变的情况下，新增加 8 至 15 窟。

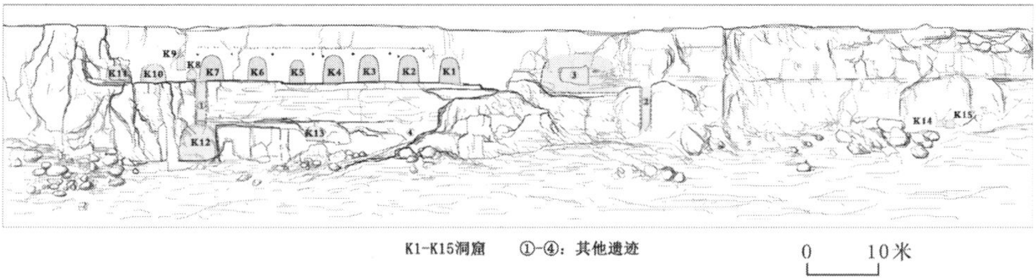

图 4　雅尔湖石窟立面图

一、调查与研究回顾

1898 年，俄国考察队在克雷门茨（Клеменц，ДмитрийАлександрович）的率领下，首次调查了吐鲁番的石窟及古城遗址。9 月 9 日至 14 日，他们考察了交河故城、雅尔湖石窟、雅尔湖附近峡谷中的墓葬洞窟①。在克雷门茨用德文撰写的《1898 年俄罗斯皇家科学院吐鲁番探险考察报告》的第二章第一节中，介绍了他们考察的成果②，根据书末所附图版来看，考察队在雅尔湖千佛洞石窟是拍了一些壁画的照片的，如第 4 窟窟内的全景图及前室左侧壁（东壁）的一幅说法图。根据张惠明先生在艾尔米塔什博物馆的调查，我们可以确知此次考察队在雅尔湖千佛洞共获得 4 块壁画残片③。

1909 年，俄国考察队在奥登堡（Ольденбург，СерейФёдорович）的领导下，来到吐鲁番进行调查，并于 1914 年发表了《1909—1910 俄国第一次西域考察

① 张惠明：《1898 至 1909 年俄国考察队在吐鲁番的两次考查概述》，《敦煌研究》2010 年第 1 期，第 88 页。

② Klementz，A.Д.Nachrichten über die von der Kaiserlichen Akademie der Wissenschaften zu St.Petersburg im Jahre1898.Ausgerüstete Expedition nach Turfan，St.Pétersbourg，1899，pp.24—28.

③ 张惠明：《俄国艾尔米塔什博物馆的吐鲁番收藏品》，《敦煌吐鲁番研究》第十卷，上海古籍出版社，2007 年，第 231 页；张惠明、［俄］鲁多娃、［俄］普切林：《艾尔米塔什博物馆所藏俄国吐鲁番考察队收集品简目》，《敦煌吐鲁番研究》第十卷，上海古籍出版社，2007 年，第 249—250 页。

探险初步简报》,在书中第三章第一节,比较详细地介绍了考察交河故城和雅尔湖石窟的成果,书中所附两幅插图①,对我们研究雅尔湖石窟提供了可资参考的资料。此外,参加过奥登堡考察队的一位主要成员 C.M.杜丁(1863—1929)在俄国圣彼得堡《建筑艺术周刊》上连续发表了系列文章,介绍焉耆七格星石窟和吐鲁番遗址的考察成果,后有中华书局翻译后集结出版,书名为《中国新疆的建筑遗址》。该书的可贵之处是附载了大量的插图,其中就有雅尔湖千佛洞的平面示意图和第 4 窟前室券顶的千佛图②。据张惠明先生在艾尔米塔什博物馆的调查统计,可知此次考察队在雅尔湖千佛洞曾获得 2 块壁画残片③。

1908 年,日本大谷探险队在野村荣三郎、橘瑞超的率领下开始了第二次中亚探险。11 月 19 日至 23 日,他们考察了交河故城内佛寺遗址及雅尔湖石窟,并进行了发掘,获得古文书、壁画及泥塑佛像若干。在《西域考古图谱》中收录了雅尔湖石窟的文物共 7 件, 其中能够明确判断出自雅尔湖石窟的是一块壁画残片。事实上,大谷探险队在雅尔湖千佛洞获得的文物不止此一件。韩国国立博物馆的藏品中,目前公布的有 9 块出自第 4 窟千佛残片④。此外,自 1902 年至 1906 年,德国皇家普鲁士吐鲁番探险队,在格伦威德尔和勒柯克的带领下,曾三次来吐鲁番盗掘文物,在柏林亚洲艺术博物馆就藏有他们所拍摄的雅尔湖石窟照片。

1961 年,中国佛教协会与敦煌文物研究所组成了新疆石窟调查组,调查了天山以南各石窟。在阎文儒先生所写的《新疆天山以南的石窟》一文中可看出,调查组对雅尔湖千佛洞作了比较系统的真正意义上的考古学调查, 绘制了石窟平面图,依据壁画的画风对石窟进行了断代,并认为第 4 窟后室两壁上层所

① С. Ф. Олденбург, РусскаяТуркестанскаяЭкспедиція1909—1910:Кратiй ПредварительныйОтчетъ, Санктпете2 рбург,Изданiе Императорской Академiй Наукъ,1914,С. 2Петербург,p.24.

② [俄]C.M.杜丁著,何文津、方久忠译:《中国新疆的建筑遗址》,中华书局,2006 年,第 46—47 页。

③ 张惠明:《俄国艾尔米塔什博物馆的吐鲁番收藏品》,第 231 页;张惠明、鲁多娃、普切林:《艾尔米塔什博物馆所藏俄国吐鲁番考察队收集品简目》,第 270、279 页。

④ [韩]金惠媛主编:《韩国国立博物馆藏中亚宗教壁画》(日帝强占期资料调查报告第 7 辑),韩国国立博物馆,2013 年,第 68—73 页。

画的天部形象,与敦煌莫高窟五代、宋初所画的十王和供养人的形象相同[①]。

自阎文儒之后，对雅尔湖石窟从整体上比较系统的考察者为柳洪亮和陈世良二位先生,他们从不同的角度论述了洞窟的形制与内容,以及洞窟的年代及其价值[②]。对该石窟个案研究则集中在第 5 窟和第 4 窟,主要是题记的释读和壁画内容的分析。第 5 窟两侧壁有不少突厥文题记,最早对这些题记进行研究的是冯家昇先生[③]。2010 年,北京大学的罗新先生和土耳其的钦吉斯先生对窟内的突厥文题记做了实地考察,可惜的是尚未见到他们的研究成果。从 2013 年至 2014 年,中央民族大学的张铁山先生和其弟子李刚两度考察该石窟的突厥文题记,并将其研究成果《吐鲁番雅尔湖千佛洞 5 号窟突厥文题记研究》在第五届吐鲁番学国际学术研讨会上公布。第 4 窟保存壁画丰富,并且前室两侧壁后部有四个小耳室。日本学者山部能宜先生认为这与禅观有关,同时认为前室门道券顶上的壁画描绘的是坐禅比丘[④]。前室券顶之壁画为成排的千佛,每个千佛均有汉文榜题,据吐鲁番学研究院的汤士华与陈玉珍先生的研究,这些榜题与《现在贤劫千佛名经》大致相符[⑤]。除却上述调查与研究之外,有关吐鲁番石窟的画册中,也收录有雅尔湖石窟的精美壁画[⑥]。

---

① 阎文儒:《新疆天山以南的石窟》,《文物》1962 年第 7—8 期,第 58—59 页。

② 柳洪亮:《雅尔湖千佛洞考察随笔》,《敦煌研究》1988 年第 4 期,第 45—50 页。陈世良:《雅尔湖石窟调查报告》,载解耀华主编:《交河故城保护与研究》,新疆人民出版社,1999 年,第 286—292 页。

③ 冯家昇:《1960 年吐鲁番新发现的古突厥文》,《文史》1963 年第 3 辑。后收入新疆社会科学院考古研究所编:《新疆考古三十年》,新疆人民出版社,1983 年,第 548—554 页。

④ [日]山部能宜:《再探石窟用途》,载新疆吐鲁番学研究院编:《吐鲁番学研究:第三届吐鲁番学暨欧亚游牧民族的起源与迁徙国际学术研讨会论文集》,上海古籍出版社,2010 年,第 795—796 页。

⑤ 汤士华、陈玉珍:《雅尔湖石窟 4 号窟千佛图像研究》,载新疆吐鲁番学研究院编:《吐鲁番学研究:第三届吐鲁番学暨欧亚游牧民族的起源与迁徙国际学术研讨会论文集》,上海古籍出版社,2010 年,第 906 页。

⑥ 参见中国壁画全集编辑委员会编:《中国壁画全集:新疆(6)吐鲁番》,辽宁美术出版社、新疆人民出版社,1990 年;《中国新疆壁画全集(6):吐峪沟 柏孜克里克》,天津人民美术出版社,1995 年。中国新疆壁画艺术编辑委员会编:《中国新疆壁画艺术》第六卷《柏孜克里克石窟》,新疆美术摄影出版社,2009 年。

二、洞窟概况

第 1 窟

位置：崖壁西端，东邻 2 号窟。主室窟口方向 42°，侧室窟口方向 129°。

形制：主室为长方形纵券顶窟，侧室为长方形横券顶窟(图 5)。

现状：主室前部坍塌，窟门不存，窟室残长 3.35 米、宽 2.96 米、高 3.35 米；左侧壁(西)靠正壁处开有一门，可通侧室，门高 1.93 米、宽 1 米、厚 0.75 米；右侧壁(东)后部亦开一门，可通第 2 窟，现已用土坯封堵，门高 1.67 米、宽 0.8 米。侧室北侧壁大部分坍塌，券顶靠北侧亦坍塌，后做了修补，整个侧室长 6.25 米、宽 4 米、高 4 米；东壁即门的左侧墙壁上有一拱形龛，下宽 0.6 米、高 1.6 米；南侧壁靠门处的中上部有一拱形小龛，宽 1.1 米、高 0.36 米、深 0.42 米。窟室有烟熏痕迹，墙壁用草拌泥涂抹，其外用白灰涂抹。

壁画：无。

题记：主室正壁中部有大片朱色汉文题记，漫漶不清。

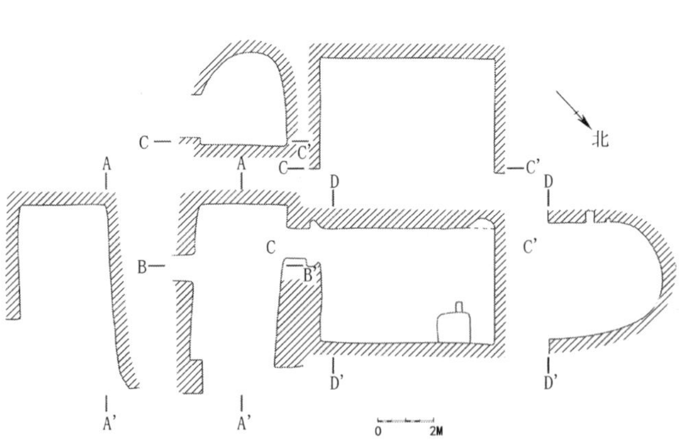

图 5　第 1 窟平剖面图

第 2 窟

位置：西邻第 1 窟。窟口方向 40°。

形制：长方形纵券顶窟(图 6)。

现状：窟室长 5.14 米、宽 3.2 米、高

3.86米;窟门拱形,门道宽1.1米、进深1.84米、高2.97米;前壁左侧距地面0.74米处开一小龛,宽1.29米、深0.92米、高1.2米,龛的右侧坍塌,做了修补;西侧壁(右侧)靠正壁处开有一拱形门,可通第1窟主室,宽0.73米、进深1.18米、高1.6米。窟室有烟熏的痕迹,墙壁用草拌泥涂抹,其外隐约可见白灰涂抹痕迹,下部草拌泥脱落,露出开凿痕迹。

壁画:无。

题记:门道西侧和正壁有零星红色汉文题记,模糊不可辨识。西侧壁有尖硬物刻画的竖行回鹘文。

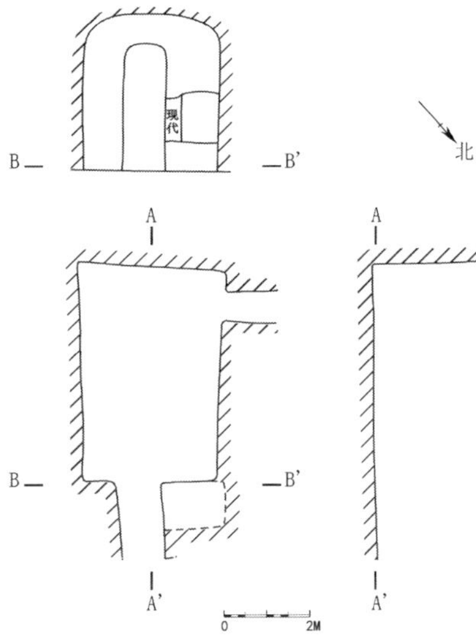

图6　第2窟平剖面图

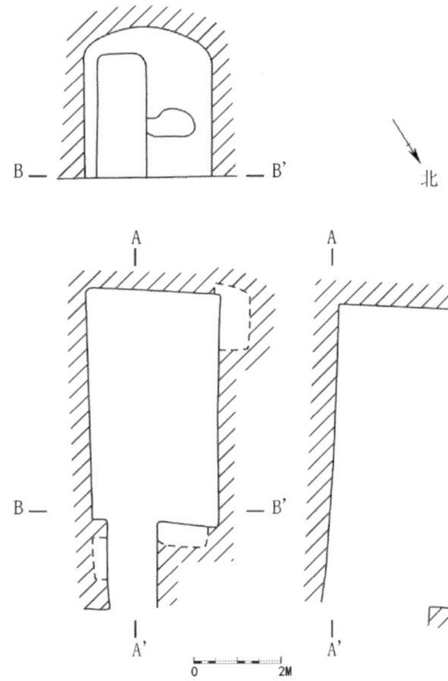

图7　第3窟平剖面图

第3窟

位置:西邻第2窟。窟口方向33°。

形制:长方形纵券顶窟(图7)。

现状:窟室长5.3米、前宽2.85米、后宽2.97米、高3.72米;窟门拱形,其位不在正中,偏东,门道宽1.1米、进深2米、高3.1米,门道右侧距地面1.25米处开一小龛,宽1.1米、深0.46米、高0.48米;前壁左侧距地面0.91米处开一小龛,宽1.31米、深0.68米、高0.71米,龛的右侧塌毁;西侧壁(右侧)靠正壁距地面0.8米处开有一拱形龛,宽1.54米、深0.94米、高0.86米。

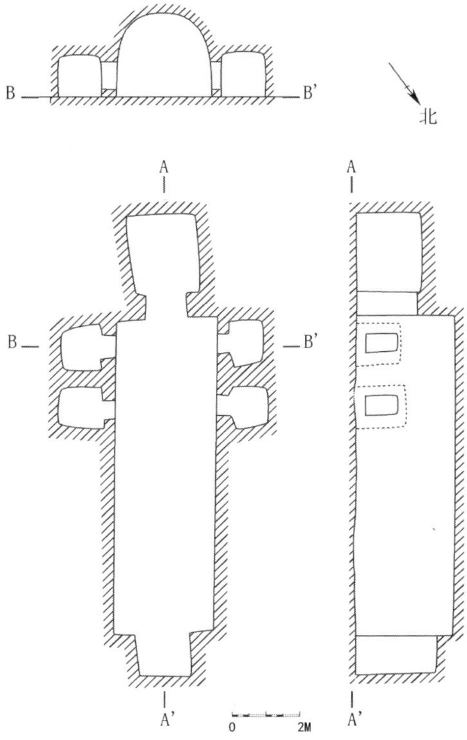

图 8　第 4 窟平剖面图

窟室被烟熏，墙壁用草拌泥涂抹，其外隐约可见白灰涂抹痕迹，下部草拌泥已脱落，露出开凿痕迹。

壁画：无。

题记：东西侧壁有零星的红色汉文题记。西侧壁另有尖硬物刻画的汉文题记：

肃州中营

官队潘奉杨天印车印朱正道范光

马伏龙李玉

朱甫张见井要龙

康熙六十一年十月初

八日到此参弗

第 4 窟

位置：西邻第 3 窟。窟口方向 36°。

形制：长方形纵券顶窟(图 8)。

现状：主室长 14.84 米、宽 4.12 米、高 4.26 米；窟门拱形，门道宽 2.34 米、进深 1.8 米、高 3.47 米。东西两侧壁靠正壁处各开两个小耳室，东侧壁由外向里第一个耳室距地面 0.45 米，门宽 0.87 米、深 0.51 米、高 1.47 米，耳室长 1.93 米、宽 1.81 米、高 1.87 米；第二个耳室距地面 0.52 米，门宽 0.83 米、深 0.52 米、高 1.44 米，耳室长 1.9 米、宽 1.76 米、高 1.92 米；西侧壁由外向里第一个耳室距地面 0.42 米，门宽 0.91 米、深 0.51 米、高 1.41 米，耳室长 1.88 米、宽 1.84 米、高 1.7 米；第二个耳室距地面 0.45 米，门宽 0.83 米、深 0.52 米、高 1.44 米，耳室长 1.93 米、宽 1.74 米、高 1.77 米。后室长 3.94 米、宽 2.94 米、高 2.95 米；门为拱形，宽 1.79 米、进深 0.81 米、高 2.92 米。

壁画：主室壁画：(1)主室拱形门顶绘坐禅比丘一身，条幅式的身光似太阳光芒四射，形象独特(图9)；门之左侧壁(西侧)残存少许壁画，为一天神或菩萨的圆形头光上半部分。(2)主室前壁上部残存壁画，下部壁画脱落，其中前壁西侧(左侧)上部存供养比丘上中下 3 排，上层残存 2 身，中层 4 身，下层 2 身，身着百衲衣。(3)东西两侧壁为大型“佛说法图”。每侧壁分上下两层，每层并列 11 幅，下层壁画大部分已脱落，上层除去被盗割的几幅外①，其余保存较好。“佛说法图”构图是佛居中央，坐仰莲、覆莲双瓣莲花座，左右两面围绕 6 位闻法菩萨与佛弟子。佛的华盖、头光与身光图案各不相同，华丽繁复。每幅“佛说法图”之间有绘制精美的卷草纹装饰，侧壁与券顶连接处绘一条垂帐纹图案。(4)券顶绘左右相向而对 8 排千佛，每排 57 身，部分千佛已被盗割。(5)主室正壁所绘壁画，模糊几不可辨，左侧自上而下有四层供养菩萨，其下有一菩萨或天部头像。

图 9　第 4 窟门道券顶坐禅比丘

图 10　第 4 窟后室门道左侧壁龙王眷属

① 东侧壁由外向里第 5、6、9、10 幅被盗割，西侧壁由外向里第 11 幅被盗割。

后室壁画:(1)门道右侧上部,龙女,有头光,面向后室,双手托举一盘于胸前,盘内盛放宝物(图 10)。此外,头光之左上部描绘两条张嘴的蛇。左侧残毁,可能也是龙女。券顶,四排千佛(坐姿),每排三个,其中一个千佛被盗割。(2)门壁内侧:左侧上方绘帷幔,下方一回鹘男供养人(图 11)。右侧上方一回鹘供养人,头部残缺;此供养人下方另有一供养人,残存脸部,为一女性形象。(3)正壁壁画完全脱落,从中间的柱洞和桃形背光推测,可能为一塑绘结合的坐佛。(4)券顶绘四排千佛,每排 14 身,部分千佛已脱落或被盗割。千佛结跏趺坐于莲花座上,穿红色袈裟,每个千佛的左上方有榜题框,但未写千佛名。

(5)西侧壁(从里往外)壁画示意图如下:

<table>
<tr><td>1</td><td>2</td><td>3</td><td>4</td><td>5</td><td>6</td><td>7</td><td>8</td><td>9</td><td>10</td></tr>
<tr><td colspan="4">15</td><td colspan="2">14</td><td>13</td><td>12</td><td colspan="2">11</td></tr>
<tr><td colspan="10">16</td></tr>
</table>

图 11　第 4 窟后室门壁左侧回鹘男供养人

分上下两层。第一层,1—5 为坐佛,其中 1、5 保存较好,2、3、4 几乎完全脱落。6—10 为五组世俗装神祇,每组三人。第二层,15 脱落;14 残存头光;13 残存头光;12 残存头光,左上方有榜题,已被盗割;11 为四组神祇,左上方有榜题,已被盗割。16 亦为第二层,但壁画完全脱落,故单独列出。下面就 5、6—10 与 11 的画面略作描述。

5 为坐佛,上方有云雾飘绕,头部肉髻为白色,有圆形头光和背光,着红色袈裟,右手作与愿印,左手作触地印,结跏趺而坐。

6 为世俗装神祇。画面上方有云

雾飘绕，云雾之下有三神祇。中间一神祇保存较好，男性，头部及脸部画面脱落，从残存的部分可看出，此神祇戴通天冠，面相丰圆，一缕黑发顺肩膀垂下，身着红色宽袖袍服，双手合十，面向正壁主尊。此神祇的右上方有一侍者，男性，着红色袍服，头部无冠饰，黑发向上束起，下巴处隐约可见一捋胡须，手势不清，面向主尊。主尊左下方有一侍者，头部及脸部画面脱落，着红色宽袖袍服，双手合十。此三位神祇跪坐于云雾之上。

7 为世俗装神祇。画面上方有云雾飘绕，云雾之下有三神祇，保存较好。中间一神祇，男性，戴云鬓冠，一缕黑发顺脸部左侧贴下，身著红色宽袖袍服，双手合十，面向佛 1—5。此神祇右侧一侍者，女性，面向主尊，冠饰不清，高高向后上耸起，着红色宽袖袍服，双手合十。主尊左侧一侍者，女性，抬头仰望主尊，束发向后上耸起，着红色宽袖袍服，双手合十。此三位神祇跪坐于云雾之上。

8 为世俗装神祇。画面上方有云雾飘绕，云雾之下有三神祇，保存较好。中间一神祇，男性，束发向后耸起，两缕黑发顺两肩膀贴下，身着红色宽袖袍服，双手合十，面向佛 1—5。此神祇右侧一侍者，女性，面向主尊，发饰不清，着红色宽袖袍服，双手合十。主尊左侧一侍者，女性，面向主尊，两缕黑发垂于肩上，着红色宽袖袍服，双手不清。此三位神祇跪坐于云雾之上。

9 为世俗装神祇。画面上方有云雾飘绕，云雾之下有三神祇，保存较好。中间一神祇，男性，头戴通天冠，身着红色宽袖袍服，双手合十，面向佛 1—5。此神祇右侧一侍者，男性，面向主尊，头戴展脚幞头，身着红色宽袖袍服，双手合十。主尊左侧一侍者，男性，面向佛 1—5，头戴展脚幞头，着红色宽袖袍服，双手合十。此三位神祇跪坐于云雾之上。

10 为世俗装神祇。画面上方有云雾飘绕，云雾之下有三神祇，保存较好。中间一神祇，性别难辨，发式不清，身著红色宽袖袍服，双手合十，面向佛 1—5。此神祇右侧一侍者，女性，面向主尊，发髻华丽繁复，着红色宽袖袍服，双手合十。主尊左侧一侍者，女性，面向主尊，发髻华丽繁复，着红色宽袖袍服，双手合十。此三位神祇跪坐于云雾之上。

11 为 4 组神祇。左上方有榜题，惜被盗割。左起第一位神祇，残存头部及三臂。面部表情狰狞，头发为红色，如燃烧的火焰，向上蓬起。右臂向上举起，手握利剑；左边两臂，一臂上举，手握三叉戟；另一臂手握法器不明。第二位神祇面部残毁，双臂上举，左腿尽力向左迈，脚尖直伸，另一腿残缺，周身环绕以鼓。此神祇的上方另有两神祇，左起第一个，腰部以下画面残损。两个招风耳，头发稀疏，向后耸起，前面有一椭圆形物体，此外，此神祇直接在白色壁面上黑线勾勒而成，形象甚小。第二个神祇立于云海之上，弯腰前倾，面部残损，上身赤裸，黑线条勾勒出块块肌肉，下身穿一红色短裤。右臂仰起，手微握，左臂向后甩，手指并拢直伸，右腿弯曲向前迈，脚腕向上勾起，使得小腿与脚成 V 字形，左腿直立，支撑身体，脚掌向外撇。

(6)东侧壁(从外向里)壁画示意图如下表：

<table>
<tr><td>1</td><td>2</td><td>3</td><td>4</td><td>5</td><td>6</td><td>7</td><td>8</td><td>9</td><td>10</td></tr>
<tr><td colspan="2">11</td><td colspan="2">12</td><td colspan="2">13</td><td colspan="2">14</td><td colspan="2">15</td></tr>
<tr><td colspan="10">16</td></tr>
</table>

分上下两层。第一层，1—5 为五组世俗装神祇，壁画几乎全部脱落，唯 1 与 5 保存少许。6—10 为坐佛，保存较好。第二层，11 为两个神祇；12 画面脱落；13 残存两条回鹘文榜题、一个背光、一个头光，一个神祇的面部形象；14 似为披帽地藏菩萨，左上方有榜题，惜脱落；15 画面残甚，有头光，左上方有榜题，未题写文字。16 亦为第二层，但壁画完全脱落，故单独列出。下面就 1、5 与 6—10、11、13、14、15 之画面略作描述。

1 为世俗装神祇。残存两神祇。中间一神祇保存较好，女性，发髻华丽繁复，面型丰圆，着红色裙襦，面向佛 6—10。左侧一侍者，女性，仅存发髻和面部轮廓，发髻华丽，额头上方头发有红绢包，面向主尊。

5 为世俗装神祇。画面破损严重，残存一神祇，男性，头戴通天冠。着红色宽袖袍服，双手合十。面向佛 6—10。

6—10 为五佛，上方飘绕云雾，有头光与背光，内有红白绿三色交替作为底色描绘，光光相接，形成较好的视觉效果。白色肉髻，红色袈裟，右手与愿印，左手触地印，结跏趺坐于莲花座上，面向正壁主佛。

11 为两个神祇。左起第一个神祇，残存上半身，面部上方画面亦脱落。面相丰圆，脖子上缠绕红色围巾，右肩部有翼，胸前有铠甲（？），双手托举一红色火焰状物体。第二位神祇，仅存胸部以上画面，似一外道形象，有头光，帽饰比较奇特，红色帽沿，沿边有向上翘起的装饰。

13 残损太甚。残存一个背光、一个头光；一个神祇的面部轮廓，似为外道形象。比较重要的是，此画面还残存两条回鹘文榜题。

14 为一面四臂菩萨。具圆形头光与背光，宽肩细腰，上身披红色衣饰，胳膊上缠绕红色披带，手腕处有环，下身着红色裙子，结跏趺而坐，面向正壁主佛。

15 画面甚残，一神祇具头光，似为菩萨，结跏趺而坐。此外，画面左上方有榜题，惜未题写文字。

题记：主室券顶有大量汉文千佛榜题。西侧壁还有后人刻画的“康熙陆拾贰……”“道光”和墨书的“肃州”“乾隆……”等汉文题记；东侧壁亦有墨书汉文题记，模糊不可辨。后室东侧壁有两行回鹘文题记。

第 5 窟

位置：西邻第 4 窟。窟口方向 12°。

形制：长方形纵券顶窟（图 12）。

现状：窟室长 5.73 米、宽 2.86 米、高 4.35 米；窟门拱形，其位不在正中，偏西，门道宽 0.99 米、进深 1.9 米、高 3.36 米；门壁内侧右面距地面 1.1 米处开一拱形小龛，宽 1.1 米、深 0.8 米、高 0.71 米；窟室被烟熏，墙壁

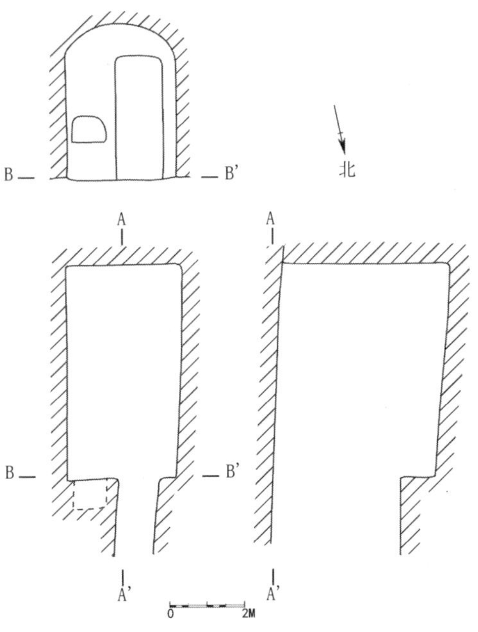

图 12　第 5 窟平剖面图

用草拌泥涂抹，其外隐约可见白灰涂抹痕迹。

壁画：无。

题记：门道东侧有红色汉文题记：

> 乙丑年十月廿▭
> 到此西谷寺
> 辈禅师记▭

西侧壁中部有红色汉文题记：（此处有红色描画的人物头部形象）

> 提记为见佛闻▭
> ※师提记耳云□▭
> 任子年七月□日

此外，西侧壁有尖硬物刻画出来的突厥文题记多处。

东侧壁有尖硬物刻画出的汉文题记，其中有两处汉文纪年“康熙六年”“大清乾隆四十五年”。

此外，门道与正壁题记东侧各有红色描绘的人形图案。东侧壁中部有红色与黑色汉文题记，比较清楚的有：

> 月一手诗
> 　　　知
> 　　　[岁]

此题记之下另有两行墨书汉文题记：

> 蟠桃子结三千岁

萱草花开八百春

正壁有朱书汉文题记，模糊不可辨。此外还有红色人形图案。

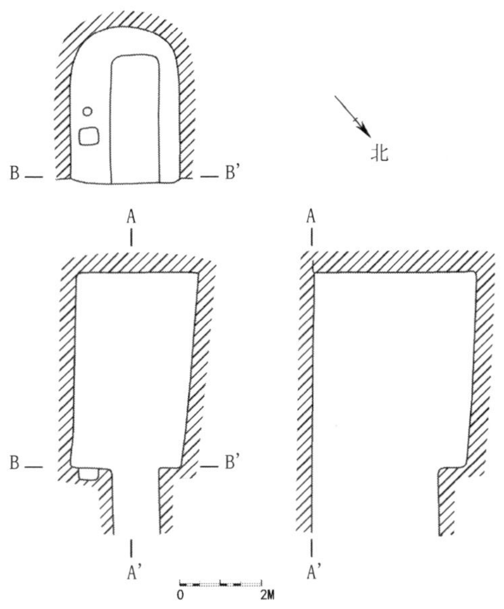

图 13　第 6 窟平剖面图

第 6 窟

位置:西邻第 5 窟。窟口方向 40°。

形制:长方形纵券顶窟(图 13)。

现状:窟室长 4.82 米、宽 2.69 米、高 3.93 米;窟门拱形,其位不在正中,偏西,门道宽 1.04 米、进深 1.6 米、高 3.17 米；门壁内侧右面距地面 0.93 米处开一长方形小龛,宽 0.58 米、深 0.29 米、高 0.37 米;窟室被烟熏,墙壁用草拌泥涂抹,其外隐约可见白灰涂抹痕迹,下部草拌泥脱落,露出开凿痕迹。

壁画:正壁残存的桃形背光的上部,塑绘结合,有红色颜料痕迹。

题记:门道两侧有零散的朱书汉文题记,难以辨识。

东侧壁后部有墨书汉文题记:

雍正□年正月十六日

固原标丁立丁

中左右后四仁来参

弗寇□□□

□□□

□□

郭路

夏莲

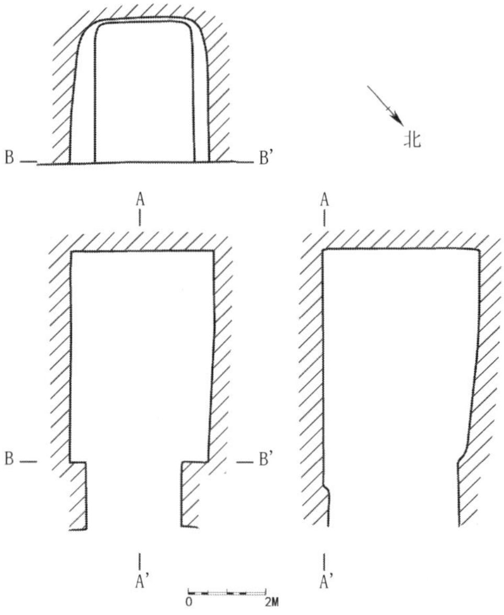

图 14　第 7 窟平剖面图

第 7 窟

位置：西邻第 6 窟。窟口方向 40°。

形制：长方形纵券顶窟（图 14）。

现状：窟室长 5.12 米、宽 3.5 米、高 3.79 米；窟门拱形，门道宽 2.53 米、进深 1.64 米、高 3.44 米。

壁画：（1）门道绘千佛，券顶中脊为分界线，左侧残存 11 排千佛，每排残存 8 身；右侧残存 10 排千佛，每排残存 8 身。（2）正壁绘千佛，残存 13 排，每排 9 至 19 身不等；中下部矩形红色边框内绘一佛二菩萨，模糊几不可辨。（3）左侧壁绘千佛，残存 11 排千佛，每排 22 身与 27 身不等，下部矩形红色边框内绘一佛二菩萨，模糊几不可辨；右侧壁与左侧壁同。（4）券顶绘三排莲花图案，每排 10 朵，其中有两朵莲花被割，莲花花蕊为浮塑，现均已不存。莲花之间，绘有树、摩尼宝珠、鸭、天鹅、鱼、海螺、化生童子等图案（图 15）。

题记：门道西侧壁有墨书汉文题记，模糊不可辨。

第 8 窟

位置：西邻第 7 窟。窟口方向 40°。

形制：拱形龛窟。

现状：距地面 0.6 米处开龛，宽 1 米、深 0.33 米、高 1.14 米。

壁画：无。

图 15　第 7 窟券顶净土图(局部)

第 9 窟

位置：西邻第 8 窟。窟口方向 318°。

形制:拱形龛窟。

现状:距地面 1.5 米处开龛，宽 1.45 米、深 0.74 米、高 2 米。

壁画:无。

第 10 窟

位置:西邻第 9 窟。

形制:长方形纵券顶窟。

现状:窟室坍塌,仅剩地面和正壁部分,近方形,边长 3.1 米;地面靠右侧有一矩形坑,下面有虚土,长 2 米、宽 0.64 米、残深 0.8 米;正壁左侧距地面 0.62 米处开一拱形小龛,宽 0.6 米、深 0.32 米、高 0.6 米。

壁画:无。

第 11 窟

位置:西邻第 10 窟。

形制:长方形纵券顶窟。

现状:此窟坍塌严重,仅剩左侧壁后半部分,从起券的痕迹来看,为长方形纵券顶窟。

壁画:无。

第 12 窟

位置:第 7 窟之下,西邻第 13 窟。

形制:窟形不明。

现状:坍塌严重,仅剩瓶底状的窟底部,宽 3.9 米、深 2.7 米、高 4.5 米。左壁有火烤痕迹。

壁画:无。

第 13 窟

位置:东邻第 12 窟。

形制:窟形不明。

现状:坍塌严重,仅剩窟底一角,有墙体火烤痕迹。

壁画:无。

第 14 窟

位置:东邻第 13 窟。窟口方向 35°。

形制:拱形龛窟。

现状:龛距地面 1.8 米,宽 0.88 米、深 0.66 米、高 0.83 米。

壁画:无。

第 15 窟

位置:东邻第 14 窟。窟口方向 20°。

形制:拱形龛窟。

现状：龛距地面 1.26 米，宽 1.5 米、深 1.76 米、高 1.4 米。

壁画：无。

三、其他遗迹

第 1 至 7 窟，窟前有宽约 4.5 米的平台，从崖前残留柱孔痕迹看，应有廊檐等木构建筑物与洞窟结合为一个整体，构成一个 40 余米的前庭。第 12 窟之上，有一井式通道，可通上层平台，通道西壁上有 7 个方形的小洞（图 4–①），部分洞的边缘还可见土坯，小洞的功用可能是搭建木板的插孔。第 13 窟的西侧有原始阶梯（图 4–④），向上可通第 1 窟。第 1 窟西 15 米内是塌毁的僧房废墟（图 4–③），阶梯入口处西侧露出两条烟道，上部合一，显然是两灶合用一烟囱，此外废墟内还发现有零星陶片。僧房废墟之西有一井式通道，通往下层（图 4–②；图 16）。除此之外，在沟的北岸也有 7 个洞窟，窟前和窟内累积了大量的沙土。

图 16 井式通道

四、结　语

雅尔湖石窟分上下两层，上层保存较完整，第 1 至 7 窟主室均为长方形纵券顶窟，其中第 1 窟的侧室为横券顶。这 7 个洞窟开凿在同一个平台上，窟前崖壁上有柱孔，第1窟西侧和第7窟东侧有崖体与其他遗迹隔开，由此推测这组洞窟之前有一个共用的前庭，构成了一个完整的组合。在这个组合中，第4窟规模最大，绘制有壁画，且窟内两侧壁有四个耳室，其功用为礼拜兼禅修；第7窟满壁绘千佛，券顶绘莲花，应是礼拜窟；第1、2、3、5、6窟没有绘制壁画，且窟内多有放置物品的小龛，因此这些窟应为僧人禅修之用。第8与第9窟紧挨第7窟，可视为第7窟之附属龛窟。第10与第11窟坍塌严重，残存有壁龛。1988年，柳洪亮先生调查时，称“发现灶台的痕迹”，因此他推测连同第1窟之西的房址废墟，均为僧人生活起居的僧房①。下层第12与第13窟，损毁严重，根据窟内壁面上的用火痕迹，推测可能为僧房窟。第14与第15窟为小型龛窟，可能为放置佛像而设。

雅尔湖石窟有壁画的洞窟为第4窟和第7窟，其中第7窟所绘千佛之袈裟，有圆领通肩袈裟和双领下垂袈裟，袈裟的颜色为红、绿、蓝三色。可资比较的为柏孜克里克石窟第18窟与吐峪沟石窟第2窟甬道千佛，以及吐峪沟石窟第44窟四壁千佛，前二窟千佛图像用色亦为红、绿、蓝三色，不同之处是其千佛穿圆领通肩袈裟，没有双领下垂袈裟；第44窟千佛袈裟用色为赭红、土红与绿色，穿圆领通肩袈裟与半偏袒袈裟。第44窟的开凿年代，学界普遍认为是北凉西迁高昌时期（442—460），而半偏袒袈裟比之双领下垂袈裟时代要早。有学者认为双领下垂袈裟在中原出现是5世纪下半叶，那么这种风格传至吐鲁番其上限亦应在此段时间。也就是说，雅尔湖石窟第7窟由于出现了双领下垂袈裟的千佛，其修造年代比吐峪沟第44窟略晚一些，大致时间在5世纪末。

雅尔湖石窟第4窟为双层壁画，其外一层为回鹘时期绘制，内层壁画由于被遮盖，故而无法判断其始建年代。但此窟内出现四个对称分布的耳室，很容易让我们联想起吐峪沟第1和42窟，这三个洞窟均为长方形纵券顶形制，东西侧壁各有两个小侧室，主室后壁有后室。贾应逸先生将第42窟定于北凉时期，我们深信此说②。吾人故知，442年，北凉王沮渠无讳占据高昌，自称高

① 柳洪亮：《雅尔湖千佛洞考察随笔》，第48页。
② 贾应逸：《新疆吐峪沟石窟佛教壁画泛论》，《佛学研究》第4期，1995年，第240—249页。

昌王，但并未据有交河，450 年，其弟沮渠安周破车师，至 460 年一直领有交河。由此可以推定，第 4 窟的开凿与绘制壁画当在北凉残部沮渠安周占据交河之时。

雅尔湖石窟现存有汉文、突厥文和回鹘文题记多处。其中第 5 窟门道东侧的朱书汉文题记记载了一位巩姓禅师曾来此西谷寺，这里透漏了两条信息：第一，雅尔湖石窟古称“西谷寺”，从书体来看，其上限在唐西州时期。第二，写此题记者是一位禅师，进一步证明雅尔湖石窟的功能多为禅修。第 6 窟左侧壁残留有大量突厥文题记，于此，语言学家与历史学家从不同角度都进行了探讨，其刻写年代，大致有两种观点：一为 9 世纪中叶以前的高昌国至唐西州时期；二为 9 世纪中叶之后高昌回鹘时期[①]。最近，张铁山及其弟子李刚对这些突厥文题记进行了重新解读，认为题记的书写者，同时受到来自漠北突厥汗国、回纥汗国鄂尔浑突厥文字母和叶尼塞黠戛斯突厥文字母的影响，由此将这些题记年代定在 9 世纪左右[②]。这段时间，正是吐蕃与回鹘争夺吐鲁番的时段，频繁的战争使得雅尔湖石窟一度废衰。从突厥文题记内容来看，这里曾经成为军队休养的一个场所。第 4 窟后室右侧壁残存两处回鹘文榜题，同时在后室门壁两侧也发现了回鹘供养人像，但没有发现穿蒙古服饰的供养人，由此我们判断第 4 窟表层壁画绘制于 9 世纪中叶之后至 13 世纪初。第 3、4、6 窟还出现了清康熙、雍正及乾隆年间的题记，多为部队官兵刻写，对于研究清朝初期吐鲁番盆地与中原地区的关系具有一定的史料价值。

---

① 详见冯家升：《1960 年吐鲁番发现的古突厥文》，《新疆考古三十年》，新疆人民出版社，1983 年，第 554 页。柳洪亮：《雅尔湖千佛洞考察随笔》，《敦煌研究》1988 年第 4 期，第 49 页。宋肃瀛：《古代高昌佛教石窟述略》，《西南民族学院学报》1990 年第 1 期，第 74 页。

② 详见张铁山、李刚：《吐鲁番雅尔湖千佛洞 5 号窟突厥文题记研究》，载吐鲁番学研究院、吐鲁番博物馆编：《吐鲁番学研究：吐鲁番与丝绸之路经济带高峰论坛暨第五届吐鲁番学国际学术研讨会论文集》，上海古籍出版社，2016 年，第 125—133 页。

大桃儿沟石窟调查简报

一、地理位置及保存现状

大桃儿沟石窟位于吐鲁番盆地火焰山西段的大桃儿沟内，沟为南北走向，山势较缓，地表为夹砂石土层。东距吐鲁番市亚尔乡葡萄沟约3千米，与小桃儿沟相邻，地理坐标为：北纬42°59′45.6"，东经89°12′28.8"，海拔185.5米（图1）。

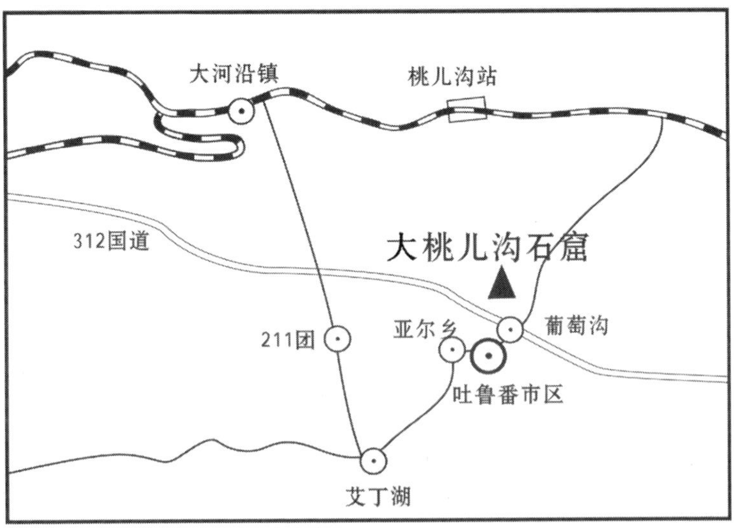

图1 大桃儿沟石窟位置示意图

大桃儿沟现存 10 个洞窟，建造技艺分为山崖内凿洞与崖前土坯垒砌两种。洞窟自南向北编号，其中：第 1 至 5 窟为一组，在最下一层；第 6、7 窟为一组，基本在同一个平面上；第 8、9 窟为相邻，第 9 窟位置高于第 8 窟；第 10 窟位于第 9 窟东北约 50 米处的山顶上，地势最高。第 10 窟下面有一佛寺遗址（编为 1 号佛寺），中心残留一方形房基，两侧有甬道痕迹，后面似为一排僧房，仅存房基。沟对面东侧山坡上有两座佛寺遗址，靠南面的形制比较清晰（编为 2 号佛寺），为中心甬道式建筑。2 号佛寺北面有房址两间，规模甚小，为便于叙述，姑且定为 3 号佛寺。3 号佛寺东面约 20 米处有一佛塔（编号为 2 号佛塔），方形，穹窿顶，四壁中间各开有一拱形门。佛塔仅留南壁与东壁及其上面的部分穹窿顶。南沟口处有 1 残佛塔（编为 1 号佛塔），方形，穹窿顶，北壁保存比较完整，余皆塌毁，从形制来看，门应开在北壁（图 2、图 3）。

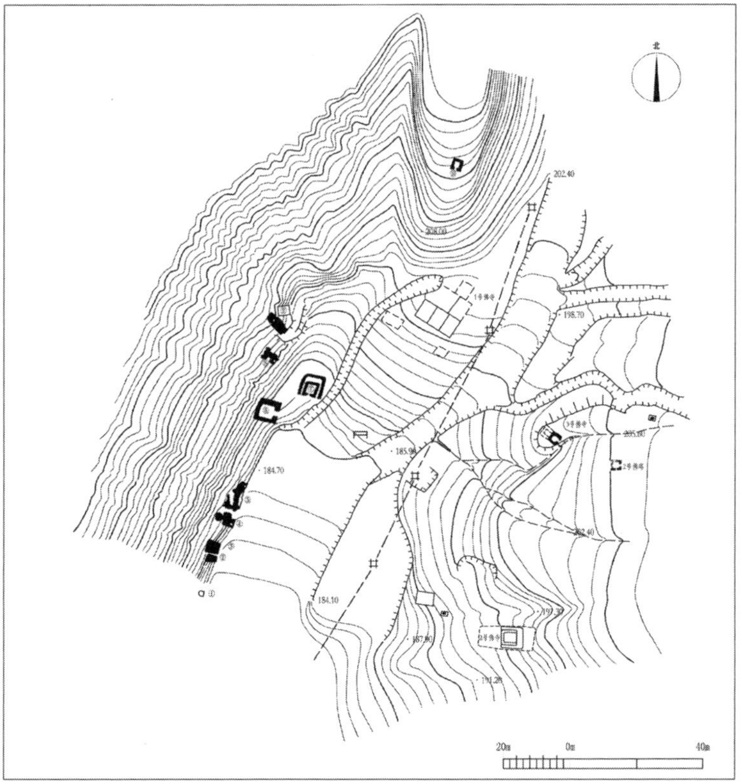

图 2　大桃儿沟石窟平面图

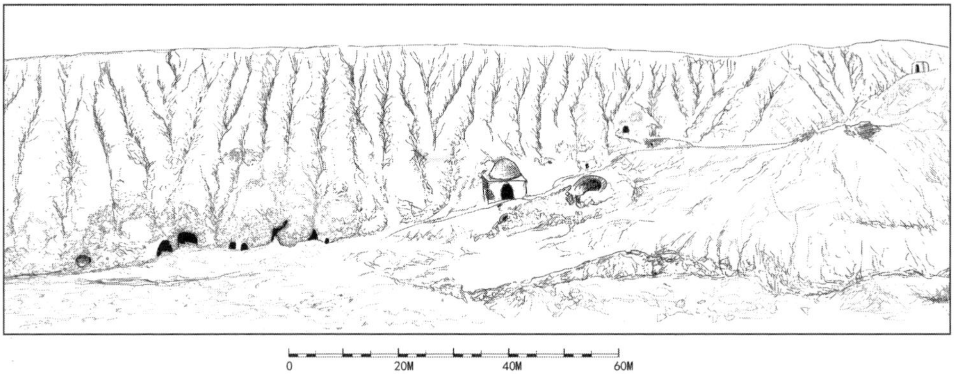

图 3　大桃儿沟石窟立面图

二、调查与研究回顾

1902—1903 年和 1905—1907 年，德国人格伦威德尔率领的吐鲁番考察队先后两次调查了大小桃儿沟的石窟和佛寺遗址，盗割走了大量壁画及文书，并绘制了部分洞窟平面图及壁画线描图，做了较为详细的描述[①]。1914 年 5 月，以奥登堡为首的俄国考察队沿新疆塔城、奇台、乌鲁木齐、吐鲁番、哈密到甘肃敦煌莫高窟，进行了详细的调查、发掘工作，获得了大量珍贵文物。其中考察队的摄影师杜丁负责摄影及绘图工作，留下了《中国新疆建筑遗址》一书，书中即提到大、小桃儿沟，其中大桃儿沟称为“塔雷克布拉克”，即“柳树泉子”之意；小桃儿沟称为“撒绥克布拉克”[②]，即“潮湿的地方、沼泽地”之意。1928 年，黄文弼率队考察吐鲁番时曾行经大桃儿沟石窟，并有简短描述：“五月九日清晨，龙元忠因病先归。我同哈德尔带队沿红山之背，经行戈壁往西……次日复西行……又过二沙梁，有

① 详见[德]阿尔伯特·格伦威德尔著，管平译：《高昌故城及其周边地区的考古工作报告：1902—1903 年冬季》，文物出版社，2015 年；[德]阿尔伯特·格伦威德尔著，赵崇民、巫新华译：《新疆古佛寺：1905—1907 年考察成果》，中国人民大学出版社，2007 年。

② [俄]C.M.杜丁著，何文津、方久忠译：《中国新疆的建筑遗址》，中华书局，2006 年，第 47—57 页。

一干沟，西岸有佛洞二所，壁画已毁，山上有古庙基一所，沟东有古址二所，均无可取。复西行，越二沙梁，约三里许，至塔提剌布拉克，有寺庙遗址十余所，或依岩凿洞，或建立山腰。洞中壁画多已毁败，而壁画旁之古维吾尔文题词，尚隐约可见。复西行，至桃儿沟，憩息一回民家中，复循大道返吐鲁番，时为五月十日也。”[①]黄文弼以上考察之处，今天皆称之为桃儿沟，其中所提到的“塔提剌布拉克[②]”，即今日的大桃儿沟。此地之石窟因而被命名为大桃儿沟石窟。1999 年 7 月 29 日公布为新疆维吾尔自治区第四批文物保护单位。2006 年，吐鲁番地区文物局曾对大桃儿沟石窟进行了测绘，吐鲁番学研究院资料信息中心现保存有测绘图的复印件。2009 年，第三次全国文物普查也做过简单的调查与测绘。此外，在《中国新疆壁画艺术》第六卷《柏孜克里克石窟》[③]也曾录有若干图片，并有简略的图说。对吐鲁番石窟研究卓有成效的贾应逸先生和柳洪亮先生对大桃儿石窟甚为关注，在他们编辑的一系列大型画册中均有较为翔实的研究。在此基础上，2011 年 5 月 7 日至 16 日，吐鲁番学研究院、吐鲁番地区文物局组织专业人员对大桃儿沟石窟进行了全面的调查，现把调查结果公布如下。

三、洞窟概况

第 1 窟

位于沟西诸洞窟最南面的崖壁上，坍塌严重，仅残留一小龛形状。以崖壁垂直线为准，方向 99°。无壁画。

---

① 黄文弼：《吐鲁番考古记》，中国科学院，1954 年，第 7 页。

② 塔提剌布拉克（甜的泉水）与塔雷克布拉克（柳树泉子），虽意思不同，但实际指的都是大桃儿沟，因为此处过去水源丰富、泉水甘甜，水边还长有柳树。

③ 中国壁画全集编辑委员会编：《中国壁画全集：新疆（6）吐鲁番》，辽宁美术出版社、新疆人民出版社，1990 年；《中国新疆壁画全集（6）：吐峪沟 柏孜克里克》，天津人民美术出版社，1995 年。中国新疆壁画艺术编辑委员会编：《中国新疆壁画艺术》第六卷《柏孜克里克石窟》，新疆美术摄影出版社，2009 年。

第 2 窟

位置：位于沟西区，紧邻 1 号窟，在其北面。窟口方向 100°。

形制：长方形纵券顶窟（图 4）。

现状：前部坍塌，窟门不存，窟顶及四周砂石掉落，地表堆积甚多。石窟偏前面南北向有一大裂缝穿透崖体，裂缝宽 0.25 米~0.60 米。窟顶及四周的草拌泥墙几乎全部脱落，仅在窟门左边留有稍许。窟室残长 3.40 米、宽 1.90 米，券顶至地表堆积 1.10 米。

壁画：无存。

第 3 窟

位置：位于沟西区，紧邻第 2 窟，在其北面。窟口方向 115°。

形制：长方形纵券顶窟（图 5）。

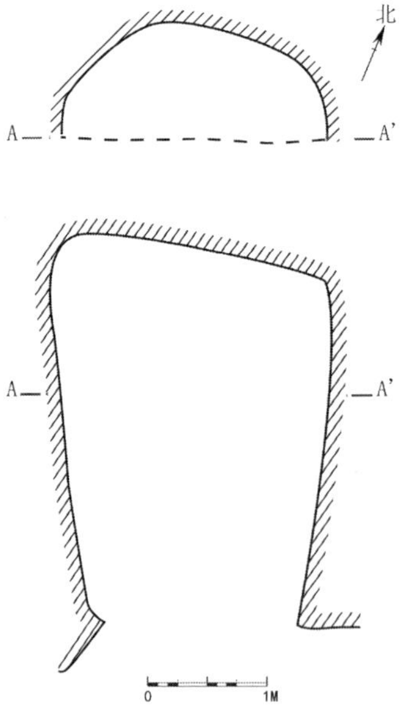

图 4　第 2 窟平、剖面图

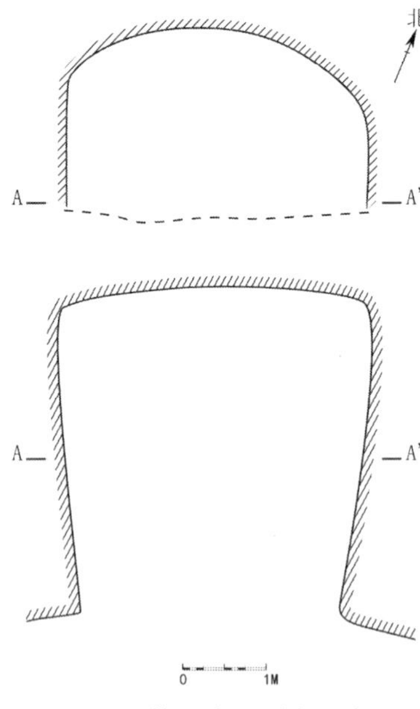

图 5　第 3 窟平、剖面图

现状:前部坍塌,窟门不存,窟顶及四周草泥墙皮掉落,下方尚存,地表有堆积。石窟偏前面南北向有一大裂缝穿透崖体,裂缝宽 0.16 米~0.80 米。窟室残长 3.89 米,宽 3.22 米,券顶至地表堆积 1.74 米。

壁画:无存。

第 4 窟

位置:位于沟西区,紧邻 3 号窟,在其北面。窟口方向 110°。

形制:前室平面略呈长方形,横券顶;后室平面略呈圆形,穹窿顶(图 6)。

现状:开有两处窟门,左边窟门拱形,下宽 0.85 米,拱顶至地表堆积 0.70 米;右边窟门呈梯形,下宽 1.00 米、上宽 0.75 米,顶部至地表堆积 0.66 米。前室宽 2.5 米,长 4.00 米,券顶至地表堆积 1.25 米。后室窟门拱形,下宽 1.00 米,拱顶至地表堆积 1.07 米。后室平面略呈圆形,直径 2.20 米,穹顶至地表堆积 1.95 米。

壁画:无存。

第 5 窟

位置:位于沟西区,紧邻 4 号窟,在其北面。窟口方向 94°。

形制:前室两侧开窟门,平面为月牙形,券顶;窟左有一后室,平面略呈圆形,穹窿顶(图 7)。

现状:两窟门,拱形,左边窟门,上部坍塌,下宽 1.00 米,拱顶至地表堆积 0.90 米; 右边窟门,下宽 0.96 米, 拱顶至地表堆积 0.90 米。窗子在洞窟的最右边,拱

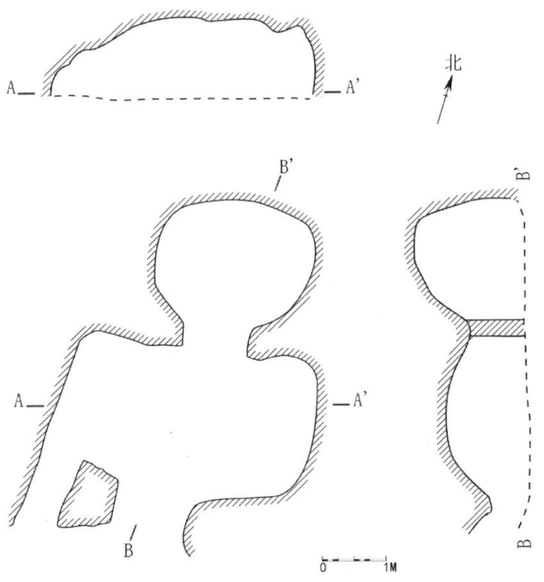

图 6　第 4 窟平、剖面图

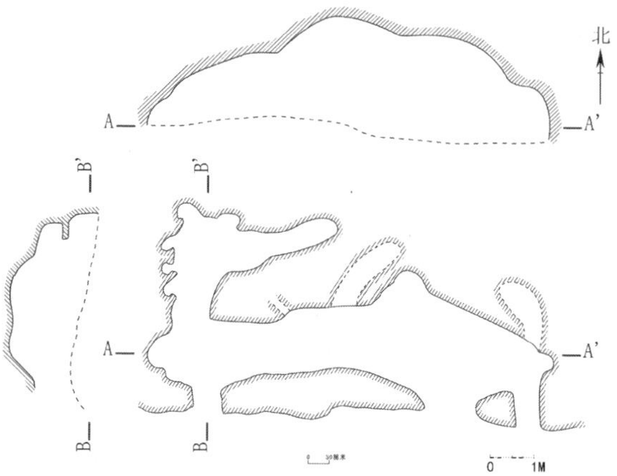

图 7 第 5 窟平、剖面图

形，下宽 0.60 米，拱顶至地表堆积 0.60 米。前室长 9.00 米，最宽处 2.00 米，券顶至地表堆积最高处 1.90 米。前室前壁有两个小龛，正壁有 9 个小龛，此外还残留有一烟囱，为现代遗留痕迹，中部对称有两个圆形洞室，向上延伸，左边洞室直径 0.65 米，右边洞室直径 0.40 米。后室窟门拱形，下宽 0.67 米，拱顶至地表堆积 0.75 米；窟室近似圆形，穹窿顶，穹顶至地表堆积 1.20 米。穹窿顶用草泥涂抹，草泥内用木条支撑，与上面砂石黏合，四周有 5 个龛，最右边有一洞室。

壁画：后室穹窿顶部绘有一个大莲花，红线描绘，莲花花瓣间有类似回鹘文题记字样（图 8）。

第 6 窟

图 8 第 5 窟后室穹窿顶部莲花及回鹘文题记

位置：位于沟西区，在 5 号窟北面，比 1—5 号窟地势高，与 7 号窟在一个层面。窟口方向 111°。

形制：平面呈方形，穹窿顶（图 9、图 10）。

现状：土坯垒砌，建在崖前。拱形窟门，下宽 1.60 米、高 1.9 米、墙后 1.25 米，边长4.00米,穹顶至地表堆积4.39米。洞窟西南角（正壁与左侧壁相交之角）残留一烟囱，右壁中部亦有一烟囱,为现代遗留痕迹。地表堆积大量土坯,为穹顶和正壁坍塌下来的遗留物;此外地表还残留一比较完整的土坯方砖,边长0.52米、厚0.08米。洞窟上部有两个坍塌孔洞，一个在穹顶中心稍靠后部;另一个在左边。

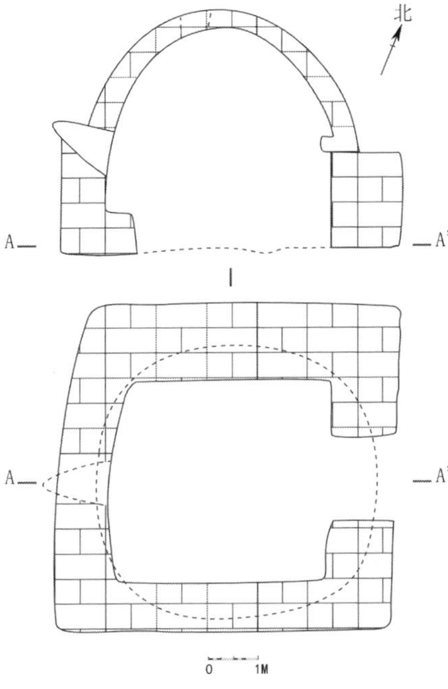

图9　第6窟平、剖面图

壁画:穹窿顶部绘一大莲花,莲花内有五个圆环，一个圆环在穹顶中心，余绕其四周分布。每个圆环内绘有一坐佛,仅留头光与身光,穹顶圆环周围的四个圆环间隔部分,绘有五身站立的菩萨,脚踩莲花台,残留头光与身光。据我们初步分析,穹顶圆环内坐佛为大日如来,其余四个圆环内坐佛为四方佛,四个菩萨为四波罗蜜菩萨。莲花之外的穹窿部分,隐约可见几十身佛像(或菩萨像),惜仅有模糊的头光或身光。正壁残存一大型身光,根据正壁前部的高台,以及后面的孔洞分析,初应有佛塑像。

图10　第6窟外貌

第7窟

位置:位于沟西区,在6号窟西北面。窟口方向195°。

形制:平面近似方形,

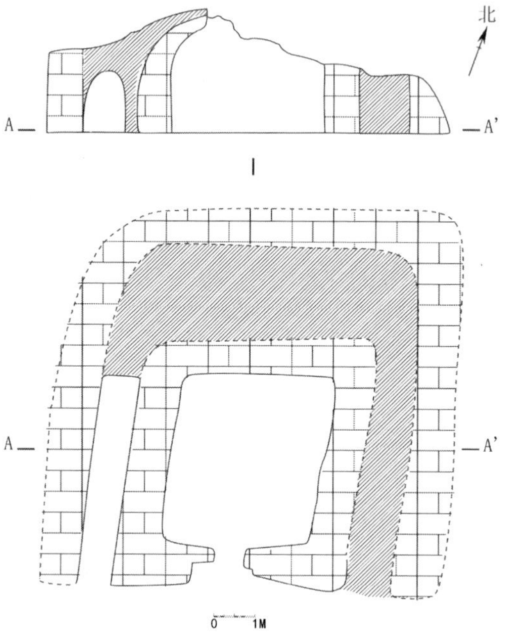

图 11 第 7 窟平、剖面图

穹窿顶,左边有一甬道(图 11)。

现状:崖前建造,土坯垒砌。上部坍塌,仅留后墙左角部分。窟门上部坍塌,形状不明,宽 0.76 米,墙厚 1.00 米。前壁边长 3.45 米,正壁边长 3.55 米,左侧壁边长 3.87 米,右侧壁边长 3.70 米。残存穹顶最高处至地表堆积 2.80 米。

壁画:残存壁画稍许,风化严重,隐约可见缠枝花卉。

第 8 窟

位置:位于沟西区,在 6 号窟北面,地势较 6 号窟略高,窟口方向 117°。

形制:平面略呈长方形(正壁与前壁稍带弧形),纵券顶(图 12)。

现状:崖内开凿。窟门偏左,长方形,宽 0.65 米,高 1.00 米。窟室长 6.70 米,宽 1.90 米、高 1.90 米。左侧壁前后各有一个耳室,右侧壁后部靠近正壁处有一耳室。窟室中部两侧壁上方有两个对称的圆形小孔洞。另,左侧壁上方靠近窟门处,开一小龛。

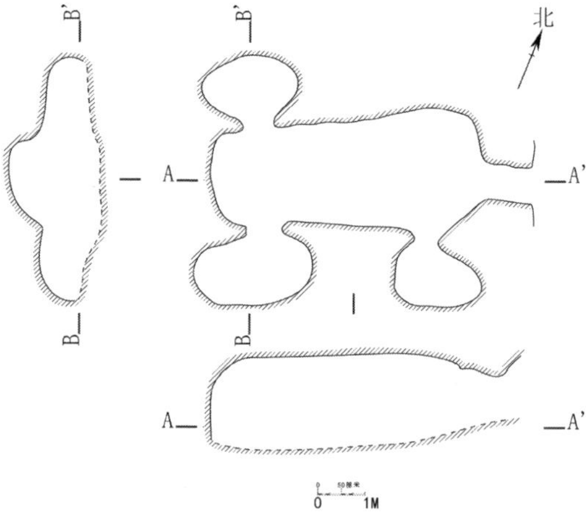

图 12 第 8 窟平、剖面图

壁画:窟室内烟熏严重,壁画无存。

性质:僧房窟。

第 9 窟

位置：位于沟西区，在 8 号窟北面，地势高于 8 号窟，窟口方向 123°。

形制：平面略呈长方形(后室正壁稍带弧形)，纵券顶(图 13)。

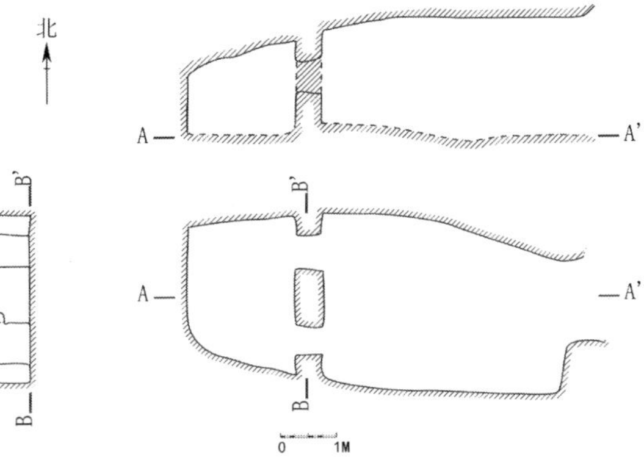

图 13　第 9 窟平、剖面图

现状：崖内开凿。窟门坍塌，形制不明，前壁也仅留左右两边上部一小角。洞窟经过两次改建。第一次改建时，在窟室后部封堵一土坯墙，后室弃之不用。第二次改建是 20 世纪当地居民暂住时所为，前壁左边坍塌部分重新用土坯垒砌，角部开有一烟囱。正壁左右两边各开一小门，通向后室，并在前室左右两侧壁上方开 6 个小龛，左壁 1 个，右壁 5 个。窟深 7.00 米(前后室总长)，宽 3.00 米，券顶至地表堆积 2.15 米。正壁左边门宽 0.53 米，高 0.80 米，右边门宽 0.66 米，高 1.05 米。

壁画：窟室正壁右下角残存一塔，三层塔结构，其上有覆钵，塔的上方有缠枝花卉；右上部分残存两个头光，疑为菩萨，左面一个头光后菩提树叶非常繁茂，周围饰以缠枝花卉；右面上方部分残存半个头光及五叶冠冠叶。门壁左上角有一动物(龙)形象，残存三只腿，每个腿三个爪，旁有缠枝花卉；动物腿的下部残留菩萨五叶冠冠叶；门壁右上方有一菩萨头光，其后有菩提树叶。左右两角也存有稍许，保存状况较差，顶部中心绘一大莲花，周圈绕以同样大小的莲花，惜已被烟熏，仅剩大致轮廓。左右侧壁有大幅壁画，下面详细叙述之。

左右侧壁以连环画形式绘制图像。现每个侧壁均残存上下两排，内容为八十四大成就者像，根据格伦威德尔《高昌故城及其周边地区的考古工作报告：1902—1903 年冬季》一书的记述，我们得知，每个侧壁原来应为四排，上面两排因脱落已荡然无存，每排 11 幅，总 88 幅，其中 4 幅非大成就者图像。每幅像尺寸为 0.33 米×0.36 米。每幅画间隔以红、白为底色，佛像间隔以白、红为底色。上下两排图像之间以莲花作为装饰，莲花造型较为独特。下部有红色边框，宽 5 厘米。图像保存不佳，大部分已经脱落，亦有盗割痕迹。两壁各现存两排。

1. 左侧壁自外向里示意如下表(图 14)

1—4 幅剥蚀无存。

5 为一尊者坐于兽皮垫上，腿上放一圆形鼓。画面损毁严重，仅存兽皮垫与圆形鼓，且脱落不全，原有榜题无存，其身份无从考释。

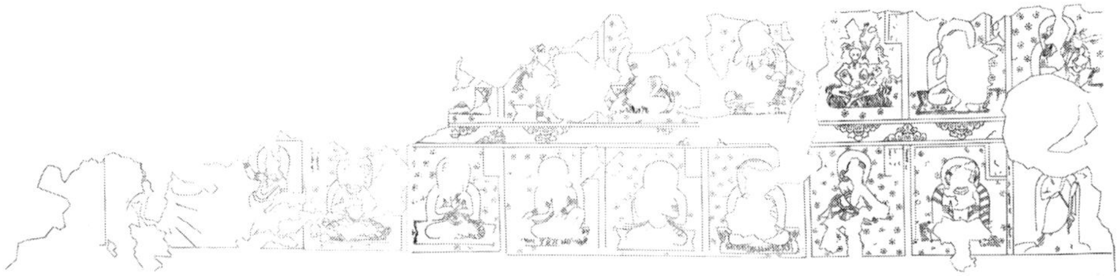

图 14　左侧壁八十四大成就者

本文序号	1	2	3	4	5	6	7	8	9	10	11
格伦威德尔序号	67	68	69	70	71	72	73	74	75	76	77
上层	脱落	脱落	脱落	脱落	?	韦那巴	甘巴力巴	?	?	巴査巴	?
装饰	以莲花作为装饰，莲花造型较为独特。宽 5 厘米。										
本文序号	12	13	14	15	16	17	18	19	20	21	22
格伦威德尔序号	78	79	80	81	82	83	84	85	86	87	88
下层	脱落	脱落	?	?	甘大力	?	?	?	?	?	班德巴
边框	红色边框，宽 5 厘米。										

6 为一尊者立于兽皮垫上，抱一琴（或琵琶），右手抚之，还可见两个大耳环，胳膊上有臂钏，脚踝处有脚环，腰间有飘带。图像虽保存不甚完整，原有榜题无存，其所抱琴尚可辨别。据此我们推测，此即为韦那巴大师，《八十四大成就者传》之第 11 位[①]。

7 为一尊者侧坐于兽皮垫上，具身光，宽肩细腰，上身赤裸，胳膊上有臂钏，着红色短裙，短裙上饰以联珠纹饰，腰后系红色飘带，双腿盘曲，右腿置于左腿上，兽皮垫前方卷起，其前置一长条形红色板状物。图像保存不甚完整，头部损毁，原有榜题无存。格伦威德尔描述此尊者右手拿一把锤子（现已脱落），并推知其为甘巴力巴，《八十四大成就者传》之第 45 位。

8 为一尊者坐于兽皮垫上，左腿贴于垫上，脚掌向上，右腿跷起，具头光与身光，胳膊上有臂钏。图像保存不甚完整，头部损毁，胸部以下至腰间有大片脱落，原有榜题无存，格伦威德尔描述此尊者右手拿着一个碗，旁边还立着一个陶罐（现已不存），身份待考。

9 为一尊者坐于兽皮垫上，瘦骨嶙峋，双臂弯曲，两手置于大腿上。右下角一小童立于兽皮垫上，骨瘦如柴，作舞蹈状（或戏弄状），尊者头部上方隐约可见一消瘦人形。图像保存不甚完整，唯尊者及小童形象保存较为完好，余皆损毁严重，原有榜题无存，身份待考。

10 为一尊者坐于兽皮垫上，有头光与身光。图像保存甚差，格伦威德尔描述此尊者左手拿一本书，举在胸前（现已无存），由此我们可以推测，此即为巴查巴大师，《八十四大成就者传》之第 24 位。

11 为一尊者坐于兽皮垫上，有头光与身光，戴五叶冠，还可见两个大耳环，胳膊上有臂钏，左臂抱一女性，束发。图像保存不甚完整，腰部以下图像脱落，原有榜题无存，身份待考。

14 为一尊者呈站立姿势，具头光，宽肩细腰，身体扭曲呈 S 形，上身赤裸，下身穿短裙，左手执一杨枝，膝盖并拢，其下腿部成八字分开。图像保存不甚完

---

① 参见明古·金贝智达口授传承，蒋扬·钦哲·汪波等编纂：《八十四大成就者传》，善慧讲堂电子印经院。以下对八十四大成就者的认定均参考了此书，不一一标明。

整,头部及脚部损毁,原有榜题无存,身份待考。

15 为一尊者坐于兽皮垫上,头上隐约可见有冠饰,宽肩细腰,上身赤裸。左手扬起,右手置于胸前,两手似执一物,似为某种乐器。图像保存不甚完整,头、胸及腿部损毁,左上有回鹘文题记,有被盗割痕迹,身份待考。

16 为一尊者坐于兽皮垫上,有头光与身光,头上似有冠饰,上身赤裸,下身着短裙,腰间系飘带,两手置于胸前(稍向下),右手莲花指,似捻一细小物什,左手执一布条。图像保存不甚完整,头部及腿部损毁。从左手所执布条,右手捻一细小物什,我们可以推测,此尊者为甘大力大师,《八十四大成就者传》之第69位。

17 为一尊者坐于兽皮垫上,有头光与身光,头上隐约可见有冠饰,上身赤裸,腰间有红色飘带,胳膊上有臂钏,右臂搭于右腿上,自然下垂,左手前伸。图像保存不甚完整,头部及腿部损毁。身份待考。

18 为一尊者坐于兽皮垫上,有头光与身光,宽肩细腰,上身赤裸,胳膊上有臂钏。图像保存较差,头、胸及腿部损毁,身份待考。

19 为一尊者坐于兽皮垫上,有头光与身光。图像保存较差,仅存头光、身光、腿部与兽皮垫,身份待考。

20 为一尊者呈站立姿势,身体前倾,扭曲呈 S 形,有头光,黑发卷于脑后,戴有大耳环,胳膊上有臂钏,着短裙,腰间系有飘带。图像保存较差,脸部、前胸及腿部无存,身份待考。

21 为一尊者坐于兽皮垫上,有头光与身光,束发偏右,宽肩细腰,上身赤裸,胳膊上有臂钏。图像保存较差,脸、胸及腿部无存,右上角有回鹘文题记,身份待考。

22 为一尊者立于兽皮垫上,有身光,着红色袒右袈裟,右手执锡杖(或天杖),左手托颅钵。图像虽保存不甚完整,头部无存。根据尊者手拿锡杖与钵,我们推测可能为班德巴大师,《八十四大成就者传》中第 32 位。

2. 右侧壁自外向里示意如下表(图 15)

1 脱落无存。

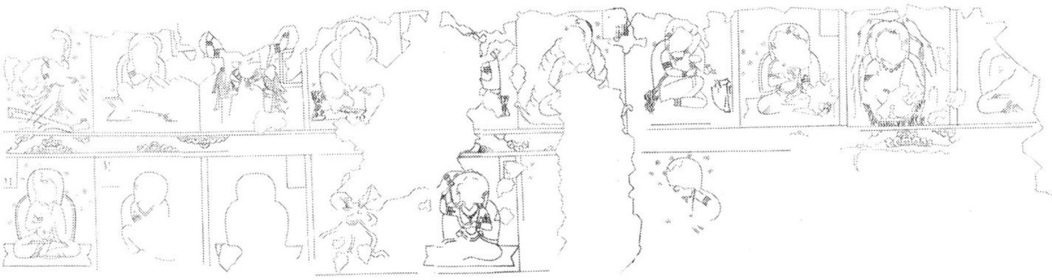

图 15　右侧壁八十四大成就者

本文序号	1	2	3	4	5	6	7	8	9	10	11
格伦威德尔序号	23	24	25	26	27	28	29	30	31	32	33
上层	脱落	?	米那巴	?	扎巴力巴	龙树菩萨	?	?	?	?	阿津达
装饰	以莲花作为装饰，莲花造型较为独特。宽 5 厘米。										
本文序号	12	13	14	15	16	17	18	19	20	21	22
格伦威德尔序号	34	35	36	37	38	39	40	41	42	43	44
下层	脱落	脱落	脱落	脱落	脱落	脱落	嘎那巴	?	?	?	?
边框	红色边框，宽 5 厘米。										

2 为一尊者立于兽皮垫上，有身光，仅存衣饰飘带。图像保存甚差，其身份无从考释。

3 为一尊者坐于兽皮垫上，胳膊上有臂钏，脖子上戴有项链，菩萨头部及左右两边绕有 7 条鱼。图像保存较差，头部及腿部损毁。但围绕尊者的鱼尚清晰可见，据此我们推测，此即为米那巴大师。《八十四大成就者传》之第 8 位。

4 为一尊者坐于兽皮垫上，有头光与身光，头戴三叶冠，冠内有宝珠，宽肩细腰，上身赤裸，胳膊上有臂钏。图像保存较差，头部及胸部损毁，身份待考。

5 为一尊者侧坐于兽皮垫上，有头光与身光，头光内有火焰装饰，脖子上有项链，胳膊上有臂钏，腰系红裙，腰后有飘带。右手拿锤，左手执凿，凿子已嵌入石块中。根据尊者右手拿锤、左手执凿的形象，我们推测，此即为尊者札巴力巴。《八十四大成就者传》之第 64 位。

6 为一尊者交脚而坐，周身绕以大蟒蛇，头上残存一蛇头。图像保存较差，头部、胸部以下至左腿部损毁，但围绕尊者的蟒蛇尚清晰可见。考诸画像，龙树菩萨典型特征为周身绕蛇或坐于蛇（龙）上，头上有蛇头，这与龙尊王佛的形象是一样的。据此我们推测，此为龙树菩萨。《八十四大成就者传》之第 16 位。

7 为一尊者坐于兽皮垫上，有头光与身光，头上有冠饰，胳膊上有臂钏。图像保存甚差，仅存身体左半部分，其身份无从考释。

8 为一尊者坐于兽皮垫上，有头光与身光。图像保存较差，脸、胸部以下至腰间皆损毁，尊者身份无从考释。

9 为一尊者呈站立姿势，两臂上举，胳膊上有臂钏，上身赤裸，下身穿红裙，裙摆飞扬。主尊身前有一小像，左手托颅钵，腰系虎皮短裙，脚踝处各有一条小蛇盘绕，其姿势颇类大黑天。图像保存较差，主尊及侍者头部无存，身份待考。

10 为一尊者坐于兽皮垫上，有头光与身光，胳膊上有臂钏。图像保存较差，头、胸及左腿部均残失，身份待考。

11 为一尊者面向左呈站立姿势，有头光，可见两大耳环，腰间飘带自然下垂。尊者右腿前迈，左腿后撤，微向前弯曲，左脚踩在木头上，下横插一木作为支点，两手握斧头，用力向木头砍去。图像保存尚可，唯头、两臂及手部图像脱落。考诸画像，阿津达大师的表现形式有两种，其一为写实，手拿斧头，肩背木材，或正在做劈柴动作。其二为写意，阿津达执着于对财富的追求，面前象征财富的海螺是辨认其身份的重要标识。据此我们推知，此即为阿津达大师，《八十四大成就者传》之第 38 位。

12—17 脱落无存。

18 为一尊者坐于兽皮垫上，有头光与身光，耳戴耳环，颈有项饰，胳膊上有臂钏，宽肩细腰，上身赤裸，下身着短裙。右手上举，其上悬浮一双面鼓，左手托颅钵于胸前。考诸画像，嘎那巴大师典型特征是空中有七只宝伞与七只手鼓，这里的图像由于画面空间狭小，仅用一只手鼓代替，具有象征意义。据此我们推测，此即为嘎那巴大师，《八十四大成就者传》之第 17 位。

19 为一尊者，衣饰繁复华丽，具头光。图像保存甚差，模糊不可辨，其身份无从考释。

20 为一尊者坐于兽皮垫上，具头光与身光。图像保存甚差，模糊不可辨，其身份无从考释。

21 为一尊者，有头光与身光，戴耳环。图像保存甚差，模糊不可辨，其身份无从考释。

22 为一尊者坐于兽皮垫上，有头光与身光，着袒右袈裟。图像保存尚可，脸及手部损毁。左上角残存回鹘文题记，身份待考。

第 10 窟

位置：位于沟西区，窟 9 东北约 50 米的山顶上，窟口方向 184°。

形制：平面长方形，纵券顶(图 16)。

现状：窟门拱形，下宽 0.80 米、高 1.70 米，墙厚约 0.70 米。窟长 1.90 米、宽 1.65 米，券顶至地面 1.80 米。

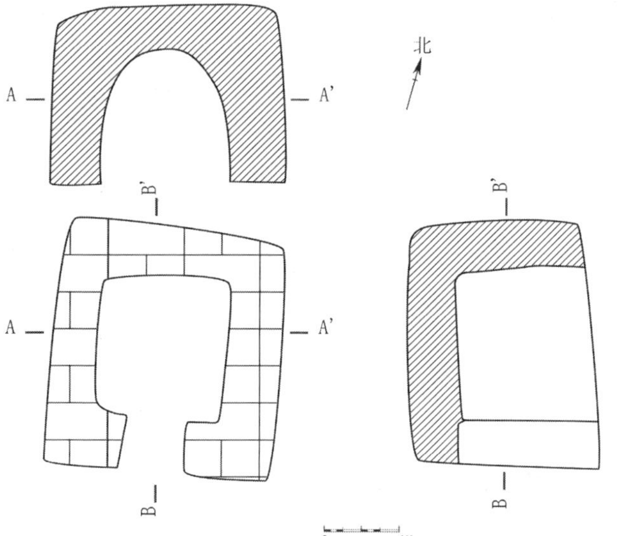

图 16 第 10 窟平、剖面图

壁画：整个窟室虽然不大，但壁画基本完好，

<table>
<tr><td>十六观
15</td><td>十六观
16</td><td colspan="3">一佛二菩萨</td><td colspan="2"></td><td colspan="2">十六观
1</td><td>十六观
2</td></tr>
<tr><td rowspan="2">十六观
14</td><td rowspan="2">高僧
(疑是
上师)</td><td>弟子</td><td>弟子</td><td rowspan="3">主佛(坐姿)</td><td>弟子</td><td colspan="2">弟子</td><td rowspan="2">高僧(疑是
上师)</td><td rowspan="2">十六观
3</td></tr>
<tr><td rowspan="2">胁侍菩萨</td><td rowspan="2">胁侍菩萨</td><td rowspan="2">胁侍菩萨</td><td colspan="2" rowspan="2">胁侍菩萨</td></tr>
<tr><td rowspan="2">十六观
13</td><td rowspan="2">观世音</td><td rowspan="2">大势至</td><td rowspan="2">宝树观
4</td></tr>
<tr><td colspan="6"></td></tr>
<tr><td>十六观
12</td><td colspan="8">似有一佛</td><td>宝池观
5</td></tr>
<tr><td>十六观
11</td><td colspan="3">十六观
10</td><td>十六观
9</td><td colspan="3">十六观
8</td><td>十六观
7</td><td>十六观
6</td></tr>
</table>

可以看清整体布局。可惜满壁凿痕、刮痕，间有处处小块脱落痕迹，右侧壁靠近正壁处有大片淋雨痕迹。左右侧壁壁画内容示意如下：

图 17　第 10 窟左侧壁壁画

左侧壁(图 17)：

该壁中央为佛说法会，中心位置绘制一佛，为无量寿佛，具身光与头光。两侧各绘四身弟子与胁侍菩萨，具头光。弟子两侧各绘一高僧(极有可能是上师)，高僧下方为观世音和大势至菩萨。主佛上方绘制一佛二菩萨，佛呈坐姿，具身光与头光；两侧菩萨具头光与舟形身光，站立于佛两侧，左侧菩萨面向佛，身体微向前倾，左腿前伸，膝盖弯曲，右侧菩萨绘制工整，面向前方。主佛下方有莲花池，上方有一化佛，四周彩带飘扬。

佛说法会左、右、下三面绘制十六观想图，按顺时针方向排列，可以辨认的有：4 宝树观，5 宝池观。

右侧壁：

<table>
<tr><td>帷幔</td><td>塔顶</td><td>帷幔</td></tr>
<tr><td>9 至 10 身伎乐菩萨立于三层楼阁之上</td><td rowspan="2">第 3 层</td><td>9 至 10 身伎乐菩萨立于三层楼阁之上</td></tr>
<tr><td>边框</td><td>边框</td></tr>
<tr><td>9 至 10 身伎乐菩萨立于二层楼阁之上（有回廊）</td><td rowspan="2">第 2 层</td><td>9 至 10 身伎乐菩萨立于二层楼阁之上（有回廊）</td></tr>
<tr><td>边框</td><td>边框</td></tr>
<tr><td>9 至 10 身伎乐菩萨立于一层楼阁之上（有回廊）</td><td>第 1 层塔</td><td>9 至 10 身伎乐菩萨立于一层楼阁之上（有回廊）</td></tr>
<tr><td colspan="3">边框（有一波浪纹）</td></tr>
</table>

中部绘有一砖结构塔，每层均有卷檐。塔下有一个大波浪纹作为支撑。第 1 层绘一佛二菩萨，第二层绘二佛并坐，第三层绘制一佛，塔顶模糊不清。与每层对应，左右两侧均有 9 至 10 身不等的伎乐菩萨，有头光，立于回廊之内。

券顶部绘制两排坐佛，相向而对，每排 8 身，总 16 身，每个坐佛均具覆钵形头光与身光，其外再罩一覆钵形背光（图 18）。券顶下部绘制帷幔，造型别致。正壁

图 18　第 10 窟券顶坐佛

有一巨型身光几乎占满全壁,从残存痕迹看,似有一立佛塑像。门壁壁画无存。

四、佛塔及佛寺遗址

1. 佛塔

1 号佛塔(图 19、图 20)位于大桃儿沟沟口。平面方形,穹窿顶,残高 2.53 米,边长 3.56 米,墙厚 0.52 米。北墙壁保存比较完整,东墙壁和西墙壁仅保留与北墙壁连接的部分,穹窿也仅保留起券部分,佛塔其他部分皆塌毁。从形制来看,门应开在北壁,此外根据杜丁 1914 年拍摄的照片[①]来看,当时此塔还保存比较完整,塔的顶部类似柏孜克里克千佛洞及小阿萨佛寺遗址留下的多角形塔。

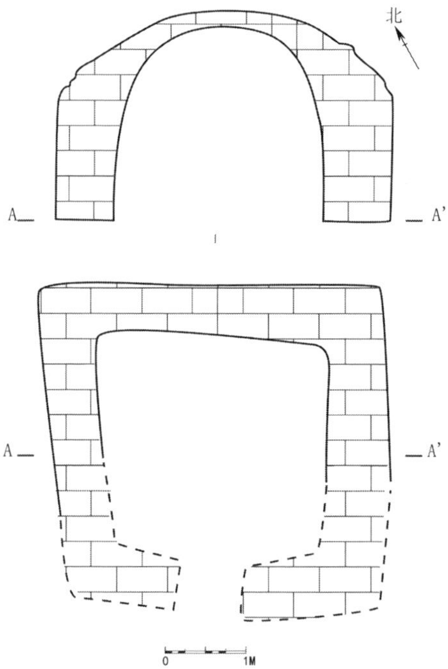

图 19 1 号佛塔平剖面图

2 号佛塔(图 21、图 22)位于沟东区,与 3 号佛寺遥相呼应。平面方形,穹窿顶,残高 2.36 米(地表堆积 0.30 米),边长 3 米,墙厚 0.50 米~0.60 米。佛塔由土坯(长 0.42 米、宽 0.19 米、厚 0.12 米)砌成,中间夹有大小不等的黑色石块,土坯外用草泥涂抹。佛塔留存南壁与东壁及其上面的部分穹窿,北墙壁残存与东墙壁连接的部分,西墙

① 图见[俄]C.M.杜丁著,何文津、方久忠译:《中国新疆的建筑遗址》,中华书局,2006 年,第 48 页。

壁全部塌毁。从整个形制看,四壁中间各开有一拱形门。东门(高 1.53 米、下宽 0.70 米)与南门(高 1.53 米、下宽 0.60 米)保存完整,上部拱顶部分仅坍塌一小块,北墙与西墙拱门坍塌无存。

图 20　1 号佛塔

2. 佛寺遗址

1 号佛寺位于沟西区,10 号窟下面。中心残留一方形房基,两侧有甬道痕迹,后面似为一排僧房,仅存房基。

2 号佛寺位于沟东区,在 2 号佛塔南面。形制比较清晰,为中心殿堂式建筑。

3 号佛寺位于沟东区,距 2 号佛塔仅 20 米,存房址两间,现已塌毁,仅留部分墙基。靠东的一间房址,墙基比较清晰,平面方形,边长 2.8 米。另一间地表坍塌堆积甚多,形制不可辨。

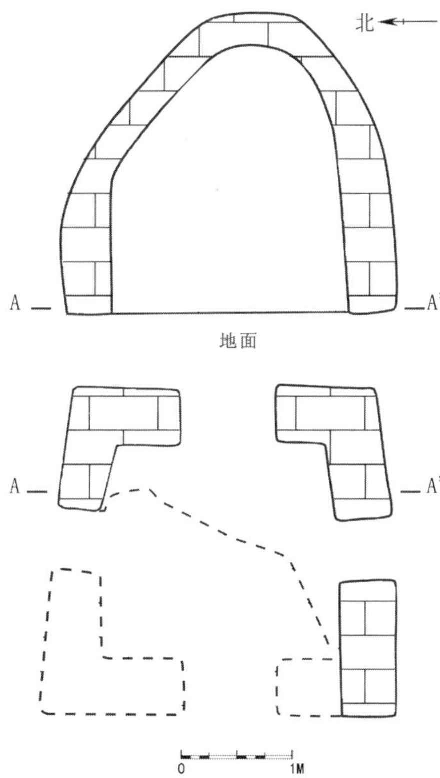

图 21　2 号佛塔平剖面图

五、结　语

大桃儿沟石窟是古代吐鲁番地区

图 22　2 号佛塔

保存较好、比较重要的一处小型石窟，但是没有发现同修建石窟有关的纪年铭记和文献记载。此外，大桃儿沟石窟的塑像已毁，有壁画的洞窟不多，一些石窟还有待进一步考古清理与发掘，因此断定它的确切年代是很困难的。但是依据其洞窟形制、组合特点、壁画题材、风格等特点，我们可以对其年代进行一个大致的推断。

从洞窟类型上看，有方形穹隆顶窟，如 6、7 号窟；有长方形纵券顶窟，如第 2、3、6、9、10 窟；也有横券顶窟，如第 4、5 窟的主室。从性质来看，有僧房窟，如第 4、5 窟位于整个石窟的最下一层，应为僧房窟①；有礼拜窟，如第 6、7、9、10 窟，其中第 6 窟，为诸石窟形制最大的一窟，从残存遗迹来看，是一个大像窟，有明显的礼拜功用，7 号窟中心为方形穹窿顶窟，左侧甬道尚存，由此看来，亦为礼拜窟；有禅窟，如 8 号窟，两侧有禅室，无壁画。

第 9 窟有许多回鹘文题记，多已残损，这给释读造成很大困难，目前还在艰难的释读过程中。由此我们推测第 9 窟建造年代应该为高昌回鹘时期，唐末至元代。同时，第 9 窟两侧壁的图像为八十四大成就者像，有明显的藏传佛教造像风格，由此我们可以把年代缩小为宋元时期。

元代，藏传佛教盛行，回鹘中出现了大量的修习藏传佛教的喇嘛僧。他们有的在出家后又还俗，成为元朝统治阶级的一员；有的代帝出家，成为皇帝的替僧；有的作为高级僧官，参与对全国佛教的管理；更多的则是充当翻译人员，

① 第 1、2、3 窟虽与第 4、5 窟同处一层，但塌毁严重，性质无法判断。

以沟通皇帝和蒙古贵族与西藏喇嘛间的联系与交流。此外，从吐鲁番出土的回鹘文文献看，有相当多的藏文佛教经典曾被译为回鹘文，说明藏传佛教对回鹘的影响是相当大的[1]。大桃儿沟第 10 窟是一小型洞窟，表现的是观无量寿经变，从佛的覆钵形身光来看，亦体现了浓厚的元代藏传佛教艺术色彩。

西夏建立政权前后，多次宴请回鹘高僧讲经说法，主持西夏文《大藏经》的翻译。国家图书馆藏西夏文《现在贤劫千佛名经》前面有一幅木刻版译经图，图的正中间有一高僧像，像上西夏文款识意为“都译勾管作者安全国师白智光”，据考证此人即回鹘人[2]。在高昌回鹘高僧白法信与白智光的主持下，历时 53 年，将汉文《大藏经》译为西夏文[3]。此外，在敦煌出土的西夏文文献中还可以看到用回鹘文字母作的注音[4]。当然，回鹘与西夏的交往并非单向的，西夏文佛经残片在吐鲁番出土，即证明了西夏佛经也曾经输入高昌。据笔者粗略统计，在吐鲁番出土的西夏文书共有 11 件[5]。同时，西夏中后期藏传佛教盛行，所以我们不能否定这段时间藏传佛教传入吐鲁番地区的可能性。1988 年中国社会科学院考古研究所对大桃儿沟石窟的碳十四测定结果为，第 9 窟（原第 2 窟）年代：$920\pm^{65}_{100}$年，第 6 窟（原第 4 窟）年代：$1260\pm^{25}_{10}$年，其中第 9 窟柳洪亮先生认为年代偏早[6]，因此，我们将大桃儿沟石窟年代定在宋元时期，而不是固守在元代这一个时期，当大致不误。第 9 窟八十四大成就者像与敦煌莫高窟第 465 窟绘制的

---

① 有关藏传佛教在回鹘中的传播，参见张羽新：《元代的维吾尔族喇嘛僧》，《中国藏学》1996 年第 2 期，第 50—59 页。杨建新、王红梅：《元代回鹘藏传佛教文献研究概况》，《兰州大学学报》2001 年第 1 期，第 1—7 页。王红梅、杨富学：《藏传佛教对回鹘的影响》，《回鹘文〈吉祥轮律曼陀罗〉所见十六金刚天女研究》，《敦煌研究》2005 年第 2 期，第 75 页；杨富学：《藏传佛教对回鹘的影响》，《西藏研究》2005 年增刊（西藏自治区建立三十周年纪念专号），第 60—63 页。

② 史金波：《西夏佛教史略》，宁夏人民出版社，1988 年，第 78 页；杨富学：《回鹘文献与回鹘文化》，民族出版社，2003 年，第 480—481 页。

③ 参见杨富学：《回鹘僧与〈西夏文大藏经〉的翻译》，《敦煌吐鲁番研究》第 7 卷，中华书局，2004 年，第 338—344 页。

④ 参见杨富学：《论回鹘文化对西夏的影响》，《宋史研究论丛》第 5 辑，河北大学出版社，2003 年，第 179—194 页。

⑤ 另据德国汉堡大学王丁先生见告，不止此数。

⑥ 柳洪亮：《高昌石窟碳 14——测定数据试析》，《新疆文物》1993 年第 3 期，第 122 页。

八十四大成就者像[①]，在色彩运用、成就者个体造型等方面有着惊人的相似之处，据此我们推测，前者的绘画技艺与思想当来源于莫高窟第465窟，然而针对莫高窟第465窟的修造年代亦有很大争论，有西夏与元说两种，因此在源头不清的情况下，我们也只能将大桃儿沟的修造年代定在宋元时期。

附记：

文章开篇即已提及，德国探险家格伦威德尔率领的吐鲁番考察队曾先后两次调查了大桃儿沟，在其著作《高昌故城及其周边地区的考古工作报告：1902—1903年冬季》与《新疆古佛寺：1905—1907年考察成果》中，详细记录了调查的起止日期，并绘制了整个石窟群的简易地形图、部分洞窟的平面图及壁画线描图，同时也做了较为详细的文字描述。此次调查距离格伦维德尔当年的探险，已经有了一个世纪之遥。许多洞窟、佛塔、佛寺都有不同程度的损坏，有些甚或不复存在，加之格伦威德尔当时又盗割走了许多壁画。解读这些严重残破的洞窟，幸赖有以上资料作为参考，然而本篇文章只是一个简单的调查简报，为了使行文流畅，简洁明了，没有过多加入格伦威德尔探险报告的内容，读者可以参照我们编制的格伦威德尔洞窟编号与本次调查洞窟编号对照表，进行深入研究。

诸家编号对照表

<table>
<tr><td>格伦威德尔编号</td><td>1</td><td>2</td><td>3</td><td>4</td><td>5</td><td colspan="2">6</td><td colspan="2">7</td><td>8</td><td>9</td><td>10</td><td>11</td></tr>
<tr><td>吐鲁番地区文管所1990年代编号</td><td></td><td></td><td></td><td></td><td></td><td colspan="2"></td><td colspan="2"></td><td></td><td>2</td><td></td><td>1</td></tr>
<tr><td>吐鲁番地区文管所2000年代编号</td><td></td><td></td><td>1</td><td>2</td><td>3</td><td>4</td><td>5</td><td>6</td><td>7</td><td>8</td><td>9</td><td></td><td>10</td></tr>
<tr><td>本次调查编号</td><td></td><td>1</td><td>2</td><td>3</td><td>4</td><td colspan="2">5</td><td>6</td><td>7</td><td>8</td><td>9</td><td></td><td>10</td></tr>
</table>

① 参见赵晓星：《莫高窟第465窟八十四大成就者图像考释》，《第四届西藏考古与艺术国际学术讨论会论文提要集》，北京，2009年，第568—603页。

小桃儿沟石窟调查简报

一、地理位置

小桃儿沟石窟位于吐鲁番盆地火焰山西段的小桃儿沟内。西邻大桃儿沟石窟,东距吐鲁番市亚尔乡葡萄沟约 1 千米(图 1)。地理坐标为:北纬 43°00′10.1″,东经 89°12′18.7″,海拔 197 米。石窟依沟的西壁开凿,而寺院和佛塔分布于沟中平坦位置和两侧附近山头的顶部。小桃儿沟基本呈南北走向,地表为夹砂石

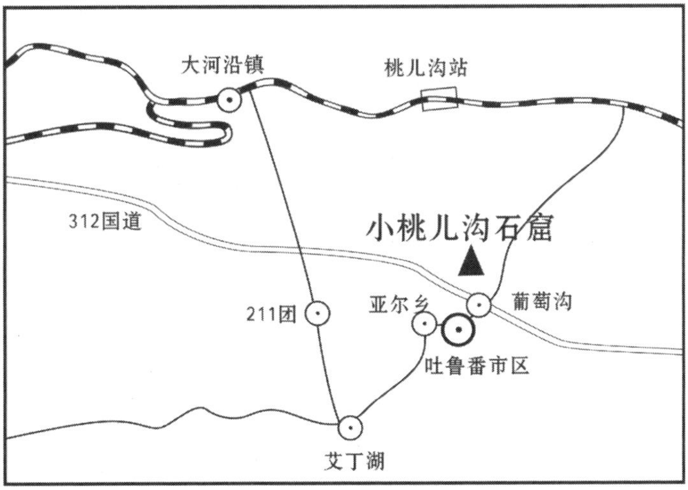

图 1　小桃儿沟石窟位置示意图

土层，无植被，从断面可以看出地层中残留有较多长长的植物根系（说明早些时候，此地水源丰富）。因人为掘土，现沟中较缓的地势已被破坏，从而形成断崖。沟口南有较大面积的军靶场和大面积种植葡萄的农田。

二、调查与研究回顾

桃儿沟石窟分为两处，即西面的大桃儿沟石窟和东面的小桃儿沟石窟。大桃儿沟称为“塔雷克布拉克”，即“柳树泉子”之意；小桃儿沟称为“撒绥克布拉克”，即“潮湿的地方、沼泽地”之意[①]。早在 20 世纪初，俄国的奥登堡、杜丁，德国的冯·格伦威德尔等外国探险家就来此调查，并盗掘了较多文书和壁画[②]。而后，中瑞西北考察团的黄文弼先生[③]曾于 1928 年来此调查。新中国成立后，当地文物保护部门做了许多保护工作：1999 年 7 月 29 日，被新疆维吾尔自治区人民政府公布为第四批自治区级文物保护单位；2003 年中国社会科学院考古研究所对小桃儿沟石窟进行了测绘，其资料复印件保存于吐鲁番学研究院资料信息中心；2004 年，吐鲁番地区文物局还做了保护规划和“四有”档案[④]，小桃儿沟石窟群与大桃儿沟石窟群共同被规划在桃儿沟石窟石窟群遗址中，规划范围为：北至现省道 202 公路与第一人民渠 1 号桥交会处以北 800 米；南端为 312 国道葡萄沟入口处；西至葡萄乡行政边界；东至葡萄沟东侧火焰山顶；东南包括葡萄沟水库一带。包含拜什买里村、布流克村、艾孜纳美其特村、苏贝希村和达甫散盖村五个行政村的部分区划，规划区域总面积约为 2620.71 公顷。2009 年，第三次全国文物普查吐鲁番地区普查队对此也做过地面调查与测绘。

---

① [俄]C.M.杜丁著，何文津、方久忠译：《中国新疆的建筑遗址》，中华书局，2006 年，第 47—57 页。

② 详见[德]阿尔伯特·格伦威德尔著，管平译：《高昌故城及其周边地区的考古工作报告：1902—1903 年冬季》，文物出版社，2015 年 12 月。[德]格伦威德尔著，赵崇民、巫新华译：《新疆古佛寺：1905—1907 年考察成果》，中国人民大学出版社，2007 年。

③ 黄文弼：《吐鲁番考古记》，中国科学出版社，1954 年，第 7 页。

④ “四有”档案资料存于吐鲁番学研究院资料信息中心。

除了调查和保护之外的研究工作，贾应逸和柳洪亮先生编辑出版了一系列壁画图录，内有非常精美的图片和详细的图说。早期国外的探险家格伦威德尔《高昌故城及其周边地区的考古工作报告：1902—1903 年冬季》《新疆古佛寺》，俄罗斯学者杜丁的《中国新疆的建筑遗址》，贾应逸先生的《印度到中国新疆的佛教艺术》[①]中也有详略不同程度的描述。2011 年 5 月 7 日至 16 日，吐鲁番学研究院组织专业人员对小桃儿沟石窟进行调查。此次调查并未动土，因此，所见只是地表以上部分，在很小的局部为了找到墙体转角范围，采用手铲轻微拨动。现将调查成果公布如下。

三、洞窟概况

小桃儿沟石窟遗存包括三个部分，一为开凿于沟西侧陡崖的石窟；二为修建于沟两侧山梁上的佛塔；三为已经坍塌的形制复杂的佛寺遗址。据黄文弼先生记载："……西傍……又过两个沙梁，有一干沟，西岸有佛洞二所，壁画已毁。山上有古庙基一所，沟东有古址二所，均无可取[②]。从描述中可以得知，此地即为我们现在所说的小桃儿沟石窟群（图 2、图 3）。然而，西岸洞窟数量与现在不符。现残存 6 窟，在沟西延陡崖分布，由南向北编为 1—6 号窟。部分石窟因坍塌而掩埋，残存无形。

石窟均为长方形纵券顶窟，在沉积沙粒层中开凿，并采用土坯砌筑，和泥土修葺成纵券顶。个别石窟有二次改造使用的痕迹，或为重修洞窟绘制新的壁画，或因近现代居民的使用，而破坏了石窟形制结构。壁画保存较差，大多数壁画因切割等盗掘行为和人为刻画而破坏。

---

① 贾应逸、祁小山：《印度到中国新疆的佛教艺术》，甘肃教育出版社，2002 年，第 475—476 页。
② 黄文弼：《吐鲁番考古记》，中国科学出版社，1954 年，第 7 页。

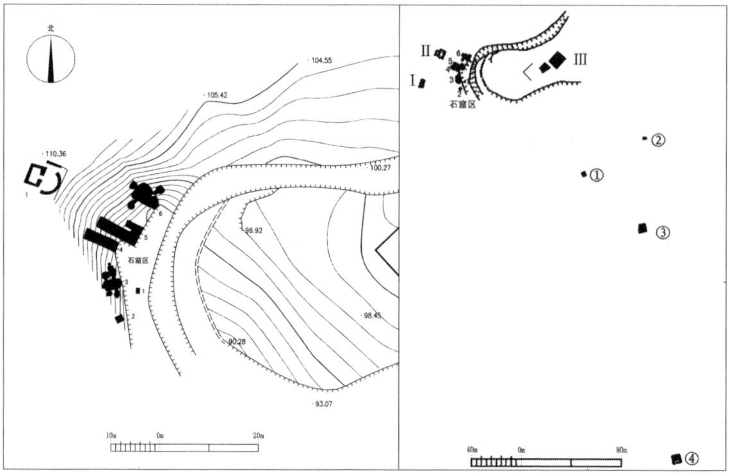

图 2　小桃儿沟石窟平面图

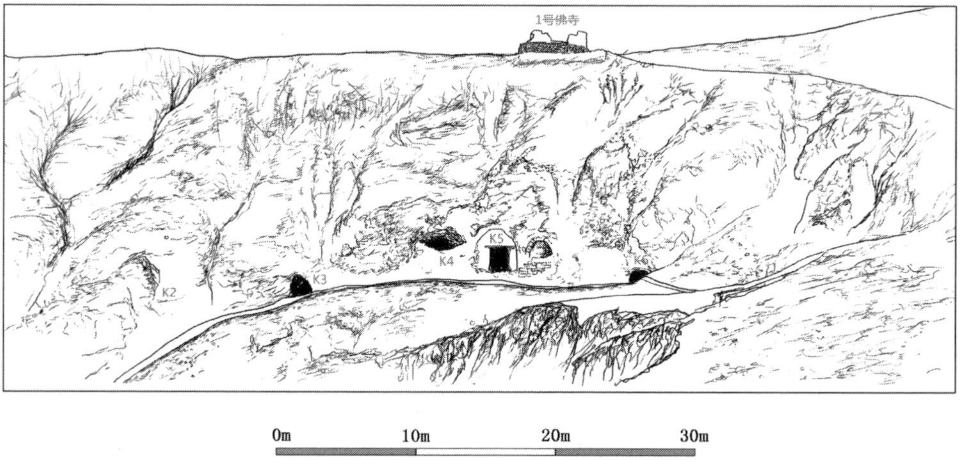

图 3　小桃儿沟石窟立面图

第 1 窟

位于沟西区诸洞窟下层，坍塌严重，仅残留一块突出位置，窟形不明。以崖壁垂直线为准，方向 100°。功用不明。无壁画。

第 2 窟

位置:位于沟西区,上层洞窟的最南端。此窟开凿在沙粒沉积层中,位于第3窟所在黄土沉积层的上层。窟口方向77°。

形制:长方形纵券顶窟。

现状:大部分已经坍塌,仅剩洞窟中后部。窟顶及四周的草拌泥墙皮几乎全部脱落。残长1.2米,宽2.2米、残高1.8米。

壁画:无存。

第 3 窟

位置:位于沟西区,南邻第2窟,北邻第4窟。此窟开在黄土沉积层,位于第2窟所在沙粒沉积层的下层。窟口方向88°。

形制:长方形纵券顶窟,两侧壁开有横向耳室(图4)。

现状:前部坍塌,窟门不存。现存的洞窟入口高出洞窟地面1.36米,出于保护需要,现有洞口被土坯封堵。洞窟内窟顶及四周采用草泥墙皮修葺,保存较好,四壁留有较多现代涂画痕迹。地表堆积较薄。四个耳室中也有少许堆积。四个耳室从左向右顺时针编号为A、B、C、D。A耳室呈袋状,长1.8米、宽1.1米、高1.4米。B耳室底部近圆形,开口稍微内凹,直径1.2米、高1.1米。C耳室底部呈圆形,

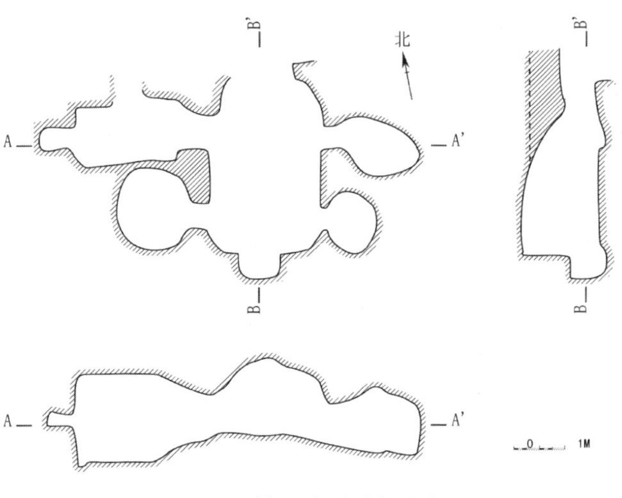

图4 第3窟平、剖面图

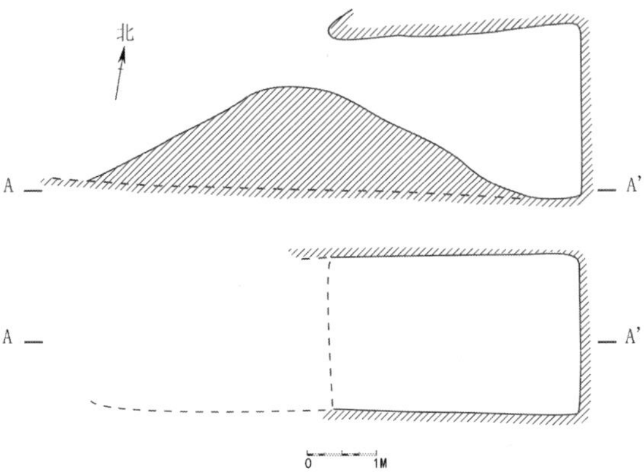

图 5 第 4 窟平、剖面图

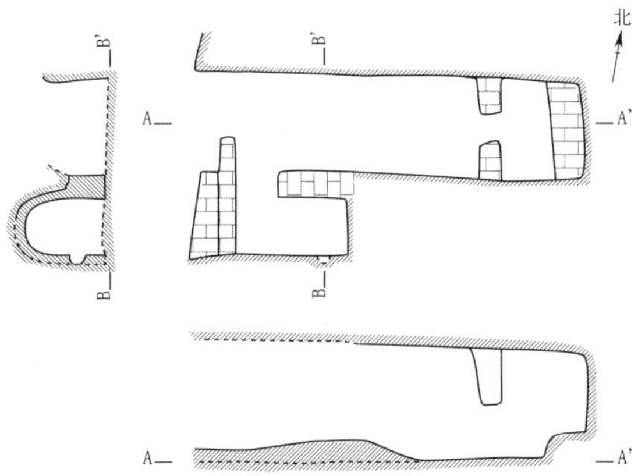

图 6 第 5 窟平、剖面图

直径 1.55 米、高 1.3 米。D 耳室平面近长方形，横券顶，长 2.7 米、宽 1.3 米、高 1.7 米，后部开龛，龛宽 0.34 米、高 0.3 米、深 0.3 米，下沿距地面 0.8 米。右侧壁中部有一小窗，呈喇叭状，高 1 米、外宽 0.4 米、内宽 0.6 米。正壁正中开龛，龛宽 0.77 米、高 0.8 米、深 0.45 米，下沿距地面 1 米。

壁画：无存。

第 4 窟

位置：位于沟西区，南邻第 3 窟，北邻第 5 窟。窟口方向 72°。

形制：平面呈长方形，纵券顶（图 5）。

现状：整个洞窟由崖前砌土坯和崖内凿洞结合而成。前半部已坍塌，露出砾石沉积层的断面。崖内部分残长 3.4 米，宽 2.5 米，高 2.4 米。现在的洞口堆积大量砂土。土堆顶部与券顶之间留有一个空隙，容得下一个人自由出入。

壁画：因坍塌严重，壁画荡然无存。格伦威德尔第二次到达吐鲁番时，此窟除了拱顶壁画毁坏，其余部分还存有大量的壁画。①

---

① 详见［德］格伦威德尔著，赵崇民、巫新华译：《新疆古佛寺：1905—1907 年考察成果》，中国人民大学出版社，第 381—384 页。

第 5 窟

位置:位于沟西区,南邻第 4 窟,北邻第 6 窟。窟口方向 79°。

形制:平面为长方形,纵券顶,右边有一个耳室,亦为纵券顶(图 6)。

现状:整个洞窟由崖前砌土坯和崖内凿洞结合而成。主室前半部分由土坯垒砌而成,现已坍塌,后半部分深入崖内。主室(包括坍塌部分)长 8.8 米、宽 2.2 米、高 2.5 米,正壁遭到破坏,凿开了一个缺口,显系近世所为。由缺口进入,有一个深 2 米、宽 2.3 米、高 2.4 米的后室,后室后部有一台座,长 2.3 米、宽 0.8 米、高 0.45 米,后室墙壁四周无壁画,亦无草泥涂抹痕迹。由此可以判断,此窟经过改建,改建时将洞窟的后部弃之不用,垒砌土坯封堵。主室右侧有一耳室,大部分坍塌,仅剩墙体下部和券顶后部,长 2.5 米、宽 1.3 米、高 1.7 米。主室前部因保护需要而被土坯封堵,顶部壁画部分脱落,两侧壁靠下部分壁画脱落严重。

壁画:由格伦威德尔的报告可知,正壁前原有一 0.8 米高的底座,现已塌毁无存。正壁中间残留塑像背后的背光,原来应有一坐佛塑像。正壁左侧有一立姿菩萨的头光与背光,呈覆钵形,其上绘一童子飞天,上身赤裸,披飞巾,乘彩云,形象活泼生动。右侧的壁画脱落,仅剩上方的一个小飞天,与左侧飞天呼应,形象雷同(图 7)。正壁主要采用红色(现已氧化为黑色)作为底色,头光和背光采用蓝色。券顶绘千佛,每侧两行,格伦威德尔根据画面尺寸推测每行可容纳 18 身,现每行残存 6 至 8 身不等(图 8)。佛与佛之间的空白部分以缠枝花卉填充。佛坐覆莲座,相邻佛座以黑色与绿色相间而绘;覆钵形

图 7 第 5 窟正壁残留壁画

背光，相邻背光底色以蓝绿相间而绘；头光为尖桃形，相邻头光以黑色与绿色相间而绘。千佛结跏趺而坐，头部有肉髻，宽肩细腰，着袒右袈裟，手结禅定印。两侧壁壁画与券顶千佛以红色为底色的帷幕相隔。

两侧壁壁画几乎脱落殆尽。残存壁画示意如下：

右侧壁自里向外

此示意图根据格伦威德尔报告所制，根据格氏描绘，右侧壁 1 至 4 为一幅

<table>
<tr><td colspan="9">帷幕</td></tr>
<tr><td>1</td><td rowspan="4">3</td><td>4</td><td>5</td><td>9</td><td>13</td><td>17</td><td>21</td><td>25</td></tr>
<tr><td>2</td><td rowspan="3"></td><td>6</td><td>10</td><td>14</td><td>18</td><td>22</td><td>26</td></tr>
<tr><td rowspan="2"></td><td>7</td><td>11</td><td>15</td><td>19</td><td>23</td><td>27</td></tr>
<tr><td>8</td><td>12</td><td>16</td><td>20</td><td>24</td><td>28</td></tr>
</table>

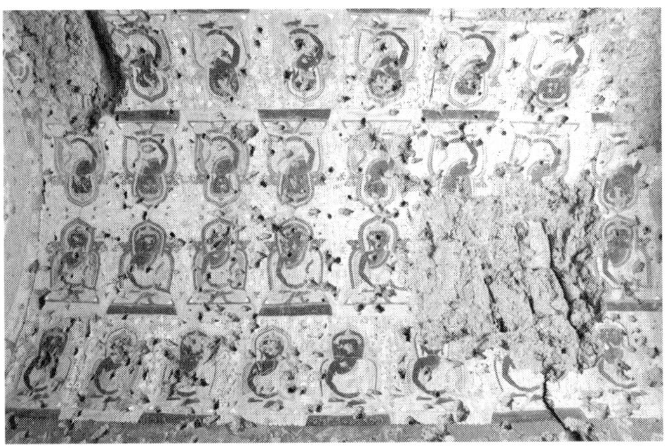

图 8　第 5 窟券顶千佛

画面，5 至 28 均为单独画面，当时一些画面多已毁坏[①]。如今仅 1 至 5 画面尚存，17 至 28 画面连所依托的墙体也大部分坍塌不存。1、2、4 为菩萨或高僧，有头光与背光，1、2 和 4 之下，壁画脱落，3 为一坐佛塑像的背光，下部脱落。第 5 幅画面也残毁严重，主体内容为一寺院，寺院的主庙金光四射，主庙左侧为一藏式佛塔，旁边环绕着郁郁葱葱的树木。画面左侧有一个庙，画工仅画出了庙的一

① 详见[德]格伦威德尔著，赵崇民、巫新华译：《新疆古佛寺：1905—1907 年考察成果》，中国人民大学出版社，第 384—389 页。

角。主庙和佛塔下面有一圆形头光(图 9)。

图 9 第 5 窟右侧壁寺院与佛塔

左侧壁布局与右侧相同,但只剩下 1 至 4,余皆毁坏。与 1 相对的是一菩萨或高僧,与 4 相对的为一飞天,与正壁上的飞天形象雷同,有着硕大的头光。

右侧耳室,没有壁画。

第 6 窟

位置:位于沟西区最北面,南邻 5 号窟,窟口方向 132°。

图 10 第 6 窟平、剖面图

形制:主室平面前半部较窄,后半部较宽,顶部呈纵券顶。窟口毁坏严重,宽约 1.2 米、高约 1.3 米。两侧壁各有一耳室,右侧耳室靠近前部,深 2.1 米,平面近正方形,穹窿顶,高 1.7 米;左侧耳室靠近后部,深 2.3 米,平面呈不规则圆形,亦为穹窿,高 1.4 米,正壁距地面 0.8 米处掏挖一个壁龛,深 1.3 米,龛底近方形,穹窿顶,高 1.7 米(图 10)。

现状:石窟开凿于西壁陡崖的砾石沉积层中,前部少部分坍塌,现已采用土坯封堵。主室两侧壁画损坏严重。壁龛中的壁画保存较好。两个耳室中无壁画,仅用白灰粉刷。

壁画:券顶无壁画,仅用白灰涂抹。壁龛后壁壁画脱落,穹窿顶部有被盗割痕迹。龛内绘满壁画，穹窿顶及四壁绘有藏式的佛与菩萨，残存佛与菩萨47身。壁龛的拱形门上方绘一佛,较其他佛与菩萨形体稍大,有覆钵形头光与背光,结跏趺坐于底色为深红色的覆钵形背龛中,手结禅定印,穿深红色袒右袈裟,有焰肩形背座(图11)。穹窿顶中心绘一佛,有覆钵形头光与背光,结跏趺坐于覆莲座上,手结禅定印,穿红色袒右袈裟,四周绕15身同样形象的坐佛。佛的四周环绕着众菩萨,端坐于覆莲座上,具覆钵形头光与背光,戴五叶冠,有焰肩形背座。

正壁壁龛的中线为界,左边连同左侧壁为一部分,右边连同右侧壁为另一部分,此两部分壁画为藏汉两种风格。均分上下两层,上层绘上师与八塔图,下层绘学僧图和说法图。

左边部分

<table>
<tr><td>1</td><td>2</td><td>3</td><td>4</td><td>5</td><td>6</td><td>7</td><td>8</td><td>9</td><td>10</td><td rowspan="4">11</td></tr>
<tr><td colspan="10">红色边框</td></tr>
<tr><td colspan="2">12</td><td>13</td><td colspan="2">14</td><td>15</td><td>16</td><td colspan="3">17</td></tr>
<tr><td colspan="10">红色边框</td></tr>
</table>

图11　坐佛

图12　高僧

1至8为八个佛塔，其中佛塔1、7比较完整，佛塔2仅存塔座，佛塔3脱落不存，佛塔4残存塔座的一角，佛塔5塔顶及覆钵不存，佛塔6、8塔顶不存。9、10为僧人（图12），11因破坏严重，难以辨识，似为一立姿供养人形象。12为一龙昂首听法图，13处壁画脱落，14为耳室的入口，15至17为两人一组的学僧图（图13、图14、图15）。其中16的下方，红色边框之外，有朱书题记，竖行书写，残存四字，第一行“其西……”，第二行“自净……”。

佛塔直接绘制在底色为白色的墙壁上，以红黑两种线勾勒而成，覆莲塔座，共分三层，塔檐上挑，第三层上置以覆钵，塔顶有伞盖，缀以绿色塔幡。僧人10有头光，留短发，身体稍微倾斜向左而坐，双手合十。着橘黄色披单，内穿紫色袈裟。僧人9有头光，留短发，上身稍微向后，仰视僧人10。两位僧人位于整窟壁画的最显要位置，鉴于此，我们推测僧人10为藏传佛教中的上师，僧人9形体稍小，应为僧人10的侍从弟子。

右边部分

<table>
<tr><td>1</td><td>2</td><td>3</td><td>4</td><td>5</td><td>6</td><td>7</td><td>8</td><td>9</td><td>10</td><td rowspan="4">11</td></tr>
<tr><td colspan="10">红色边框</td></tr>
<tr><td colspan="2">12</td><td>13</td><td colspan="2">14</td><td>15</td><td colspan="2">16</td><td>17</td><td>18</td></tr>
<tr><td colspan="10">红色边框</td></tr>
</table>

右边部分与左边部分对称分布。1至8为八个佛塔，其中佛塔1至4比较完整，佛塔5仅存覆钵，佛塔6、7的塔座脱落（图16），佛塔8的塔座及塔顶脱落。9脱落、磨损严重，无法辨识，10仅存僧人头光及右侧袈裟，11因磨损、刻画严重，难以辨识。12处墙皮脱落，13为两僧人，有头光，14为耳室的入口，15仅存两个头光，16处墙皮脱落，17仅存一僧人的头光，18仅存两僧人的上身部分，脸部凿毁。

佛塔式样与左边部分的佛塔雷同，唯佛塔7塔幡用缠枝花卉表现。根据左右部分对称分布的特点分析，10可能是一位上师，9处原来应该绘上师的侍从弟子。

图 13　学僧图

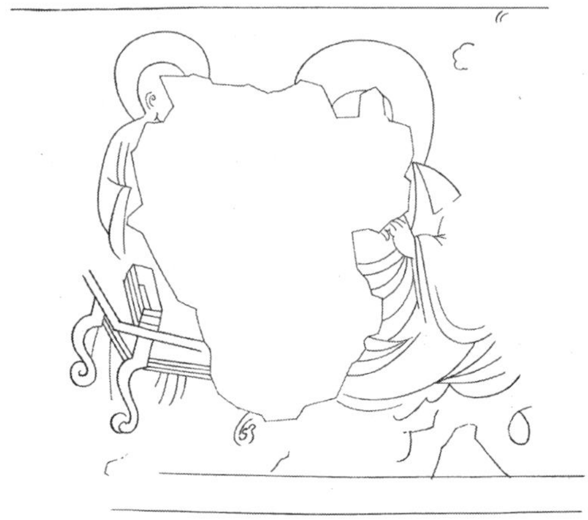

图 14　学僧图

图 15　学僧图

图 16　藏式塔

四、佛寺及佛塔遗址

佛寺和佛塔采用土坯砌筑而成。沟西侧小佛寺一座，编为 1 号佛寺，在石窟的东北方向的山谷间有一大块平地，其上修建佛寺一座，编为 2 号佛寺。沟东侧的四个佛塔，由西向东依次编号。其中 1 号和 2 号佛塔塌毁严重，保存相对好一些的 3 号及 4 号佛塔塔基均修建在垫平的台地上，上面修建“回”字形的塔体。

1. 佛寺

图 17　1 号佛寺

1 号佛寺修建于石窟后面山梁上，底部采用土坯垫铺而形成平台，平台长约 8 米、宽 6.65 米（图 17）。平台西侧修建南北向的长方形横券顶房间，长 4.37 米、宽 3.41 米。门朝东，宽约 0.8 米，基本与石窟窟门朝向一致。房间已经坍塌剩下四周墙体，墙体残高 2 米左右。东侧和西侧（后墙）墙体较厚，约 1.5 米，南侧和北侧墙体较薄，约 0.85 米。方向 159°（图 18）。

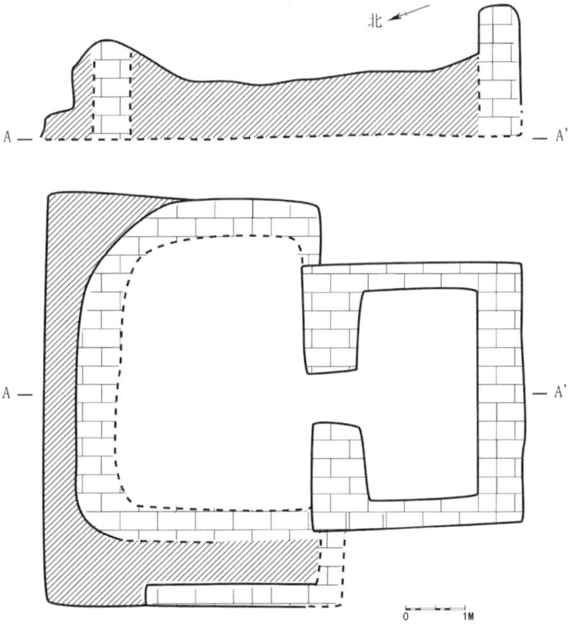

图 18　1 号佛寺平、剖面图

2 号佛寺，位于石窟的东北方向山谷间的一大块平地上，有两片房址，规模较大，惜已全部塌毁，形制复杂，难以辨清。

2. 佛塔

1 号佛塔位于 2 号佛寺东面的山梁的一块平地上，已经坍塌无存，仅剩低

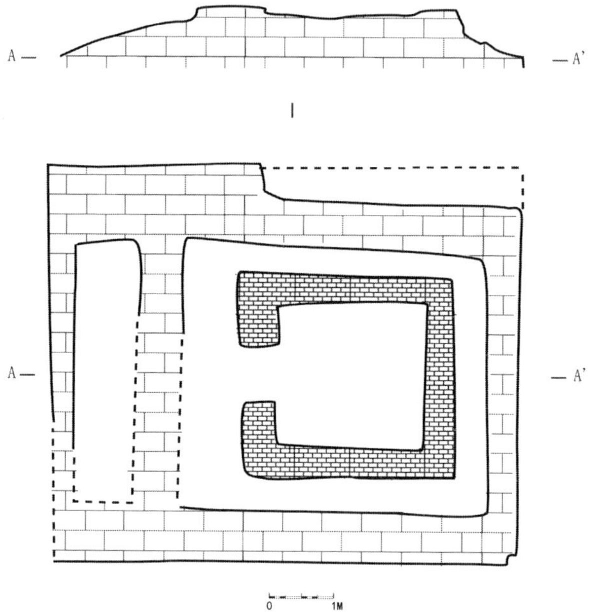

图 19　3 号佛塔平、剖面图

图 20　4 号佛塔

矮的黄土堆积。

2 号佛塔位于 1 号佛塔西南方向，距离在 30 米之间，地势较 1 号佛塔高，坍塌严重，仅剩低矮的黄土堆积。

3 号佛塔位于 2 号佛塔东面的一个小山包上，坍塌得仅剩平台、塔基及中心塔体的最下部分。小山包上先用土坯垫铺而形成一个平台，平台长约 7.03 米，宽约 6.06 米。塔基用土坯垒砌，长 4.66 米，宽 4.08 米。塔中空，因塌毁严重，顶部形制不明。塔体平面大体为方形，边长约 3.16 米，墙厚约 0.50 米，塔门朝南，门宽 0.87 米(图 19)。

4 号佛塔位于 3 号佛塔东南面的一个山头上(图 20)，保存状况与 3 号佛塔类似。山头上先用土坯垒砌而形成一个平台，基本为方形，边长约 6.80 米。平台南面有一缺口，宽 2.07 米。塔中空，因塌毁严重，顶部形制不明。塔体平面为长方形，长 4 米、宽 3.25 米，墙厚约 0.70 米，门朝南，宽 0.76 米。塔内正壁下部残留莲花台座(图 21)。

五、结　语

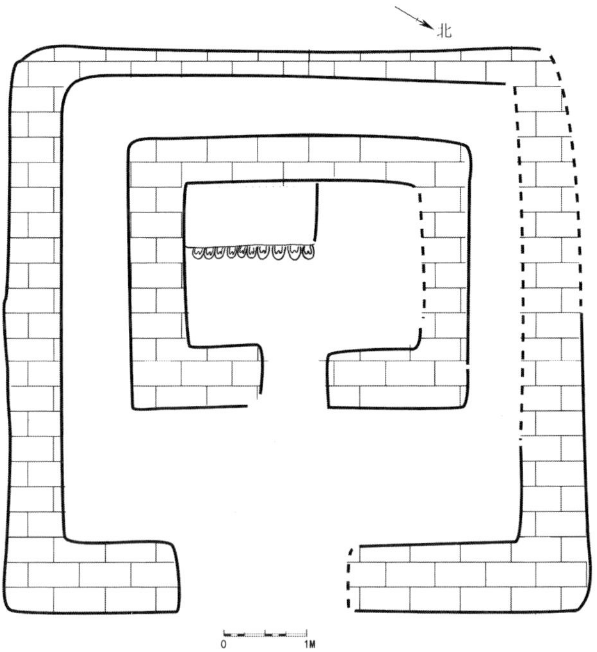

图 21　4 号佛塔平面图

小桃儿沟石窟是一处小型洞窟，本次调查共发现了 6 个洞窟。值得一提的是，在第 6 窟北面另有一处类似洞窟的遗迹，较第 6 窟地势高。格伦威德尔将其编为一个洞窟，是为格氏编号第 6 窟，我们反复观察，始终未敢确定，故本次调查未予编号①。第 1、2 窟因坍塌严重，洞窟性质无法判断，第 3 窟没有壁画，有多个耳室，耳室 A、D 为横券顶，空间比较大，可能为僧人居住而用，耳室 B、C 较小，只容得下一人自由出入，应为禅修之所，所以此窟应为僧房窟，间有禅修的功用。第 4、5 窟满室绘有壁画，正壁有底座与塑像，应为礼拜窟。第 6 窟没有塑像，绘制的可能是上师与八塔及学僧图，考虑到两侧壁各有一耳室，其禅修功用更为浓厚一些。

小桃儿沟石窟没有经过正式的考古发掘，无相关的文献记载，洞窟内也没有留下相应的纪年题记。这就意味着我们只能利用遗留下来的壁画进行图像学方面的分析，从而对其年代做出一定的分析。现在留有壁画的洞窟只有第 5、6 窟，所绘图像为藏汉双重风格，但其中的藏式风格格外醒目，如第 5 窟右侧壁

① 我们编号第 1 窟的洞窟，处于第 2 至 6 窟的下层，现场调查时也没有十足的把握断定其确为一个洞窟，之所以坚持编号，意在为将来正式的考古发掘提供一个可资借鉴的线索，因为此处位于当地的一个军靶场附近，人为在此挖掘取土现象时有发生，此处遗迹位置较低，恐有消失的危险。

留下的钟形藏式佛塔和第6窟两侧壁出现的藏式如来八塔，以及第6窟出现的穿着藏式僧衣的上师，极具断代意义，由此我们推断小桃儿沟所绘壁画应为宋元时期。两宋时代，西夏与高昌回鹘关系密切，西夏在建立政权之初即迎请回鹘高僧作为他们的国师，主持翻译佛经。西夏后期，藏传佛教勃兴，黑水城出现了大量的藏式唐卡，也有众多的译自藏文的西夏文佛经，由此我们可以推测：西夏后期，藏传佛教有可能通过在西夏国内的回鹘高僧传入吐鲁番。那么，小桃儿沟石窟的藏传佛教壁画是否为此时期传入的呢？从德国探险家格伦威德尔的报告中，我们否定了这一推测。

格氏是一位杰出的佛教美术史家，他每每告诫勒柯克不要肆意割取壁画，但他本人也禁不住这些精美艺术品的诱惑，同样也从吐鲁番盗割走了大量的壁画。他割取壁画最多的便是能够反映世俗人物形象的供养人。在小桃儿沟第4窟，门壁的左右两侧绘有穿蒙古服装的供养人，其中右侧门壁上有三行女供养人，皆双手合十，其身着半臂服装及U型衣领格外独特，其中最下边一行有一位女供养人头戴姑姑冠；左侧门壁绘男性供养人，有僧有俗，其中世俗男性皆戴一顶斗笠型帽子。在第5窟入口拱腹两侧各有一身穿长衫、黑鞋的立姿人物，上部受到严重破坏，在里侧门墙上，只有右侧的壁画尚保存着，他们的服装与第4窟的妇女十分相似，皆为半臂U型衣领服装。这种服饰在之前的回鹘供养人中是没有出现过的，其究竟为回鹘人还是蒙古人，尚不清楚，但是从一位戴姑姑冠的女性及戴斗笠样帽子的男性来看，无疑为蒙古供养人。由此，我们可以肯定地将石窟内绘制壁画的年代确定在元代。那么石窟的始凿年代是否也为元代呢？我们认为答案应该是肯定的。

首先，石窟内现存壁画，皆为同一风格，即汉藏混合，藏式风格突出。调查时，我们反复观察，并没有发现二次绘制壁画的痕迹。其次，第2至6窟在同一个层面上，应为一个完整的寺院。五个石窟构成一个完整的寺院，在吐鲁番乃至龟兹地区都有成例可循，如吐鲁番的伯西哈石窟即为一例，“伯西”是维吾尔语的音译，是“五”的意思。一个小型寺院的兴建，包括壁画的绘制，按常理来讲，应为同一时代。由是以观，小桃儿沟的年代定在元代，当大致不差。此外，这里还有一个难题是,第 5 窟存在二次改建的现象,即石窟最初开凿时,在后部留有一个长方形台座,后来用土坯将之封堵,形成了现在的后室。后室内空无一物,没有任何壁画及涂抹草泥的痕迹。由此可知,石窟后部的台座并不符合后来雕塑佛像及绘制壁画的要求,旋即废弃。

诸家编号对照表

格伦威德尔编号		1	2	3	4	5	6
吐鲁番地区文管所 1990 年代编号					2	1	
吐鲁番地区文物局 2000 年代编号		1	2	3	4	5	6
本次调查编号	1	2	3	4	5	6	

雅尔湖石窟第4窟千佛图像研究

一、序　说

雅尔湖石窟（图1）位于吐鲁番市西约10公里交河故城西南河谷南崖壁上。下距河谷底约20米，窟区东西长40余米。现存洞窟自西向东依次编号7个窟[①]。窟前有宽约4.5米的平台，从崖前残留痕迹看，应有廊檐等木构建筑物与洞窟结合为一个整体。平台两端尚存阶梯通道与谷底连接。第1窟西

图1　雅尔湖石窟外景

① 根据20世纪10年代俄国奥登堡考察队成员杜丁的记述，雅尔湖石窟应分为上下两排，下面的一排洞窟遭到破坏。我们今天看到的是上面的一排洞窟。参见［俄］C.M.杜丁著，何文津、方久忠译：《中国新疆的建筑遗址》，中华书局，2006年，第47页。

15 米内是塌毁的僧房废墟，阶道入口处西侧露出两条烟道，上部合一，显然是两灶合用一烟囱。第 7 窟东 10 米内，有两处坍塌的洞窟遗迹，也发现灶台的痕迹，南壁还残存一个小龛。若包括两侧塌毁的僧房残迹，东西长约 65 米。

图 2　雅尔湖石窟平面示意图

第 1 至 7 窟(图 2[①])主室均为长方形纵券顶窟。第 1 窟窟门部分坍塌，西壁南端有一门洞与侧室相连通，侧室为横券顶，侧室北壁大部分坍塌，仅存窗户残迹。窟内无壁画，仅在主室后壁有一条红色边框线和红色汉文题记，字迹难以辨认。第 2 窟窟门偏东，窟门西侧凿一放置物品的小龛。窟内无壁画，后壁和窟门西侧壁残存零散红色汉文题记。西壁有尖硬物刻画的竖行回鹘文，西侧壁南端有一矮洞与第 1 窟主室联通，似是后来挖通的。第 3 窟窟门偏东，窟门西侧凿一放置物品的小龛，西侧壁南端亦凿有一方形小龛。窟内东西侧壁有零散的红色汉文题记，西侧壁还有尖硬物刻画的汉文文字。第 5 窟窟门偏西，窟门东壁内壁凿一放置物品的小龛。窟内无壁画，西侧壁中部、窟门东侧有红色汉文题记，窟内西侧中部有尖硬物刻画出来的突厥文题记数行，东侧壁有刻画出的汉文题记，窟内西侧北部靠近窟门处，有刻画的一只羊，形态与岩画中的相近。第 6 窟窟门偏西，窟门东侧内壁凿出放置物品的小龛，窟内无壁画，窟门两侧壁上有零散的红色汉文题记，均难以识别。第 7 窟四壁及顶部均绘有壁画，正壁与两侧壁的中间会有一幅较大的一佛二菩萨像。其余部分均为千佛。窟顶

① 此平面图采自陈世良：《雅尔湖石窟调查报告》，文载解耀华主编：《交河故城保护与研究》，新疆人民出版社，1999 年，第 286 页。

图 3　4 号窟室内景(由外向里)

图 4　4 号窟室内景(由里向外)

中央有三行莲花图案,有莲蕾、莲叶、鹤、鸭、树、鸟及化生童子等。

第 4 窟(图 3、图 4)是一个高大的长方形纵券顶窟,于主室正壁上又凿出后室,主室后部两侧相对凿出四个小禅窟。主室长 14.84 米、宽 4.12 米、高 4.26 米,后室长 3.94 米、宽 2.94 米、高 2.95 米。第 4 窟主、后室均绘有壁画,总面积约 110 平方米。

主室壁画:东西两壁为大型“佛说法图”。每壁上下两层,每层并列 11 幅,下层大部分已模糊不清,上层除去被盗割的几幅外,其余保存较好。“佛说法图”的构图是佛居中央,坐仰莲、覆莲双瓣莲花座,左右两面围绕 6 位闻法菩萨与佛弟子。佛的华盖、头光与身光图案各不相同,华丽繁复。每幅“佛说法图”之间有绘制精美的卷草纹装饰,侧壁与券顶连接处绘一条垂帐纹图案。券顶绘左右相向而对 8 排千佛,每排 57 身。主室窟门西侧内壁存供养比丘 6 身,身着百衲衣;主室窟门顶绘坐禅比丘一身,条幅式的身光似太阳光芒四射,形象独特;主室正壁所绘壁画已模糊不可辨。

后室壁画:西壁上部绘“龙王礼佛图”,下部前端绘击连鼓的雷公与霹电;

东壁残留菩萨像。门道西内侧绘一男供养人像，门道东内侧绘女供养人像，券顶绘千佛。由于后室不见阳光，颜色较主室鲜艳，除去被盗割与脱落部分，其余图像清晰，特别是西壁人物冠饰细微可辨，有多处榜题被割，东壁尚残留回鹘文榜题两则。令人瞩目的是，在主室券顶及后室顶部均绘有千佛图像，特别是主室券顶部分的千佛图像，尚存汉文千佛榜题（图5），引起笔者的极大兴趣。本文试做初步探讨，希请方家指正。

图5　主室券顶千佛

二、千佛图像分析

1. 微观分析

千佛图像由六大部分组成：佛体、台座、背光、华盖、榜题、边框，这六大部分可兼而有之，也可仅有其中几个。总体上可以认为，前三大部分为基本特征，不可或缺；而后三大部分属选择性特征，可有可无。第4窟千佛图像无华盖与边框，现结合其色彩构成与排列组合略做分析。

（1）底色白灰色，直接在抹好的白灰上绘制千佛图像与榜题，无底稿，上下不能对齐。

（2）头顶肉髻，眉间有白毫；佛结禅定印，手不外露；佛着双领下垂式袈裟，内服僧祇支，袈裟与莲花座为红色，头光与身光内亦有部分使用红色。

(3)坐姿为结跏趺坐,台座为覆莲座,花瓣 14 至 20 个不等。

(4)头光与身光为圆形,头光叠压在身光上,成交叠状,且均为两身一组,绿白相间,光光相接。

(5)榜题框为白底墨书,边框为红色,亦有少量无边框,直接书写在泥墙上。

2. 宏观分析

(1)图像内分析

千佛图像在视觉上总是呈现大面积的集中排列,这是大多数千佛图像明显的特征之一。千佛的排列一般非常规整,从各个方向来看都成整齐的行列,加上颜色的配置,在视觉上不但产生了层次感,而且也产生了动感。梁晓鹏先生依据敦煌莫高窟千佛图像在视觉上排列组合,以及与经文对照特征,将其归纳为线性、对称性、衔接性、交替性、动态性与互文性等六大特征[①]。所谓线性,即指千佛图像大小基本一致,上下、左右皆成直线排列,从各个角度看都能排成一个行列,且整齐有序。雅尔湖千佛洞 4 号窟由于没有底稿,线性特征不是很完美,其对称性体现在东西各四排,佛头相向而对。千佛图像千面一孔,为了不使观想者陷于乏味之中,画师们总是要通过色彩上的变化,来实现"光光相接"的视觉效果,可为交替性的一种体现。第 4 窟千佛图像,以醒目的绿色来调节佛徒们视觉疲劳,从而进入到亦幻亦真的佛国世界。

(2)图像外分析

《佛说千佛因缘经》中提到,有八万四千位菩萨异口同声地问释迦牟尼佛:"世尊与贤劫千佛,过去世时,种何功德,修何道行",因此能够"常生一处,共同一家。"[②]这既说明佛的出现总是伴随着千佛,也暗示着千佛的出现所伴随的是佛。所以在大多数千佛图中总是有佛说法图,或一佛,或二佛并坐,或一佛二菩

---

① 详见梁晓鹏:《敦煌莫高窟千佛图像研究》,民族出版社,2006 年,第 94—104 页。

② 《大正藏》卷一四《经集部一》,No.426,页 661a。

萨等。千佛题材的雕塑绘画在石窟中的表现是多种多样的,诸如:以观释迦牟尼像而表现化佛;以观三世十方诸佛像而表现十方诸佛;以观释迦多宝并坐而表现十方化佛;以观弥勒佛而表现贤劫千佛与星宿千佛;以观维摩、文殊辩法而表现贤劫千佛;以观七佛而表现化佛;依据《佛名经》观千佛而表现十方诸佛,等等[①]。

雅尔湖石窟第 4 窟主室所绘壁画可分两大部分,东西侧壁共 44 幅大型说法图,券顶部分为 8 排有榜题的千佛图像。这种构图布局,在柏孜克里克千佛洞中是很常见的,以大型立佛为中心的佛本行经变,在高昌回鹘时期石窟壁画中最富有代表性[②],而券顶部分所绘千佛又是这一时期的主流程式。这种布局充分展现了千佛图像与佛说法图在石窟中的普遍共生性,也体现了大乘禅学依据《佛名经》来指导禅僧观想的实际需要。

三、千佛榜题释录

1. 榜题格式

遵循左图右史原则,榜题书写在佛像右上方处,为“南无……佛”。“无”字常写作“无”,有时亦写作“無”。“无”字笔画简,书手写作方便,这很好解释,而“佛”字常写作“佛”,个别情况下亦写作“仏”。为什么会出现这种情况呢?这需要从壁画制作技法说起。千佛画的制作过程大致可分为 7 个步骤[③],其中,最基础的算是确定位置坐标,用土红粉线弹出直线以确定千佛画的总体外框,并将

① 林梅:《北方石窟千佛问题探讨》,《炳灵寺石窟学术研讨会论文集》,甘肃人民出版社,2003 年,第 230 页。
② 贾应逸:《高昌回鹘壁画艺术特色》,《新疆艺术》1989 年第 1 期,第 43—48 页。
③ 宁强、胡同庆:《敦煌莫高窟第 254 窟千佛画研究》,《敦煌研究》1986 年第 4 期,第 35—36 页。

千佛画的平面划分为大致相等的若干小方块，即确定每一单幅画面的位置和大小。我们通过仔细观察，发现制作此幅壁画的画师们只是确定了千佛画的总体外框和每排千佛图像的界限，并没有将每个小千佛的具体位置确定下来，微观而察，是比较粗糙的，上下千佛并不能整齐相对。千佛图像画好之后，才开始画榜题边框，由于千佛名号长短不一，字数较少的自然能够写下，字数较多的千佛名号受榜题边框长度限制，留下书写空间狭窄，“佛”比“仏”占的空间大，故写作“仏”；另有，限于千佛画像限制，题榜较短，故亦写作“仏”。

2. 对应之佛经

据日本学者井ノ口泰淳研究，佛典中属于佛名经类的佛经共有 48 种 61 部，其中收入《大藏经》，并且现在能够看到的佛名经有 14 种 17 部[①]。在众多佛名经中，雅尔湖第 4 窟千佛名号所依何经，通过对榜题的逐一释录，可以看到，与“阙译人名今附梁录”版本之《现在贤劫千佛名经》（以下简称《贤劫经》）大致相符。

榜题中出现的千佛名号，绝大部分都能在《贤劫经》中找到，且多数集中在千五百佛名中。最为瞩目的是，榜题之千佛名号有相当部分排列顺序可与《贤劫经》中的连续对应。以上两点，使我们有理由相信，“阙译本”之《贤劫经》，很可能就是雅尔湖 4 号窟千佛画榜题的直接佛经依据。当然，《贤劫经》与榜题中的千佛名号还是有一些出入的。

四、雅尔湖 4 号窟之功用及开凿年代

南北朝时期，南朝偏重宗教义理，北朝偏重宗教修行。北方许多著名高僧，

① ［日］井ノ口泰淳：《敦煌本〈仏名经〉の诸体系》，《东方学报》第 35 号，1964 年，第 397—437 页。

远离闹市,“凿仙窟以居禅”①。创建莫高窟的乐僔,以及继乐僔以后的法良,皆为禅师;炳灵寺第 169 窟供养人像列中有题名“□国大禅师昙摩毗之像”;玄高在麦积山“专精禅律”;昙曜早年是北凉的著名禅师,后来到达平城,主持创建云冈石窟;东魏武定四年(546)创建大流圣窟(今河南安阳灵泉寺东侧)的道凭,“入夏既登,遂行禅境”。大量资料证明,北方诸石窟,大多与著名禅师有极其密切的联系②。

雅尔湖石窟距交河故城不远,但谷深幽静,前有河水流淌,很适宜僧人禅修,吐峪沟石窟之环境亦然。吐峪沟第 20 窟壁画,左壁的中下部,绘制有净土观想图,表现的是禅观僧们观想的种种净土内容③。其中有几处汉文题记均有“行者观”字样,此“行者”当为壁画中的禅僧无疑,印度新德里国立博物馆藏有斯坦因从邻近第 20 窟的 IV—Vii 窟窃取壁画,两处榜题有“禅师观”字样。吐峪沟石窟从形制上分,有中心柱、方形窟和纵券顶长方形窟之别。其中第 1、20、42 号窟为长方形纵券顶窟,主室后壁凿一小室,第 1 和 42 窟主室两侧壁各凿两个小室,是为禅室。根据贾应逸先生研究,这三个窟壁画描绘的是比丘禅定观想的情景。依据的经典主要有《禅法要解》《禅秘要法经》《思维略要法》和《坐禅三昧经》等。这种主室后壁凿小室,侧壁各凿两个小室的纵券顶长方形石窟,与雅尔湖第 4 窟的形制完全相同。主室窟门顶所绘坐禅比丘(图 6)找不出二次绘画痕迹,当为开凿后所绘,又《禅秘要法经》载:“尔时复当自然见身上,有一明相……光光七宝色,从胸而出,入于明中。此相现时,遂大欢喜,自然悦乐,心极安稳,无物可譬。”④《五门禅经要用法》亦载:“教谛观身。若言我自见身光出绕身四边,其明转盛。便自以手推此光明远至四方。有无量人寻光来至。”⑤于

---

① [唐]道宣:《广弘明集》卷二九,《大正藏》卷五二《史传部四》,No.2103,页 339b。

② 刘慧达:《北魏石窟与禅》,《考古学报》1978 年第 3 期,第 337—352 页。贺世哲:《莫高窟北朝石窟与禅观》,《敦煌学辑刊》第 1 辑,1980 年,第 41—52 页。

③ Nobuyoshi Yamabe, Practice of Visualization and the Visualization Sūtra: An Examination of Mural Paintings at Toyok, Turpan, *Pacific World: Journal of the Institute of Buddhist Studies*, Third Series Number 4, 2002, pp.123—152.

④《大正藏》卷一五《经集部二》,No.613,页 257a。

⑤《大正藏》卷一五《经集部二》,No.619,页 330c。

图 6 门道顶部坐禅比丘

是，我们推断雅尔湖第 4 窟在早期曾是一个禅窟。

阎文儒先生指出雅尔湖石窟的开凿年代，“从壁画的画风来看，最早的应在晋设高昌郡时期(327—450 年)”[①]；柳洪亮先生认为应在“车师前部晚期，约 5 世纪初”[②]，并将之与柏孜克里克石窟相比较。在笔者看来，确定雅尔湖石窟开凿的年代应更多地与吐峪沟石窟相比照，雅尔湖第 7 窟的千佛绘制工整，大量使用冷色调，这与吐峪沟石窟中的千佛有异曲同工之妙；同时，雅尔湖 4 号窟的洞窟形制很容易让我们联想起吐峪沟第 1 和 42 窟[③]，这三个洞窟均为长方形纵券顶形制，东西侧壁各有两个小侧室，主室后壁有后室。贾应逸先生将第 42 窟定于北凉时期，我们深信此说[④]。吾人故知，443 年，北凉王沮渠无讳占据高昌，自称高昌王，但并未据有交河，450 年，其弟沮渠安周破车师，至 460 年一直领有交河。由此，可以推定，雅尔湖石窟的开凿与绘制壁画当在北凉残部沮渠安周占据交河之时。

---

① 阎文儒：《新疆天山以南的石窟》，《文物》1962 年第 7—8 期。

② 柳洪亮：《雅尔湖千佛洞考察随笔》，《敦煌研究》1988 年第 4 期，第 49 页。

③ Nobuyoshi Yamabe, An Examination of Visualizating Monks in Toyok Cave 42: In Conjunction with the Origin of Some Chinese Texts on Medition, *Turfan Revisited–The First Century of Research into the Arts and Cultures of the Silk Road*, Berlin: Dietrich Reimer Verlag, 2004, pp.401—407.

④ 贾应逸：《新疆吐峪沟石窟佛教壁画泛论》，《佛学研究》第 4 期，1995 年，第 240—249 页。

五、高昌回鹘时期的千佛信仰

高昌回鹘王国时期,佛教信仰兴盛。雅尔湖第4窟为双层壁画,其中外层即绘于高昌回鹘时期。柏孜克里克千佛洞为高昌回鹘时期的王家寺院,其中回鹘时期的壁画一个显著的特点是大量使用暖色,尤其是红色来绘制,雅尔湖第4窟亦然,这一点我们可从后室壁画中清楚地看到。高昌回鹘时期的壁画最富有代表性的是以大型立佛为中心的佛本行经变,雅尔湖第4窟东西两侧壁共有44幅说法图,规模宏大,气势磅礴。最为直接的证据是后室东侧壁有两行回鹘文榜题,后室门两侧绘有回鹘供养人像,“结合洞窟形制分析,显然是回鹘高昌王室成员”[①]。

前文提及券顶部分绘千佛是高昌回鹘时期壁画的主流程式,由此我们就很有必要探讨一下其成因。

千佛图像用来表达佛经内容,包括千佛名经(如三世三千佛、贤劫千佛和十方诸佛等)和其他佛经(如《法华经》等)。表现千佛名经时,千佛为图像的主题,因而往往具有榜题说明所属;或者大量的表现千佛形象。表现其他佛经时,千佛作为其经中的重要角色,起着供养对象和行为见证的作用,因此弱化了千佛本身的具体特点,表现为无佛名榜题,甚至无榜题。雅尔湖第4窟券顶部分,不但有千佛,且皆有榜题。绘制此千佛图像,显然是为表述《现在贤劫千佛名经》。

对于出家僧人,念佛可以入禅定,由禅定得智慧,由智慧达解脱。《现在贤劫千佛名经》载:“若持诵此千佛名者,则灭无量阿僧祇劫所集众罪,必得诸佛三昧神通,无碍智慧,及诸法门、诸陀罗尼,一切经书种种智慧,随宜说法,皆当从是三昧中,求修习此三昧。当行净命,勿生欺诳,离于名利,勿怀嫉妒,行六和敬,如是行者,疾得三昧法也。”[②]当然,在昏暗的洞窟中,禅定僧难以看清具体的佛

① 柳洪亮:《雅尔湖千佛洞考察随笔》,《敦煌研究》1988年第4期,第48页。

② 《大正藏》卷一《经集部》,No.447,页383a。

名,因此这是一种无声的念佛。

千佛图像是劝谕信众和修行者的观想对象。《五门禅经要用法》之《观十方诸佛法》载:

> 念十方佛者,坐观东方廓然大光,无诸山河石壁,唯见一佛结加趺坐举手说法。心明观察光明相好画然明了,系心在佛不令他缘,心若余念摄之令还,如是见者便增十佛。既见之后复增百佛千佛乃至无边身,近者则使转远转广,但见诸佛光光相接。心明观察得如是者,回想东南复如上观,既得成已西北方四维上下亦复如是。既向方方皆见诸佛已,当复一时并观十方诸佛,一念所缘周遍得见,定心成就者,于定中见十方诸佛皆为说法。疑网悉除得无生忍,若有宿罪因缘,不见诸佛者,当一日一夜六时忏悔劝请随喜,渐自得见,纵使劝请不为说法,是人心快乐身体安无患也。①

对于禅修的人来说,具体的佛形象是帮助其入定的好方法,比文字所描述的抽象的佛名要生动得多,尤其是画家通过色彩的调配在千佛图中实现的光光相接的效果,当是修行者看后便难以忘怀、历历在目的画面。千佛图像的绘制还是功德表现。《过去庄严劫千佛名经》载:

> 若有善男子善女人,闻是三世三劫诸佛名号,欢喜信乐持讽读诵而不诽谤,或能书写为他人说,或能画作立佛形象,或能供养香花伎乐,叹佛功德至心作礼者,胜用十方诸佛国土满中珍宝纯摩尼珠,积至梵天,百千劫中布施者。是善男子、善女人等,已曾供养是诸佛已,后生之处历侍诸佛,至于作佛而无穷尽,皆当为三世三劫中佛而所授决,所生之处常遇三宝,得生诸佛刹土,六情完具,不堕八难,当得诸佛三十二相、八十种好,具足庄严。②

① 《大正藏》卷一《经集部》,No.619,页 327c。
② 《大正藏》卷一《经集部》,No.446,页 365a。

千佛图像无论对于修行者还是信仰者,都有着非常重要的意义,所以历经数代,千佛图像仍是石窟壁画不可或缺的组成部分。高昌回鹘时期的石窟亦如此,然而,独有雅尔湖第4窟中的千佛图像有如此完整的榜题,则值得深思。莫高窟第246窟,始建于北魏,西夏重修。窟型是北魏盛行的人字坡顶和中心塔柱相结合的形式。中心柱东向面录顶帐形龛内有西夏重修的释迦、多宝佛及胁侍菩萨、供养菩萨各二身。窟内壁画均为西夏重绘,四壁画千佛,有榜题。该窟东壁门南上端明确表明所绘千佛为贤劫千佛,其四壁所书千佛名号也多与《现在贤劫千佛名经》(阙译本)相合[①]。

吐鲁番地区古称高昌,曾是高昌回鹘(866—1283)所在,自古为中西交通的咽喉、丝绸之路的重地。20世纪初以来,吐鲁番共出土了汉、梵、佉卢、粟特、于阗、龟兹、波斯、叙利亚、吐蕃、回鹘、西夏、蒙古等二十多个文种的文献。这些文献大部分是佛经写卷和刊本,这自然与吐鲁番作为佛教东传的中枢密切相关。据出土文献推测,至迟在西晋元康年间(291—299),佛教已传到高昌,而后逐渐繁盛[②]。11世纪早期,西夏频频举兵,攻打觊觎已久的瓜、沙、肃三州,灭归义军政权。是后,西夏势力被沙州回鹘逐出,敦煌为沙州回鹘所有[③]。至11世纪后期,河西终入西夏版图,高昌回鹘成为西夏的近邻。

西夏政权建立于1038年,但在此前,其佛教已相当兴盛。西夏统治者延请回鹘高僧讲经说法,主持西夏文《大藏经》的翻译。国家图书馆藏西夏文《现在贤劫千佛名经》前面有一幅木刻版译经图,图的正中间有一高僧像,像上西夏文款识义为"都译勾管作者安全国师白智光",据考证此人即回鹘人[④]。当然,回鹘与西夏的交往并非单向的,西夏文佛经残片在吐鲁番出土,即证明了西夏佛经也曾经输入高昌。吐鲁番出土的西夏文文献计有11件,如20世纪初"德

① 梁晓鹏:《敦煌莫高窟千佛图像研究》,民族出版社,2006年,第18页。

② 西晋元康六年(296)竺法护译《诸佛要集经》,是目前吐鲁番出土最早的一件写经。

③ 杨富学:《西夏与回鹘势力在敦煌的兴替》,《西夏研究》第3辑(第二届西夏学国际学术研讨会论文集),中国社会科学出版社,2006年,第137—143页。

④ 史金波:《西夏佛教史略》,宁夏人民出版社,1988年,第78页;杨富学:《回鹘文献与回鹘文化》,民族出版社,2003年,第480—481页。

国吐鲁番考察队”于吐鲁番所发现，编号为T M 109，为经折装印本残片的两个折页，共存文字12行，内容为曹魏康僧铠译《郁伽长者问经》之西夏文转译本。再如，1980年考古人员在清理吐鲁番柏孜克里克石窟积沙时发现的3件西夏文文书，均系佛经印刷品残卷。这些西夏文残卷均为12—13世纪的遗物。从其字行排列不整齐、字体大小不均且墨色浓淡有别等因素看，它们很可能是泥活字印本。这些既是西夏人入居高昌的佐证，同时也是回鹘——西夏文化交流的结果[①]。既然西夏与高昌回鹘有如此密切的佛教往来，那么莫高窟第246窟和雅尔湖第4窟中的千佛图像，在不同地域的同一时期出现，是否能成为又一佐证，亦未可知。

附表：雅尔湖石窟第4窟千佛榜题释录（排序：由东向西　自里向外）

① 杨富学：《论回鹘文化对西夏的影响》，《宋史研究论丛》第5辑，河北大学出版社，2003年，第179—194页。

附表：雅尔湖石窟第4窟千佛榜题释录

	1	2	3	4	5	6	7	8	9	10	11
第一排	缺	被割	被割	南谟迦叶如来佛	被割	被割	被割	被割	被割	南无妙花如来佛	被割
第二排	缺	南无大明佛	南无炎肩佛	南无照曜佛	南无日藏佛	缺	缺	南无善明佛	南无无忧佛	南无提沙佛	南无明曜佛
第三排	（南无）□□佛	南无坚固佛	南无福威德佛	南无不可坏佛	南无德相佛	南无罗睺佛	南无众主佛	南无梵声佛	南无坚际佛	南无不高佛	南无作明佛
第四排	脱落	（南无）□□仏	南无坚精进佛	南无明赞佛	南无师子德佛	南无□□佛	南无德赞佛	南无□□佛	南无极高行佛	南无众明佛	南无金刚相佛
第五排	脱落	脱落	南无□□佛	南无…（佛）	南无□藏佛	南无师子相佛	掉色	（南无）珠角佛	南无宝藏佛	南无弥相佛	南无求利佛
第六排	脱落	（脱落）仏	南无电明仏	南无见有边佛	南无违蓝王佛	南无日明佛	南无多天佛	南无离闇佛	南无游戏佛	南无宝相佛	南无吉祥佛
第七排	南无安住佛	南无惠聚佛	南无藏释佛	南无德树佛	南无（脱落）	南无威（脱落）	南无珠髻（佛）	南无大名佛	南无月相佛	南无离垢佛	南无善思佛
第八排	南无花光佛	南无仁爱佛	脱落	脱落	脱落	脱落	脱落	脱落	南无精进德佛	南无善守佛	南无欢喜佛

续表

	12	13	14	15	16	17	18	19	20	21	22
第一排	被割	南（被割）	南无大□佛	南无大力佛	南无（缺）	被割	被割	被割	被割	被割	被割
第二排	南无提□佛(贤劫无)	南无功德明佛	南无兴成佛	南无灯曜佛	南无示义佛	被割	被割	被割	被割	被割	被割
第三排	南无善思议佛	南无宝积佛	南无德敬佛	南无花目佛	南无众首佛	南无世光佛	南无得叉伽佛	南无多德佛	南无不住佛	南无不□佛	南无妙乐佛
第四排	南无金刚佛	南無将众佛	南无无畏佛	南无安乐佛	南(无)弗沙佛	南无无边威德仏	南无义意佛	南乐无王佛	南无断恶佛	（南无）□热佛	南无善调佛
第五排	南无乐说聚佛	南无法自在佛	南无华天佛	南无梵德佛	南无□□佛	南无连花佛	南无威德首佛	南无供敬佛	南无治怨贼佛	南无不沙国佛	南无常乐佛
第六排	南无坚戒佛	南无光明佛	南无多智佛	南无妙色佛	南无無量意佛	南无奮伽陀佛	南无电相佛	南无须曼（色佛）	南无上利佛	南无离憍佛	南无那罗达佛
第七排	南无云音佛	南无善意佛	南无观视佛	南无香象佛	南无德臂佛	南无爱作佛	脱落	脱落	南無连花佛	南无智日佛	南无宝语仏
第八排	南无不退佛	南无师子相佛	脱落	脱落	脱落		脱落	脱落	脱落	脱落	脱落

续表

	23	24	25	26	27	28	29	30	31	32	33
第一排	被割	被割	被割	被割	被割	被割	被割	被割	被割	被割	被割
第二排	被割	被割	被割	被割	被割	被割	被割	被割	被割	南无无量形佛	南无照明佛
第三排	南无无量持佛	南无善寂灭佛	南无功德敬佛	南无福德佛	南无开花佛	南无無边行佛	南无无□□佛	南无违蓝佛	南无月面佛	南无德净佛	南无去名佛
第四排	南无名德佛	南无花德佛	南无勇德佛	南无金刚军佛	南无大德如来佛	南无寂灭意佛	南无明意佛	南无富足佛	南无勇□佛	南无见一切义佛	南无(净)垢佛
第五排	南无见有边佛	南无甚良佛	南无宝月佛	南无乐禅佛	南无德宝佛	南无应名称佛	南无大音声佛	南无金刚珠佛	南无无量寿佛	南无宝众佛	掉色
第六排	南无天名佛	南无多功德佛	南无师子相佛	南无游戏佛	南无花身佛	南无辩才口佛	南无大王佛	南无珠庄(俗体)严佛	南无施愿佛	南无山顶佛	南无珠明佛
第七排	南无日积(佛)(贤劫无)	南无善行意佛	南无龙首佛	南无天力佛	南无(脱落)	南无花山(佛)	南无乐(脱落)	南無极高德佛	南无上尊(佛)	南无(脱落)	南无名相佛
第八排	脱落	脱落	脱落	脱落	脱落	脱落	脱落	(脱落)佛	脱落	脱落	脱落

续表

	34	35	36	37	38	39	40	41	42	43	44
第一排	被割	南无调御佛	南无喜□(佛)	南无灭已佛	南无宝□佛	掉色	掉色	掉色	掉色	掉色	南无宝□佛
第二排	南无宝相佛	南无离畏佛	南无宝藏佛	南无月面佛	南无□名佛	掉色	南无爱相佛	南无□□佛	掉色	南无无忧佛	(南无)□众佛
第三排	南无善众仏	南无□惠佛	南无焰肩佛	南无安(详)行佛	南无梵牟尼佛	南无无□佛	南(无)…佛	掉色	掉色	(南无)月明佛	南无□□佛
第四排	南无□大副花仏(贤劫无)	南无大威德仏	掉色	南无天□(佛)	南无□□佛	南无善□佛	南无□□佛	南(无)□天佛	南无一切天佛	南无梵(寿)佛	掉色
第五排	南无(脱落)	南无庄(俗体)严佛	南无宝上仏	南无利惠佛	南无虚空佛	南无高山佛	掉色	南无大□□佛	南无□名佛	南无□光佛	(南无)□藏佛
第六排	南无善见佛(贤劫无)	南无花德仏	南无炎炽佛	南无上善佛	掉色	南无□王佛	南无德法佛	南无不动佛	南无善寂行佛	南无无损仏	南无分别威(仏)
第七排	南无(脱落)	南无(脱落)	南无(脱落)	南无光明(佛)	南无利(脱落)	掉色	南无破(脱落)	南无善众佛	南无宝(脱落)	南无(脱落)	南无施明佛
第八排	脱落		脱落	脱落	脱落	脱落	脱落	脱落	脱落	脱落	脱落

续表

	45	46	47	48	49	50	51	52	53	54	55	56	57
第一排	南无极高行佛	掉色	南无宝□□佛	南无□声佛	南无香济佛	南无香象佛	掉色	被割	被割	脱落	掉色	掉色	掉色
第二排	南無师子象佛	南无善意佛	掉色	南无德□佛	南无觉相佛(贤劫无)	南无梵自在佛	南无□□佛	南无□宝佛	南无珠□(佛)	南(无)德□仏	掉色	掉色	掉色
第三排	南无□□佛	南无□□佛	南无(师)子意佛	南无无□佛	南无风行佛	无字	南无香王佛(贤劫无)	掉色	南无无□□佛	南无众清净仏	掉色	掉色	掉色
第四排	南无□□佛	掉色	掉色	南无□意佛	南无□□佛	南无金□□佛	南无□□佛	南无□□□佛	南无□名佛	脱落			
第五排	南无□威德佛	掉色	(掉色)仏	南无师子□仏	南无金刚军仏	南无□□仏	南无满愿仏	南无大车佛	南无势力行佛	南无众妙佛	掉色	掉色	掉色
第六排	南无大光明佛	南无日光曜佛	掉色(仏)	掉色	掉色	掉色	南无□□仏	南无(掉色)	(南无)善□(仏)	南无须色佛	南无大爱佛	掉色	掉色
第七排	掉色	南无□□佛	南无世(脱落)	掉色	南无宝炎佛	南无宝施佛	南无人王佛	南无□惠佛	南无妙香花佛	掉色	南无□比方佛	南无宝名仏	南无月观佛
第八排	脱落	南无□论佛	南无吉手佛	南无…佛	南无□德佛	南无□自在仏	掉色	南无□香花仏	南无天王佛	脱落	脱落	脱落	

吐峪沟石窟第 44 窟兔王本生故事考

吐峪沟石窟位于新疆维吾尔自治区鄯善县吐峪沟乡麻扎村村北，西至吐鲁番市 60 公里，与高昌故城相距 10 公里。该石窟始凿于两晋十六国时期，南北朝时期，成为高昌王国最高统治集团全力经营的佛教重地之一。唐代称为“丁谷窟”，其时“寺其(基)依山构，揆巘疏阶，鹰塔飞空，虹梁饮汉，岩峦纷虬，丛薄阡眠，既切烟云，亦亏星月。上则危峰迢遰，下[则]轻溜潺湲。实仙居之胜地，谅栖灵之秘域”[1]。新近的考古发现表明，高昌回鹘时期，吐峪沟石窟仍继续使用[2]，且规模有所扩大。现存洞窟 94 个，有编号的共 46 窟，吐峪沟石窟自开凿以来，历经千百年的沧桑，遭受自然与人为的破坏，残存壁画的仅有 8 个洞窟，第 44 窟即是其中之一。

第 44 窟开凿于沟东区的南侧半山腰处，平面近正方形，窟室地面中部有一方形坛基(图 1)。穹窿顶中间凿出隆起的圆形藻井，藻井中心是一朵倒置的浮雕与绘画相结合组成的莲花，即我国古代建筑上的“反植荷蕖”。外围画成辐射形条幅，分层绘立佛和坐佛像。藻井以外顶部绘制环形分布的千佛，穹顶四角绘四大天王。正壁与两侧壁壁画按内容大体可以分为三层，上方二分之一的壁面绘制千佛，各壁在千佛中间绘有一铺一佛二菩萨说法图；中层绘有本生因

① 敦煌文书 P.2009《西州图经》山窟二院条。

② 中国社会科学院考古所边疆民族考古研究室、吐鲁番学研究院、龟兹研究院：《新疆鄯善县吐峪沟西区北侧石窟发掘简报》，《考古》2012 年第 1 期，第 22 页。

图1 第44窟窟室内景

缘故事画，榜题栏中有墨书汉文榜题，多已模糊不清；下层绘三角形垂帐纹等几何图案。

关于中层的本生因缘故事画，学者多有关注。图像比较完整、能够确认的有6至7幅，其中正（东）壁南侧起第二幅壁画内容一般认为是“婆罗门妇欲害姑缘”①。近年来，也有不少学者认为这幅壁画描绘的是“兔王本生”，如任平山先生在细致地观察图像之后，敏锐地指出“此图应该为兔本生”②。然而遗憾的是，任先生在画册中见到的图像，只是“兔王本生”的部分画面。由鉴于此，笔者欲沿着任先生提供的线索，解析整幅壁画，并寻其所据经典。

一、壁画内容

这幅本生故事画（图2），由左右两部分组成，中间有线框隔开，壁画多处剥落，但依稀可见其内容与左侧的榜题“请□焚身”四字。观看顺序应为从右至左，右侧部分的画面只剩下靠左边的一半，画面中有一仅存左半身的人物，双腿岔开，呈站立姿势，留有黑色头发，身披白色彩带，上身赤裸，下穿一镶白边

① 柳洪亮：《吐峪沟千佛洞44窟因缘故事画小考——兼论44窟的年代》，载田卫疆、赵文泉编：《鄯善历史文化论集》，新疆人民出版社，2006年，第300—308页。又见柳洪亮：《由吐峪沟第44窟佐证莫高窟早期三窟的年代》，载敦煌研究院编：《1990年敦煌学国际研讨会文集·石窟考古编》，辽宁美术出版社，1995年，第56—62页。

② 任平山：《兔本生——兼谈西藏大昭寺、夏鲁寺和新疆石窟中的相关作品》，《敦煌研究》2012年第2期，第65页。

图 2 第 44 窟兔王本生

的红色短裙,其身前侧卧有 2 只兔子;画面中间,一只兔子蹲坐于一莲叶之上,旁边的人物留有红色头发,身披蓝色彩带,上身赤裸,下穿一镶白边的短裙,双手合十,半跪面对着蹲坐身前的兔子。线框左侧画有一只兔子,蹲坐于一左手持净瓶的人物前,此人长有红色头发,身披黑色条纹的彩带,上身赤裸,下穿一镶白边的红色短裙,双膝微曲;左边有一丛火,火中有一只兔子,其左侧有一人弯腰双手伸入火中去抱兔子,此人留有黑色头发,身披蓝色彩带,上身赤裸,穿镶白边带黑色条纹的短裙;左上方,有一留有黑色头发的人,身披白色彩带,上身赤裸,穿镶白边的蓝色短裙,双膝跪地,头面作礼,身前的地下有一只兔子;再往左有一人长有黑色短发,头戴红色帽子,身披黑色条纹彩带,上身赤裸,怀中抱着兔子,下穿镶白边的红色短裙,此人身体向左严重倾斜,左腿向上翘起至右腿膝盖上,画面的最左侧是一丛熊熊燃烧的火焰。

整个画面有人物 6 个,其穿着有一共同特点:皆身披彩带,上身赤裸,下穿短裙,每人的帽子、披带、裙子用色各有不同,形成红、蓝、白相间的唯美视觉效果。画面中能看到的兔子形象也有 7 个[①],除去最右侧一人身前有两只回首顾望的兔子外,其余画面均为一人一兔子组合。由此,可以初步推测,画面由时空不同的 6 幅场景组成,为行文方便,从右至左依次编号为第一至第六场景(图

① 线描图中表现出来的兔子形象有四个,仔细观察原壁画,第四个场景火丛中的白色物体应为一兔子,第五个场景婆罗门膝盖下面看似白色披带,实际为兔子,第六个场景婆罗门怀抱的无疑也是一只兔子。

图3 兔王本生线描图

3)；又画面由人、兔子、火组成的特点来看，所依经典应与“兔王本生”有关联。众所周知，“兔王本生”的故事在支谦译《菩萨本缘经》卷下《兔品第六》、支谦译《撰集百缘经》卷四《兔烧身供养仙人缘》、竺法护译《生经》卷四《佛说兔王经第三十一》以及绍德、慧询等译《菩萨本生鬘论》卷二《舍身供养梵志缘起第六》等多种经典中都有记载。通过与画面比较，我们认为绘画的依据为支谦译《菩萨本缘经》卷下《兔品第六》。

二、壁画内容考校

《菩萨本缘经》卷下《兔品第六》云：

> 菩萨往昔，曾为兔身，以其先世余业因缘，虽受兔身，善于人语。言常至诚，无有虚诳。智慧成就，远离瞋恚，于人天中最为第一。慈悲熏心，调和软善，悉能消灭诸魔因缘；言行相副，真实无谄，杀害之心永无复有；安住不动，如须弥山，与无量兔而为上首。常为诸兔，而说是言。[①]

① 僧伽斯那撰，[吴]支谦译：《菩萨本缘经》卷下《兔品第六》，《大正新修大藏经》第三册本缘部上，台北：新文丰出版公司影印，1983年，第64页c栏。

是经又云：

> 尔时，有一婆罗门种，厌世出家修学仙法，不恼众生离欲去爱；和颜而言身无粗犷，饮水食果及诸根药；少欲知足修寂静行，长养发爪为梵行相。是时，仙人忽于一时遥闻兔王为兔说法，闻已心悔，而作是言："我今虽得生于人中，愚痴无智不如是兔，生在兔中晓了善法。譬如日光障蔽月光。我亦如是，虽生人中，为彼畜生之所障蔽，彼虽畜生，或是正法之将，或是梵王大自在天。我今闻彼所说之法，心调柔和，譬如人热入清冷水。怪哉师子！多行恶业，受是兽身，云何复当杀如是兔？如是兔者，乃是纯善，形虽如是，乃能修行仙圣之法，虽生畜生，而能宣说善恶之相。我从本来无可咨禀尊敬之处，今得遇之，甚善无量。"是时仙人，即起合掌，往至兔所。①

此段记载了一婆罗门厌世出家修行，清心寡欲，留着长发与指(趾)甲，作"梵行相"。后来听说有一兔王经常说法给兔子们，仙人感觉惭愧不如诸兔，虽在修行，却不能听闻佛法，于是便起身合掌前往兔王住所。比照画面，与右起第一个场景相吻合，画中人物留有长发，双手合掌，其前面有两只兔子。由此可见，画面显示的是婆罗门已经临近兔王住所的场景。是经又云：

> 至兔所已，却坐一面，合掌向兔，而作是言："汝是正法之身，将不受兔身，所有必定纯善之法，唯愿为我具足说之。我所修学，长养须发，草衣、食果今实厌之，譬如钻水求酥是实难得，我亦如是。终身长发、草衣、食果，虽修苦行，正法难得。我今虽得生于人中，受人形体，远善知识，修行恶法，如七叶华正可远瞻不中亲近，我亦如是，修行恶法，有智之人，视之远去终不亲近。汝真梵王假受兔身。"
>
> 兔时答言："大婆罗门！若我所言悦可汝心甚不爱也。所以者何？我久

① 僧伽斯那撰，[吴]支谦译：《菩萨本缘经》卷下《兔品第六》，第 65 页 b—c 栏。

已离悭恪之结。往昔发心,便当涅槃,但为众生故,久住生死。"

时,婆罗门闻是语已,心生欢喜:"汝是大士,能为众生久处是中。"即便随逐经历多年,饮水噉果与兔无别。[①]

以上所言与画面第二个场景相映,画面中兔王坐于莲叶之上,呈说法状,这与兔王是菩萨身相符。婆罗门双手合掌,单膝跪地,面向兔王,一副虔诚之相,唯婆罗门单膝跪地的姿势与经文所记"却坐一面"稍有不同。是经又云:

是时,世人多行恶法,以是因缘,令天炎旱,草木华果枯干不出,海池井泉诸水燋涸,其地所有林木蓬茹蒿草,土地人民收拾去尽。

时,婆罗门饥穷困苦,和颜向兔而作是言:"我今欲去,愿不见责。"

兔闻是已,即生念言:"今此大仙不乐此处,故欲相舍。"即前问言:"此处何过,有何相犯?大仙当观身服如是蒻草之衣,令心愁恼非所宜也,如婆罗门入淫女舍,甚非家法也。"

婆罗门言:"汝之所说实入我心,是处清净实无过患,诸兔自修亦不相犯。但我薄佑困乏饮食,是故俯仰欲相舍去。汝今当观一切众生,无不因食以活此身,汝之所说善妙法要,今虽远离,要当终身佩之心腑不令忘失。汝复当知我心无慈,为秽食故,而相舍离。"

时兔答言:"汝所为者,盖是小事,云何乃欲相舍离去?"

婆罗门言:"我空饮水,已经多日,恐命不全,是故置宜欲相舍离。"[②]

以上所记与画面的第三个场景相符,兔王蹲坐于地,和婆罗门相对,作交谈状。由于"世人多行恶法",导致天气干旱,草木花果枯死,兔王处已经没有什么可以进食的,婆罗门只能饮水度日,身体支撑不住,准备离去。画面中婆罗门

---

① 僧伽斯那撰,[吴]支谦译:《菩萨本缘经》卷下《兔品第六》,第65页c栏。
② 僧伽斯那撰,[吴]支谦译:《菩萨本缘经》卷下《兔品第六》,第65页c栏、第66页a栏。

手提净瓶,生动地体现了他以水度日的情景。是经又云:

> 是兔其夜多集干薪,告诸兔言:"汝等当知,是婆罗门,今欲舍我远去他家,我甚愁恼身体战栗。世法如是无常别离,虚诳不实犹如幻化,合会有离犹如秋雨,有为之法有如是等无量过患,诸行如梦热时之炎,众生命尽无可还者。汝等今者,知世法如是而不能离,是故汝等要当精勤坏三有乎!"尔时,兔王竟夜不眠,为诸兔众说法如是。夜既终已,清旦地了于薪聚边即便吹火,火然之后,语婆罗门言:"我昨请汝欲设微供,今已具办,愿必食之。何以故?智人集财欲以布施,受者怜愍要必受用;若有凡人多畜财宝以施于人,此不以为难。我今贫穷施乃为难,唯愿哀矜必定受之;我今深心清净启请,唯愿仁者必受不疑。"说是语已,复自慰喻:"我今为他受安乐故,自舍己身,无所贪惜大如毫厘。如是福报,愿诸众生证无上智。"自慰喻已,投身火坑。
>
> 时,婆罗门见是事已,心惊毛竖,即于火上而挽出之。无常之命,即便断灭,谛观心闷抱置膝上,对之呜唼并作是言:"爱法之士、慈愍大仙、调御船师!为利众生,舍身寿命,今何所至?我今敬礼为归依主。我处此山长发重担,虽经多年无所利益;我愿从今常相顶戴,愿汝功德具足成就;令我来世常为弟子。"说是语已,还持兔身,置之于地,头面作礼,复还抱捉犹如赤子,即共死兔俱投火坑。[①]

以上所言,与画面中的后三个场景相符。兔王集薪燃火,投身火坑,以己身为食来挽留饥饿中的婆罗门,婆罗门见此情景,忙"于火上而挽出之"。画面撷取了婆罗门弯腰去救火丛中的兔子这一瞬间,生动而又传神。婆罗门从火中救出兔王,兔王已然身灭。为了表达对死去兔王的敬意,婆罗门"还持兔身,置之于地,头面作礼"。画面中的第五个场景正表现了婆罗门将兔王"置之于地,头

① 僧伽斯那撰,[吴]支谦译:《菩萨本缘经》卷下《兔品第六》,第 66 页 a 栏。

面作礼”的细节。画面中的第六个场景表现了婆罗门“还抱捉犹如赤子，即共死兔俱投火坑”的情景。

由是以观，经文与画面内容完全吻合。画面内容被称为《婆罗门妇欲害姑缘》者，主要依据是画面出现了两堆火，由此认为：“画面选择了两次投火的情节，主题突出。”①在《婆罗门妇欲害姑缘》中，人物有婆罗门以及他的母亲和妻子。而画面中的人均为男性，且同为一人；最明显的是有兔子形象的出现。至于支谦译《撰集百缘经》卷四《兔烧身供养仙人缘》及竺法护译《生经》卷四《佛说兔王经第三十一》中所记“兔王本生”，故事情节过于简单，与画面内容难相契合。绍德、慧询等译《菩萨本生鬘论》卷二《兔王舍身供养梵志缘起第六》所记虽与画面相符，但翻译成书较晚，不应以此为据。

三、结　语

吐峪沟第44窟的本生因缘故事，从整个画面的构图来看，即一个完整的故事被绘制在事先设计好的长方形框内，多个故事画接连为连环画的形式，这与莫高窟本生故事画颇似。贾应逸先生曾指出：“吐峪沟第44窟的三壁（东南北）中段所绘佛本生故事和莫高窟第275窟相同，均以最富特色的一两个情节来表现故事主题。”②柳洪亮先生在肯定上述两个石窟本生故事画存在相同之处外，也明确指出了两者在构图方面还是有所不同的。我们认为：吐峪沟第44窟的本生故事在构图形式上是因循了莫高窟的传统，但其内容是不同的，如本文讨论的“兔王本生”，在莫高窟是没有的。在龟兹石窟中，我们可以看到“兔王本生”故事画，如克孜尔第14窟、库木吐拉第63窟、克孜尔尕哈第11窟等，然

① 柳洪亮：《吐峪沟千佛洞44窟因缘故事画小考——兼论44窟的年代》，载田卫疆、赵文泉编：《鄯善历史文化论集》，新疆人民出版社，2006年，第302页。

② 贾应逸：《吐峪沟第44窟与莫高窟北凉洞窟比较研究》，《新疆佛教壁画的历史学研究》，中国人民大学出版社，2010年，第396页。

其构图与吐峪沟第44窟“兔王本生”迥异，且囿于菱格限制，情节简单，因此很难说是谁影响了谁，欲深究此事，需要更多的图像进行对比，非本文所能及。

吐峪沟第44窟，目前能够被辨认出来的本生故事有忍辱仙人本生、尸毗王本生、毗楞竭梨王本生、慈力王本生、昙摩钳太子本生等，均出自《贤愚经》。《贤愚经》又名《贤愚因缘经》，是叙述长短不同的本生，因缘故事的佛典。该佛典除汉译外，还有藏文、蒙文译本。至今是否发现了回鹘文本，尚不太清楚。北魏时期在凉州（今甘肃武威）沙门慧觉（一作昙觉）、威德等8人，曾西行求经，在于阗（今新疆和田）大寺，遇见当地五年一次举行的般遮于瑟会。会中长老个各讲经律，他们8人听了分别记录下来，译成汉文，于445年回到高昌，综集成为这一部经。此经送回凉州，凉州名僧慧朗将它题名《贤愚经》。此窟除了有出自《贤愚经》的本生故事外，经柳洪亮先生考证，还有出自《杂宝藏经》的莲花夫人缘、婆罗门妇害姑缘。据梁僧祐《出三藏记集》卷二《新集撰出经律论录第一》的记载，该经翻译时间为北魏延兴二年（472）。有学者据此否定了贾应逸及柳洪亮先生认定的该石窟开凿于十六国北凉占据高昌时期，进而认为该窟壁画的绘制年代定在北魏迁洛前的孝文帝时期，即472—494年。

诚然，如果柳氏考证的两幅壁画确实是莲花夫人缘、婆罗门妇害姑缘的话，此窟开凿年代不能放在北凉占据高昌时期，这是毋庸置疑的。但遗憾的是，柳氏考证的两幅壁画都是错误的，他所认为的婆罗门妇害姑缘故事画，实际上是本文考证的兔王本生，出自支谦译的《菩萨本缘经》。支谦是三国时期吴国著名的佛经翻译家。另一幅所谓的莲花夫人缘，实际为大施抒海本生，出自《贤愚经》卷八[①]。

① 详见任平山：《抒海本生及其在吐峪沟壁画中的呈现》，《敦煌研究》2016年第4期，第26—32页。

柏孜克里克石窟第 17 窟佛说大乘庄严宝王经变考释

柏孜克里克石窟位于吐鲁番市胜金乡木日吐克村东南，火焰山木头沟西岸约 1 公里范围的崖壁上，西距吐鲁番市 37 公里。该石窟始凿于麴氏高昌国(502—640)时期[①]，遗址中曾出土高昌建昌五年(559)的《妙法莲花经·观世音菩萨普门品》残卷[②]。唐西州时期，它发展成为伊州、西州、庭州地区著名的窟寺，时称"宁戎寺"或"宁戎窟寺"。敦煌文书方志类残籍《西州图经》(P.2009)中记述："宁戎窟寺一所，右在前庭县界，山北二十二里，宁戎谷中……"高昌回鹘时期，柏孜克里克石窟成为王家寺院，香火繁盛，历代回鹘王及贵族大都在此修建洞窟，同时重绘了大量的原窟寺壁画。回鹘人在全面继承高昌原有佛教艺术的基础上发展、创造了窟群壁画艺术中的精华杰作。13 世纪末，高昌回鹘王室东迁甘肃永昌，柏孜克里克石窟衰落为民间寺院；14 世纪晚期，伊斯兰教开始传入吐鲁番盆地；15 世纪中叶以后，吐鲁番地方政权的统治者改信了伊斯兰教，石窟寺在宗教的冲突中遭到废弃、损毁，沦为无人管理的废墟。

柏孜克里克石窟现有编号的洞窟 83 个，其中近 40 个洞窟残存壁画，总面积约 1200 平方米。所绘壁画以经变画居多，如佛本行经变、涅槃经变、法华经

---

① 阎文儒：《新疆天山以南的石窟》，《文物》1962 年第 7—8 期合刊，第 57 页。

② 吐鲁番地区文物管理所：《柏孜克里克千佛洞遗址清理简记》，《文物》1985 年第 8 期，第 55 页。

变、观无量寿经变、观音经变等。2015 年上半年,我们对该石窟进行调查时,在第 17 窟发现了另一种题材的经变画,即佛说大乘庄严宝王经变(以下简称宝王经变),此类型的经变画尚属首次发现,显得弥足珍贵,极具研究价值。有鉴于此,笔者不揣浅陋,试做一考释,就教于同好诸君。

一、宝王经变内容解析

柏孜克里克石窟第 17 窟形制为长方形纵券顶窟,正壁塑像已毁,前壁有供养人图像,左右两侧壁各残存三身塑像的身光与台座,塑像之间有十方佛等内容的壁画。券顶部分绘制有 26 幅壁画,靠里侧(即靠近正壁)两幅为观无量寿经变和法华经变,其余 24 幅壁画,学界尚未释读。据我们初步考证,大部分是依据《佛说大乘庄严宝王经》(以下简称《宝王经》)而绘制的。

(一)右券顶壁画

表 1　右券顶壁画示意(由外向里)[①]

上排	1(a1)	2(a2)	3(a3)	4(a4)	5(a5)	6(a6)	13
下排	7(a7)	8(a8)	9(a9)	10(a10)	11(a11)	12(a12)	

表 1-1(a1)　壁画已全部脱落。

表 1-2(a2)　左侧残存少许壁画,可以辨识的有主尊佛的身光与头光以及左下角的菩萨,菩萨上方有一穿绿色交领窄袖长袍的世俗人物。由于画面残失部分较多,与佛经对应关系暂不可考。

---

① a1—a12 为格伦威德尔编号。参见[德]格伦威德尔著,赵崇民、巫新华译:《新疆古佛寺:1905—1907 年考察成果》,中国人民大学出版社,2007 年,第 451—454 页。

表 1-3(a3)　主尊佛右上方有汉文榜题：

1. ▭ 除盖障菩萨□□舍浮佛观自在

2. ▭ 国十二年□降□□中饮食粟豆

3. ▭ □□□□

《宝王经》卷二载佛告诉除盖障菩萨：

> 于是式弃佛后有佛出世，号尾舍浮如来、应供、正遍知、明行足、善逝、世间解、无上士、调御丈夫、天人师、佛、世尊。除盖障，我于是时，为忍辱仙人住处深山，其间硗确嵚崟无人能到，久住其中。是时，我于彼如来处，闻是观自在菩萨摩诃萨威神功德。①

释迦牟尼佛告诉除盖章菩萨，他于过去世时为忍辱仙人，在尾舍浮如来处听闻观自在菩萨的诸种威神功德。结合榜题，我们初步推测，此幅画(图 1)可能是依据《宝王经》而绘制的。主尊佛为释迦牟尼佛，端坐于高高的莲花台坐上，俯视左下方的除盖章菩萨，向其讲述观自在菩萨的威神功德。画面的右上方有一座山，山里有一隐士，山前方有一佛，佛与隐士之间有一朵盛放的莲花，其上坐着化生童子。此幅画面可能表现的是释迦牟尼

图 1　宝玉经变之一

① [宋]天息灾译：《佛说大乘庄严宝王经》卷二，《大正新修大藏经》第二十册密教部三，台北：新文丰出版公司影印，1983 年，第 51 页 b 栏。

为忍辱仙人时,在尾舍浮如来处听闻观自在菩萨的威神功德。如此,则隐士为忍辱仙人,佛为尾舍浮如来,而化生童子与经文对应关系,尚不明了。

图1的右侧画面下方,描绘了从一团彩云降落的无数雨滴,彩云之下有颗粒状物体堆积成的圆锥状小山。此外,还有高高院墙围起来的一座城池,城内隐约可见一个戴圆帽的人,若有所思地向前观望。左侧画面下方(除盖障菩萨之上)有四身世俗人物,指指点点,似在讨论什么。《宝王经》卷二载:

> (观自在菩萨)出波罗奈大城而往摩伽陀国。时彼国中值天亢旱满二十岁,见彼众人及诸有情,饥馑苦恼之所逼切,悉皆互相食噉身肉。是时观自在菩萨心怀思惟,以何方便救此有情。时观自在菩萨种种降雨,先降雨泽苏息枯涸,然后复雨种种之器,各各满中而盛味中上味饮食。时彼众人皆得如是饮食饱满,是时又雨资粮粟豆等物。于是彼诸人等,所须之物随意满足。时摩伽陀国一切人民,心怀惊愕怪未曾有,时众于是集在一处。既俱集已,各作是言:"于今云何天之威力致如是耶?"于彼众中而有一人耆年老大,其身伛偻而策其杖。此人寿命无数百千,告众人言:"此非是天之威力,今此所现,定是观自在菩萨,威德神力之所变现。"①

以上画面与经文正相吻合,表现了观自在菩萨在摩伽陀国救施该国城民的场景。彩云降落的无数雨滴描绘了"观自在菩萨种种降雨";颗粒状物体堆积成的圆锥状小山描绘了观自在菩萨"雨资粮粟豆等物";作讨论状的四身人物,可能表现的是众人集会议论缘何久旱之时,突然降雨、饮食与粟豆的场景。唯榜题中的"十二年"与经文中的"二十岁"不符,可能为手书之误。

表1–4(a4) 榜题残缺太甚,不可辨识,对应经文暂不可考。

表1–5(a5) 画面右侧残存五身神祇,虽壁画刮削脱落严重,但残留的榜

---

① [宋]天息灾译:《佛说大乘庄严宝王经》卷二,《大正新修大藏经》第二十册密教部三,台北:新文丰出版公司影印,1983年,第55页a、b栏。

题“辩才天”“风天”“水天”却向我们透露了宝贵的信息。《宝王经》卷一记载，除盖障菩萨问释迦牟尼佛观自在菩萨有何威神功德：

> 世尊告言：“观自在菩萨，于其眼中而出日月，额中出大自在天，肩出梵王天，心出那罗延天，牙出大辩才天，口出风天，脐出地天，腹出水天。”①

德国柏林亚洲艺术博物馆所藏的一块出自该窟编号为Ⅲ415的壁画榜题与上引经文相符：

1. 尔时佛请除盖障菩萨观自在菩萨之云何有
2. □神力我昔居士从毗婆尸□闻说观自在菩萨
3. □□额肩心出日月天子自在梵天那罗延说讫

由此，我们可以推测，表1-5(a5)主尊佛右上方所缺的榜题正是柏林亚洲艺术博物馆所藏的上述榜题，结合壁画上残留的“辩才天”“风天”“水天”榜题，基本上可以判断，表1-5(a5)画面是依据《宝王经》卷一绘制的。主尊佛为释迦牟尼佛，左下方的菩萨为除盖障菩萨。菩萨上方六身神祇与世俗人物，与经文对应关系暂不可考。

表1-6(a6)　画面与经文对应关系，暂不可考。

表1-7(a7)　壁画全部脱落。

表1-8(a8)　画面与经文对应关系，暂不可考。

表1-9(a9)　画面与经文对应关系，暂不可考。

表1-10（a10）　残存榜题一行，内容为：“□自在菩萨□□□有如是福____。”《宝王经》卷一载宝手菩萨问：“世尊，观自在位居菩萨，云何而有如

① [宋]天息灾译：《佛说大乘庄严宝王经》卷一，《大正新修大藏经》第二十册密教部三，台北：新文丰出版公司影印，1983年，第49页c栏。

是福德耶？”[①]此可与榜题大致相对应。由此，我们可以确定画面（图2）中央主尊为释迦牟尼佛，左下为宝手菩萨。主尊佛左上、左中、右上、右中、右下共有七身神祇，每位神祇均作说法状，他们旁边有一二身不等且形体较小的世俗人，这些世俗人均双膝跪地、双手合十，虔诚地作听法状。《宝王经》卷一载：

> 是时，宝手菩萨白世尊言：“此观自在而于何时，救度一切有情，皆得解脱坚固愿满？”世尊告言：“有情无数，常受生死轮回无有休息。是观自在为欲救度如是有情，证菩提道随有情类现身说法。应以佛身得度者，即现佛身而为说法；应以菩萨身得度者，即现菩萨身而为说法；应以缘觉身得度者，即现缘觉身而为说法；应以声闻身得度者，即现声闻身而为说法；应以大自在天身得度者，即现大自在天身而为说法；应以那罗延身得度者，即现那罗延身而为说法；应以梵王身得度者，即现梵王身而为说法；应以帝释身得度者，即现帝释身而为说法……”[②]

图2 宝玉经变之二

观自在菩萨随有情类现身说法，“现身”即化现诸身，如化现为佛身、菩萨身、缘觉身、声闻身、大自在天神、那罗延身、梵王身等。画面择取七身神祇，来为诸有情说法，由于画面残破，只能看出右上的佛身，其余六身是否为经文所述的第二至七身，暂

① ［宋］天息灾译：《佛说大乘庄严宝王经》卷一，《大正新修大藏经》第二十册密教部三，台北：新文丰出版公司影印，1983年，第50页c栏。

② ［宋］天息灾译：《佛说大乘庄严宝王经》卷一，《大正新修大藏经》第二十册密教部三，台北：新文丰出版公司影印，1983年，第50页c栏、51页a栏。

且存疑。此外,画面最上方的十方佛,与经文不相符合。

表 1-11(a11) 画面与经文对应关系,暂不可考。

表 1-12(a12) 画面与经文对应关系,暂不可考。

(二)左券顶壁画

表 2 左券顶壁画示意(由外向里)[①]

上排	1(A1)	2(A2)	3(A3)	4(A4)	5(A5)	6(A6)	13
下排	7(A7)	8(A8)	9(A9)	10(A10)	11(A11)	12(A12)	

表 2-1(A1) 壁画已全部脱落。

表 2-2(A2) 残存右侧三分之一画面,与经文对应关系,暂不可考。

表 2-3(A3) 主尊佛右上方残存榜题 3 行,漫漶不清,可辨识的唯有第 1 行的"障菩萨□虚空藏"6 字。由《宝王经》推知:"障菩萨"前面的脱文为"除盖"二字,"虚空藏"后面的脱文为"菩萨"二字。根据榜题,初步推测图 2—3 画面描绘的是《宝王经》中除盖障菩萨与虚空臧菩萨发问、释迦牟尼佛解疑的场景。与经文对应关系,因画面过于残破,暂不可考。

表 2-4(A4) 主尊佛右上方残存榜题 3 行:

1. ＿＿＿＿＿□□□佛请宝手菩萨观自
2. ＿＿＿＿＿业佛说四州□□□□□
3. ＿＿＿＿＿无量功德讫□说此是耳

此榜题可与《宝王经》卷一之如下经文相对应:

① A1—A12 为格伦威德尔编号。参见[德]格伦威德尔著,赵崇民、巫新华译:《新疆古佛寺:1905—1907 年考察成果》,中国人民大学出版社,2007 年,第 454—457 页。

尔时，宝手菩萨白言："世尊，我今有疑，欲问如来，愿为宣说，观自在菩萨有何福德而能现是神力？"佛言："如殑伽河沙数如来、应正等觉，以天妙衣及以袈裟、饮食汤药坐卧具等，供养如是诸佛所获福德，与观自在菩萨一毛端福其量无异。善男子，又如四大洲，于其一年十二月中，于昼夜分恒降大雨，我能数其一一滴数；善男子，观自在菩萨所有福德，而我不能说尽数量。善男子，又如大海，深广八万四千逾缮那，如是四大海水，我能数其一一滴数；善男子，观自在菩萨所有福德，而我不能说尽数量。善男子，又如四大洲所有四足有情，师子、象、马、虎、狼、熊、鹿、牛、羊，如是一切四足之类，我悉能数一一身中所有毛数；善男子，观自在菩萨所有福德，而我不能说尽数量。"①

壁画（图3）中的主尊佛为释迦牟尼佛，身躯朝右，俯视右下方站立的宝手菩萨，向其宣说观自在菩萨的诸种威德。主尊佛的左侧上方描绘了观自在菩萨（残留菩萨的莲花宝座），莲花座下是一座须弥山，山的周围有四块地，代表四大洲，其下有一团乌云，降下无数雨滴。这与上引《宝王经》中"善男子，又如四大洲，于其一年十二月中，于昼夜分恒降大雨，我能数其一一滴数"相对应。乌云左侧有一结跏趺坐于莲花座上的天人形象，其与经文对应关系暂不可考。天人的下方是一个牛头、长尾巴、身上长翼，并具四条腿的动物，其右是一个蹲坐着的狼。这与上引《宝王经》中"善男子，又如四大洲所有四足有情，师子、象、马、虎、狼、熊、鹿、牛、羊，如是一切四足之类，我悉能数一一身中所有毛数"相对应。狼的前方，即主尊佛莲花座的下方有一片凸出来四个角的海域。这与《宝王经》中"善男子，又如大海，深广八万四千逾缮那，如是四大海水，我能数其一一滴数"相对应。

① [宋]天息灾译：《佛说大乘庄严宝王经》卷一，《大正新修大藏经》第二十册密教部三，台北：新文丰出版公司影印，1983年，第50页b栏。

图 3　宝玉经变之三

图 3　右侧壁画有八身神祇（包括前述宝手菩萨），有菩萨、天人等形象，他们正在神情专注地听释迦牟尼佛讲述观自在菩萨之威德。

表 2-5（A5）　主尊佛左侧中部有一坐姿神祇，格伦威德尔称其为“天神”，并描述其“右手执莲花，莲花上有一小型佛像”①。根据此“天神”右侧榜题，可知格伦威德尔认定的“天神”，应为如意轮菩萨。该菩萨在《宝王经》中并未出现，壁画绘制所依据佛经暂不可考。

表 2-6（A6）　主尊佛右上方榜题被盗割，加之画面比较残破，所依佛经暂不可考。

表 2-7（A7）　壁画全部脱落。

表 2-8（A8）　残存主尊佛及其右侧听法诸众，左侧壁画残失，所依佛经暂不可考。

表 2-9（A9）　主尊右上方榜题漫漶不清，壁画残破，所依佛经暂不可考。

表 2-10（A10）　主尊佛右上方残存榜题 3 行：

1. 尔时佛除盖障菩萨所□昔日□□□□□
2. □□□□宝[手][菩]萨□□□相问□□佛何因此
3. 瑞□佛正□□观自在菩萨之故此瑞观音菩萨持□□

① ［德］格伦威德尔著，赵崇民、巫新华译：《新疆古佛寺：1905—1907 年考察成果》，中国人民大学出版社，2007 年，第 455 页。

此榜题可与《宝王经》卷一之如下经文对应：

> (佛言):“如是善男子,我于尾钵尸如来所,闻是已后复有佛出,号式弃如来、应供、正遍知、明行足、善逝、世间解、无上士、调御丈夫、天人师、佛、世尊。除盖障,我于是时,为勇施菩萨摩诃萨,于彼佛所,闻观自在菩萨摩诃萨威神功德……”时彼会中有宝手菩萨摩诃萨,从座而起偏袒右肩,右膝着地合掌恭敬,白世尊言:“何因何缘出现斯瑞?”佛告善男子:“极乐世界有观自在菩萨摩诃萨,欲来于此,故现斯瑞……彼时祇树给孤独园七宝出现,所谓金轮宝、象宝、马宝、珠宝、女宝、主藏宝、主兵宝。如是七宝出现之时。其地悉皆变成金色。是时观自在菩萨摩诃萨出彼极乐世界之时,地六震动。”尔时宝手菩萨摩诃萨,白世尊言:“以何因缘出现斯瑞?”佛言:“善男子,是观自在菩萨摩诃萨欲来到此,故现斯瑞。”是时,又雨适意妙华及妙莲华。时观自在菩萨手执金色光明千叶莲华,来诣佛所顶礼佛足,持是莲华奉上世尊:“此华是无量寿佛令我持来。”世尊受是莲华致在左边。①

释迦牟尼佛告诉除盖障菩萨,说其在往昔为勇施菩萨时,在式弃如来处听闻观自在菩萨的威神功德。之后,释迦牟尼佛又先后回答了除盖障菩萨和宝手菩萨的发问。壁画(图4)中主尊佛右侧上方画面的一佛一菩萨,即为式弃如来和勇施菩萨。右侧中部一菩萨与一弟子及下部的一菩萨,表现的是释迦牟尼佛说法时的听众;其中,下部的菩萨为除盖障菩萨或宝手菩萨。主尊佛左侧上方手执莲花的坐姿菩萨为观自在菩萨,此画面与上引经文“时观自在菩萨,手执金色光明千叶莲华,来诣佛所顶礼佛足,持是莲华奉上世尊”相对应。主尊佛的莲花座左侧描绘了一朵盛开的莲花,这与经文“此华是无量寿佛令我持来,世尊受是莲华致在左边”相对应。主尊佛左侧中部两位菩萨或天人,可能表现的

① [宋]天息灾译:《佛说大乘庄严宝王经》卷一,《大正新修大藏经》第二十册密教部三,台北:新文丰出版公司影印,1983年,第49页c栏、50页a栏。

是佛说法时的听众。两位菩萨或天人下方的画面比较模糊，格伦威德尔怀疑是三个祈祷的人;我们推测可能为女宝、主藏宝和主兵宝,因为所谓“三个祈祷的人”之下描绘的有珠宝、轮子、马和大象，可分别对应珠宝、金轮宝、马宝和象宝,这与上引经文“彼时,祇树给孤独园七宝出现,所谓金轮宝、象宝、马宝、珠宝、女宝、主藏宝、主兵宝”可相对应。

图4　宝玉经变之四

表2-11(A11)　壁画已毁。

表2-12(A12)　榜题脱落或被盗割,残存主尊佛及其右侧壁画,与经文对应关系暂不可考。

二、宝王经变与壁画绘制年代

柏孜克里克石窟第17窟,学界一般判定其年代为唐西州时期[①]。如阎文儒先生即认为该窟“创建年代,应是在回鹘高昌统治此地以前,盛、中唐的阶段以内”[②]。柳洪亮先生也持同样的观点,其主要依据为洞窟内的供养人是西州之突厥人:

① 也有学者认为该窟年代在10世纪中叶到11世纪中叶。参见贾应逸:《柏孜克里克石窟初探》,载氏著《新疆佛教壁画的历史学研究》,中国人民大学出版社,2010年,第430页。

② 阎文儒:《新疆天山以南的石窟》,《文物》1962年第7—8期合刊,第57页。

> 一七窟窟门南侧内壁男供养人像身穿窄袖圆领长袍，头不戴冠。一缕黑发披肩，身后垂一条长红绢。唐初玄奘“至素叶水城，逢突厥叶护可汗，方事畋游，戎马甚盛。可汗身著绿绫袍，露发，以一丈许帛练里额后垂，达官二百余人皆锦袍编发，围绕左右”。这一记载与一七窟男供养人的装束相符，表明修建洞窟的施主是突厥人……一七窟应是西州（六四〇至九世纪中叶）时期这些突厥人部落的贵族们修建的。①

供养人身穿窄袖圆领长袍、黑发披肩及身后垂绢帛类丝织物，并非突厥人特有的习俗，回鹘人亦然，如柏孜克里克石窟第27窟回鹘男供养人（现藏德国柏林亚洲艺术博物馆，编号Ⅲ8619a），头戴莲瓣形金冠，身穿窄袖圆领团花橘黄色长袍，身后隐约可见用来裹束头发的红色丝织物。这种红色丝织物，柳洪亮先生认定为红绢。然而，回鹘男供养人身后垂红绢并非常例，而女供养人则十分普遍，如柏孜克里克石窟第20窟两身女供养人（现藏德国柏林亚洲艺术博物馆，编号Ⅲ6876b），头戴的金冠“前后锐”，“如角前指”，保持了漠北时的装饰②，身穿茜色通裾大襦，以红绢总发，披于后背，中间结绶，长及脚部。

此外，柳洪亮先生把该石窟内供养人不戴冠作为突厥人的另一证据。的确，目前发现的突厥石人和其他石刻画像资料，突厥人大多为披发且不戴冠；壁画和纺织品绘画中的回鹘供养人则大多有冠饰。乍一看来，似乎很有道理。我们经过现场调查，发现残存的供养人头部几乎全部被人为毁坏，看不出是否戴冠。柳先生所谓不戴冠的例证仅一例，但此供养人个子偏低，为未成年人形象，未成年人不戴冠，这在回鹘供养人中是常见的。此不戴冠供养人为未成年人，除了个子偏低这一证据外，还有该供养人腰间没有佩戴蹀躞七事之证据，而其他个子高者均有蹀躞七事，为成年男子。第17窟供养人上方有竖条形方

① 柳洪亮：《高昌石窟概述》，载《中国壁画全集·新疆6吐鲁番》，辽宁美术出版社、新疆人民出版社，1990年，第8页。

② 参看《新唐书·回鹘传》记载，长庆二年（822），唐穆宗以太和公主嫁回鹘可汗，“被可敦服、绛通裾襦，皆茜色，饰金冠，如角前指。”

框，是为书写榜题而设，因损坏严重，榜题现已不存。吾人固知，回鹘文是竖写的，而突厥文是横写的。又，回鹘人早期曾使用突厥文，回鹘文创制后，则使用回鹘文；而突厥人则自始至终使用突厥文。现藏德国柏林亚洲艺术博物馆出自第 17 窟的两身供养比丘画像，残存一条竖写回鹘文榜题。

有鉴于此，我们认为该洞窟内的供养人不是突厥人，而是回鹘人。

上文我们考释了券顶的 24 幅壁画，除去已经完全脱落的 5 幅外，初步释读出的 6 幅是依据《宝王经》而绘制的，其余 13 幅尚未释读出来。德国柏林亚洲艺术博物馆所藏的出自该窟的三块榜题，其中一块出自《观世音菩萨授记经》；此外，前文所述之表 2-5（A5）一菩萨的榜题为“如意轮菩萨”，《宝王经》中众多菩萨里没有该菩萨。由此来看，这些壁画并非全部依据《宝王经》所绘制，但总体来说，大部分还是出自《宝王经》的。

据国外学者斯塔德霍姆研究，《宝王经》形成于公元 4 世纪末或 5 世纪初[①]。目前最早的梵文写本为 7 世纪初期（630）的吉尔吉特写本。此外，梵文写本尚有 12 世纪末（1196）的尼泊尔贝叶全本，加尔各答印度博物馆藏 14 世纪贝叶写本，15 世纪的以尼泊尔写本为基础的改编本[②]。该经在 9 世纪成书的藏文佛经目录中已有记载，10 世纪末，由印度来华僧人天息灾将其从梵文翻译成汉文。

天息灾，北天竺迦湿弥罗国人，宋太宗太平兴国五年（980）二月，与乌填曩国三藏施护一同来到汴京。太宗亲自召见：

> 赐紫衣，敕二师同阅梵夹。时上盛意翻译，乃诏中使郑守均，于太平兴国寺西建译经院。为三堂，中为译经，东序为润文，西序为证义……（七年）六月，译经院成。诏天息灾等居之，赐天息灾明教大师。[③]

---

① 转引自张同标：《尼泊尔三乘物观音造像与成就法》，《南京艺术学院学报（美术与设计版）》2013 年第 5 期，第 36 页。

② 详见张同标：《大乘庄严宝王经与观音图像》，《中国美术研究》2015 年第 2 期，第 91 页。

③ ［宋］志磐撰，释道法校注：《佛祖统纪校注》（下），上海古籍出版社，2012 年，第 1029—1030 页。

自此，天息灾与施护、法天等共同译经。七年(982)七月，天息灾译《圣佛母小字般若波罗蜜多经》一卷；八年(983)三月，译《大乘庄严宝王经》四卷。上文我们所述的第17窟券顶壁画有6幅就是依据《宝王经》所绘制的，而且多有汉文榜题。我们在实地调查过程中，发现券顶壁画乃至左右两侧壁壁画风格是统一的，没有发现二次绘画或双层壁画的痕迹。由此可以断定第17窟现存壁画是北宋初年《宝王经》译出之后绘制的。吐鲁番石窟中回鹘供养人的服饰，可以分为两类，一类为蒙古统一回鹘之前，这时期回鹘服饰保留着自己的特点；另一类为回鹘归顺蒙古之后，这一时期回鹘供养人多穿蒙古服饰。前文提到的所谓的突厥供养人，在我们看来，实际上是回鹘供养人，他们的服饰属于前一类。由此来看，第17窟壁画的绘制年代之下限，应该在回鹘归顺蒙古，即1209年之前。

三、宝王经变在石窟中的宗教意义

关于第17窟塑像与壁画题材的组合，柏孜克里克千佛洞文管所在该窟所立解说牌有如下描述：

> 原有七身塑像已毁，当为七世佛，窟门内侧绘有突厥供养人像，顶部划成方格，绘22幅经变故事画，有大量的墨书汉文榜题。画面布局对称，色彩以绿、蓝为基调。窟南坡后部绘《西方净土变》，宝池中生出朵朵莲花，阿弥陀佛及观音、大势至两胁侍菩萨坐于茎端莲花上。阿弥陀佛放眉间相光……

以上描述，不尽全面与准确。其一，窟门内侧的供养人可能不是突厥供养人，而是回鹘人。其二，顶部绘制了26幅经变故事画，而非22幅。其三，解说牌所说窟内“原有七身塑像已毁，当为七世佛”，值得商榷。其四，该解说只字未提两侧壁壁画的内容,也甚为遗憾。如此诸端,对于参观该洞窟的一般游客,甚至研究者来说都会产生误导与迷惑。因此,我们觉得有必要重新解读窟内塑像与壁画的题材组合。

正壁塑像已毁,格伦威德尔根据残存部分及两侧壁的壁画,判断该塑像为观音,我们认为这是正确的。首先,格氏通过实地仔细观察,发现正壁塑像残留的"发型后边隆起很高的边沿,这种边沿表明该塑像是有许多脑袋,或者表明它的额头上曾经有过一个相当大的阿弥陀佛塑像作为头饰"[①]。其一,塑像的头上有阿弥陀佛塑像,这是观音菩萨的一个标志;其二,塑像有许多脑袋,这可在《宝王经》中找到依据,该经记述观音菩萨来到阿鼻地狱时,阎魔天子称颂他的竭中透露:观音为十一面,并具千眼千臂。以此为据,第 17 窟正壁的观音塑像有可能是十一面千手千眼观音。

两侧壁壁画比较残破,格氏记述:右侧壁 A、B、C 为三身佛塑像(已毁);a、b、c、d、e 为五身说法佛,1 为多臂立姿湿婆,2 为印度教神,3 为大型立姿披甲武士并眷属,4 为四身僧侣,5 为一跪姿天神,6 为湿婆样的凶神,7 为大型骑马披甲武士并眷属,8 为坐在两个小鬼身上的大黑天,9 为立姿披甲武士并眷属,10、11 分别为两个跪着呈献供品的天神。

左侧壁 A、B、C 为三身佛塑像 (已毁);a、b、c、d、e 为五身说法佛;1 为立姿天神;2 为手拿大棒的多臂神,两手举太阳和月亮;3 为大型披甲武士并眷属;4、5 为两个僧侣;6 为坐姿菩萨;7 为手握三叉戟的大黑天, 坐在两个蹲坐着的小鬼身上;8 为立姿披甲武士并眷属;9 为四臂印度教神, 坐骑是孔雀;10 为手握三叉戟的大黑天;11 为两个天神的残部。

格氏对这些神祇的定名尚有可商榷之处, 但他推断是正壁观音菩萨的眷属,当大致不差。首先,格氏认为两侧壁上方(a、b、c、d、e)各有五身说法佛,不

① [德]格伦威德尔著,赵崇民、巫新华译:《新疆古佛寺:1905—1907 年考察成果》,中国人民大学出版社,2007 年,第 446—447 页。

表 3　右侧壁壁画示意(从外向里)

<table>
<tr><td colspan="2">已毁</td><td rowspan="6">A</td><td>a</td><td>b</td><td rowspan="6">B</td><td>c</td><td>d</td><td rowspan="6">C</td><td>e</td></tr>
<tr><td>1</td><td>2</td><td colspan="2">已毁</td><td colspan="2">已毁</td><td>10</td></tr>
<tr><td colspan="2">3</td><td colspan="2">5</td><td colspan="2">已毁</td><td>11</td></tr>
<tr><td colspan="2" rowspan="3">4</td><td colspan="2">6</td><td colspan="2">8</td><td rowspan="3">已毁</td></tr>
<tr><td colspan="2" rowspan="2">7</td><td colspan="2" rowspan="2">9</td></tr>
<tr></tr>
</table>

表 4　左侧壁壁画示意(从里向外)①

<table>
<tr><td>e</td><td rowspan="6">A</td><td>d</td><td>c</td><td rowspan="6">B</td><td>a</td><td>b</td><td rowspan="6">C</td><td colspan="2">已毁</td></tr>
<tr><td>已毁</td><td colspan="2">已毁</td><td colspan="2">6</td><td>1</td><td>2</td></tr>
<tr><td>11</td><td>已毁</td><td>9</td><td colspan="2">7</td><td colspan="2">3</td></tr>
<tr><td rowspan="3">已毁</td><td colspan="2">10</td><td colspan="2" rowspan="3">8</td><td rowspan="3">4</td><td rowspan="3">5</td></tr>
<tr><td colspan="2" rowspan="2">已毁</td></tr>
<tr></tr>
</table>

确。根据残留的四条榜题推知应为十方佛②,其属性为助会佛,而非说法佛。唐不空三藏译《千手千眼观世音菩萨大悲心陀罗尼》记载:“今诵《大悲陀罗尼》时,十方佛即来为做证明,一切罪障悉皆消灭。”在这里,十方佛的作用是证实观音救助世间有情的威神功德,属助会范畴。柏孜克里克石窟第 39 窟的观音窟和第 40、第 41 窟的观音经变,以及德国柏林亚洲艺术博物馆藏吐鲁番出土观音幡画(Ⅲ8559)中,都绘制有十方佛。敦煌莫高窟第 120、141、231、402、456、470 窟的千手千眼观音经变中也有十方佛。其次,右侧壁 3、7、9,左侧壁 3、8 中

---

① 为便于读者查阅,图 3、图 4 壁画编号遵循格伦威德尔编号,为塑像编号,A、B、C 为作者新加。参见[德]格伦威德尔著,赵崇民、巫新华译:《新疆古佛寺:1905—1907 年考察成果》,中国人民大学出版社,2007 年,第 448、450 页。

② 四条榜题分别为:兹下方明德佛像(右侧壁 a)、兹东□□□□行□□(右侧壁 b)、兹北方相德佛像(右侧壁 c)、兹南方栴□□□□(左侧壁 e)。东晋天竺三藏佛陀跋陀罗译《佛说观佛三昧海经》卷六《观四无量心品第五》明确记载了十方佛的名称:东方善德佛、南方旃檀德佛、西方无量明佛、北方相德佛、东南方无忧德佛、西南方宝施佛、西北方花德佛、东北方三乘行佛、上方广众德佛、下方明德佛。

心神祇均为披甲武士形象，并各自有眷属，这样的壁画内容和组合，与柏孜克里克石窟第15窟和第20窟左右两侧壁如出一辙，只是个别神祇的形象略有变化，空间次序也稍有调动。根据前人对此二窟的研究，我们可以推知第17窟右侧壁3为西方天王，7为行道天王，9为南方天王；左侧壁3为北方天王，8为猎捕金翅鸟，东方天王图像已毁。行道天王图和猎捕金翅鸟图的主尊是毗沙门天王，即北方天王，由于毗沙门天王地位较其他三位天王要高，故以故事画的形式重复出现，但终究说来，这些壁画均属天王护法范畴。天王作为护法神而为观音的眷属，这在第15窟和第20窟已成为不争的事实。在敦煌莫高窟天王等护法神从盛唐开始就已出现在千手千眼观音眷属的行列中，一直延续到元代，如第3、14、54、99、141、144、148、156、231、238、294、329、338、361、380、386、402、456、470窟都绘有天王等护法神。

如上所述，十方佛和四天王是为观音的眷属，这反过来证明格氏所推测第17窟正壁塑像为观音是正确的。此外，两侧壁各有三身塑像(表3、表4之A、B、C)，现仅残留背后的身光，部分塑像残留台座。格氏认为这些塑像均为坐佛的塑像，至于为什么坐佛塑像会出现在侧壁上，格氏猜测："在其他地方都画在后壁(作者按：即正壁)上观音菩萨上方的佛陀，在这里则至少以其主要代表人物全身塑像的形式被安置在侧壁前边。"[①]这样的解释显然是不符合常理的。首先，六身佛像绘制在侧壁，无法与其旁侧绘制的十方佛和天王等画像吻合。其次，格氏所述通常画在观音上方或周边的佛，有五方佛、十方佛和千佛三类，但绝没有六佛的组合，这就意味着我们要重新审视六身塑像的身份。吐鲁番曾经出土过用回鹘文书写的《七观音菩萨符陀罗尼》两个残件，现分别收藏在德国柏林亚洲艺术博物馆(编号为Ⅲ6622)和俄罗斯圣彼得堡东方学研究所(编号为SI2Kr.41)[②]。此外，德国柏林亚洲艺术博物馆所藏的一件幡画(编号为Ⅲ8559)和柏孜克里克石窟第29窟左侧靠近门壁的壁画，均绘制有七观音，表

---

① [德]格伦威德尔著，赵崇民、巫新华译：《新疆古佛寺：1905—1907年考察成果》，中国人民大学出版社，2007年，第447页。

② 荣新江主编：《吐鲁番文书总目·欧美收藏卷》，武汉大学出版社，2007年，第794、914页。

现形式为：中央是形体较大的主尊观音，六身观音分列两侧。由此观之，第 17 窟七身塑像应为七观音，正壁为主尊观音，两侧壁为六观音，他们的眷属是共有的。

券顶的 26 幅壁画，后部靠近正壁的两幅分别为观无量寿经变（表 1–13）和法华经变（表 2–13）。观无量寿经变的下方正中是宝池，池中生出三枝莲花，阿弥陀佛及观音、大势至两胁侍菩萨坐于茎端莲花座上，两侧及上方围绕与会菩萨及弟子；宝池的两边绘制九品往生，分别有“上品上生”“上品中生”直至“下品下生”墨书汉文榜题。法华经变以序品法华会为中心，释迦佛端坐在莲花台上，两侧及上部是与会菩萨及弟子等。下部绘《方便品》和《譬喻品》，右侧一座单层覆钵顶塔，内坐一佛，有人礼拜。塔前残存牛、鹿、羊三车。其余 24 幅壁画，前文已述，大部分出自《宝王经》，也有出自《观世音菩萨授记经》和其他类观音经典的。

由上可知，第 17 窟以正壁十一面千手千眼观音为主尊，两侧壁分列六观音及眷属，券顶绘制观无量寿经变、法华经变、宝王经变及其他观音类经变的洞窟。宝王经变作为高昌回鹘时期新创作的经变画，在整个洞窟中占有突出的地位，该经变将观音提升到了至尊的地位。表 1–5（a5）如实地描绘了观音创造日月、生成诸天的画面。观音的创造与生成之功能源自印度古老的原人创世神话[①]，这种创世神话后来被印度教和佛教借用，在佛教的宇宙生成理论中，佛陀“成了佛国世界中一切诸佛诸菩萨的本源，观音则是印度教诸神的本源。整个佛教神系中，具有类似神格属性的，仅有佛与观世音两位”[②]。但《宝王经》并未满足于观音与佛“平分秋色”的地位，是经多处强调观音的光辉比任何其他菩萨甚或佛都要耀眼。为了凸显观音的至尊地位，《宝王经》用对比的修辞手法反复叙说他的无量福德，譬如大海、恒河沙与四足有情，世尊可数其一一滴数、一一粒数、一一毛数，但观音的福德，世尊不能尽数。图 3 传神地表现了释迦牟尼

① 参见金克木：《梨俱吠陀的三首哲理诗的宇宙观》，《梵竺庐集》（丙），江西教育出版社，1999 年，第 156—160 页。

② 张同标：《大乘庄严宝王经与观音图像》，《中国美术研究》2015 年第 2 期，第 102 页。

佛向与会大众宣说观音无量福德的场景。观音的至尊地位还体现在他行使了原来佛的职能，如授记大力阿苏啰王将来得成为佛，号吉祥如来。观音在救度世间有情时，常常将他们接引到无量寿如来的西方净土世界，但《宝王经》中出现了观音自己的净土，如金毛孔、黑毛孔、宝庄严毛孔、洒甘露毛孔、金刚面毛孔、日光明毛孔、帝释王毛孔、大药毛孔、缋画王毛孔、幡王毛孔等诸净土世界。诸毛孔净土皆有佛住，广大无有边际，普贤菩萨曾于其中十二年而不得边际。若有人念诵观音名号，当可往生于诸毛孔净土，免受轮回之苦。

除上所述，《宝王经》还着重强调了持诵六字大明陀罗尼（又称六字大明咒、六字真言）的不可思议功德和利益。该陀罗尼出自观音之微妙本心，若有人常受持此六字大明陀罗尼者：

> 于是持诵之时，有九十九殑伽河沙数如来集会，复有如微尘数菩萨集会，复有三十二天天子众亦皆集会。复有四大天王，而于四方为其卫护；复有娑誐啰龙王无热恼龙王，得叉迦龙王嚩苏枳龙王，如是无数百千万俱胝那庾多龙王而来卫护是人；复有地中药叉虚空神等而亦卫护是人。①

此外，若有人身上佩戴此陀罗尼，得见者如同见到金刚之身和无上智慧者，甚至如同见到如来。若有碰到戴持此陀罗尼之身体者，速得菩萨之位，永远免受生老病死苦、爱别离苦。《宝王经》所创始的六字大明陀罗尼，对后世有着深远的影响，尤其在藏传佛教中，成为最尊崇的一句咒语，密宗认为这是秘密莲华部的根本真言，也即莲华部观音的真实言教。该陀罗尼在《宝王经》中还幻化为菩萨，后世根据经中记述，创造出了左手持莲花，右手持数珠，下二手结一切王印的六字观音。概言之，由于《宝王经》史无前例地将观音提升到了至尊的地位，如观音创造日月并生成诸天，发自其微妙心的六字大明陀罗尼具有不可

① ［宋］天息灾译：《佛说大乘庄严宝王经》卷三，《大正新修大藏经》第二十册密教部三，台北：新文丰出版公司影印，1983 年，第 59 页 b 栏。

思议的功德和利益，救度世间有情，可往生到自己的诸毛孔净土。缘此，宝王经变成为整个洞窟中具有举足轻重之地位与作用的经变，在整个洞窟中有着深刻的宗教意义与修持意义。

四、宝王经变与汉译佛经入传吐鲁番

高昌回鹘佛教文献的主要来源是汉文佛典，荣新江先生认为其来历主要有三个途径：一是高昌郡、高昌国和唐西州时期本地原有的佛典；二是中原王朝（北宋）输送来的佛典，时间在 11 世纪后；三是敦煌输送来的佛典，时间在 10 世纪[①]。除此之外，尚有辽朝输送来的《契丹藏》和金朝输送来的《金藏》，以及元代大都等地输送来的佛典。前文述及，第 17 窟宝王经变是根据印度僧人天息灾于太平兴国八年（983）在开封所译《宝王经》绘制的。那么，此《宝王经》是什么时间传至吐鲁番的呢？这就有必要对高昌回鹘与北宋之交通做一梳理。

高昌回鹘，史书称之为西州回鹘，亦统辖龟兹回鹘。《宋史·龟兹传》载："龟兹本回鹘别种……或称西州回鹘，或称西州龟兹，又称龟兹回鹘。"[②]高昌回鹘与北宋之交通始自建隆三年（962）四月，《宋史·高昌传》载：

> 西州回鹘阿都督等四十二人以方物来贡。[③]

其后，该传又记：

> 乾德三年（965）十一月，西州回鹘可汗遣僧法渊献佛牙、琉璃器、琥珀盏。太平兴国六年（981），其王始称西州外生师子王阿厮兰汉，遣都督麦索

① 详见荣新江：《归义军史研究——唐宋时代敦煌历史考察》，上海古籍出版社，1996 年，第 375—376 页。
② [元]脱脱等撰：《宋史》卷四九〇《龟兹传》，中华书局，1985 年，第 14123 页。
③ [元]脱脱等撰：《宋史》卷四九〇《高昌传》，第 14110 页。

温来献。五月,太宗遣供奉官王延德、殿前承旨白勋使高昌。八年(983),其使安鹘庐来贡……景德元年(1004),又遣使金延福来供。[①]

《宋史·回鹘传》载:

雍熙元年(984)四月,西州回鹘与婆罗门僧永世、波斯外道阿里烟同入贡……咸平四年(1001),可汗王禄胜遣使曹万通以玉勒名马、独峰无峰橐驼、镔铁剑甲、琉璃器来贡……是年(大中祥符三年),龟兹国王可汗遣使李延福、副使安福、监使翟进来进香药、花蕊布、名马、独峰骆驼、大尾羊、玉鞍勒、琥珀、鍮石等……(大中祥符)六年(1013),龟兹进奉使李延庆等三十六人对于长春殿,献名马、弓箭、鞍勒、团玉、香药等,优诏答之……(天禧)四年(1020)……龟兹国可汗王智海使来献大尾羊。[②]

《宋史·龟兹传》载:

(龟兹回鹘)自天圣至景祐四年(1037),入贡者五,最后赐以佛经一藏。熙宁四年(1071),使李延庆、曹福入贡。五年,又使卢大明、笃都入贡。绍圣三年(1096),使大首领阿连撒罗等三人以表章及玉佛至洮西。熙河经略使以其罕通使,请令于熙、秦州博买,而估所赍物价答赐遣还,从之。[③]

高昌回鹘入贡北宋凡 17 次,北宋出使高昌回鹘 1 次。高昌回鹘每次进献的贡品,大多数情况下均开列有清单,主要是当地的特产;而北宋回赐物品,则罕有记载,唯景祐四年,北宋赐给入贡者佛经一藏。前贤认为,此佛经一藏

① [元]脱脱等撰:《宋史》卷四九〇《高昌传》,第 14110—14113 页。
② [元]脱脱等撰:《宋史》卷四九〇《回鹘传》,第 14114—14117 页。
③ [元]脱脱等撰:《宋史》卷四九〇《龟兹传》,第 14123 页。

为《开宝藏》。如所周知,《开宝藏》是北宋开宝四年至太平兴国八年(971—983)间刊刻的第一部官版《大藏经》,前后历时十三年。全藏共5048卷,481帙(或说480帙)。雍熙元年(984)九月,太宗"诏自今新译经论,并刊板摹印,以广流布"[①]。终北宋之世,续译新经及御制、东土撰作也陆续刊刻印刷,编联入藏。《宝王经》作为新译经,后续编入《开宝藏》殆无异议,《金藏》和《高丽藏》收录有是经[②]便是明证。我们进而认为:景祐四年(1037),北宋赐龟兹回鹘《开宝藏》即为《宝王经》传入吐鲁番的时间。王丁先生推测:"名义上赐给所谓龟兹回鹘的大藏经,实际上留存流通于西州地区。"[③]我们同意王先生的看法,理由有二:其一,龟兹回鹘是高昌回鹘王国的一个部族;其二,目前新疆出土的《开宝藏》残片,均出自吐鲁番,而库车(古龟兹)地区则未见出土。

当然,我们也不能完全排除《宝王经》是通过单行刻本或手抄本,抑或是通过敦煌等地辗转入传吐鲁番的。然而,放眼整个河西地区及新疆,目前还没有发现该经出土的信息。缘此,我们以为:景祐四年(1037),北宋赐龟兹回鹘《开宝藏》是汉译佛经入传吐鲁番一盛事,也是《宝王经》入传吐鲁番的最直接来源,成为第17窟宝王经变绘制的经典依据。

五、结　语

根据我们的初步调查,在柏孜克里克石窟现存的83个洞窟中,有16个洞窟塑绘了观音菩萨。这些观音图像类型多样,既有作为胁侍菩萨的观音,也有作为主尊的观音;既有圣观音,也有十一面观音、千手千眼观音、马头观音与送子观音等。同时,观音图像特别是观音经变风格又多样化,既受到汉传佛教的

① 刘琳等校点:《宋会要辑稿》第16册,《道释二》"传法院"条,上海古籍出版社,2014年,第9999页。
② 童玮编:《二十二种大藏经通检》,中华书局,1997年,第721页。
③ 王丁:《初论〈开宝藏〉向西域的流传》,载束笛生、李肖、娜仁高娃主编:《高昌社会变迁及宗教演变》,新疆人民出版社,2010年,第181页。

影响,也受到藏传佛教影响。总体上来说,汉传佛教的影响要深刻一些,第 17 窟的宝王经变,就深刻烙印了汉传佛教的因子,透过宝王经变,我们可以深入观察北宋时期中原与西域的密切联系。

以上是从宏观的角度来看第 17 窟宝王经变的发现意义,若从微观的角度考察,其意义也非常大。首先,该经变的发现,纠正了以往学界对第 17 窟年代的推定,即并非唐西州时期,结合窟内供养人族属的认定,我们初步将该窟壁画的绘制年代定在北宋初至回鹘归顺蒙古之前。其次,在石窟壁画中,乃至纺织品、纸质品绘画中,宝王经变的绘制尚属首次,这反映了高昌回鹘时期吐鲁番观音信仰丰富的内涵。

净土的选择：柏孜克里克第29窟六字观音经变考释

吐鲁番柏孜克里克第29窟左侧壁绘有一铺六字观音经变。从绘画风格来看，既有藏传佛教的图像传统，又受到中原画风的影响。从壁画内容来看，主要表现的是六字观音，同时也融入了本地颇为流行的七观音，反映了两种类型的观音信仰在高昌回鹘的盛行。此外，该窟正壁为弥勒净土变，右侧壁为阿弥陀净土变，两种净土共处一窟，同时又有主次之分。若从观音信仰的角度来讲，既宣示了观音本师阿弥陀佛的西方净土属性，又体现了信仰者往生净土的最终选择——弥勒净土。由此来看，此窟虽然面积很小，但蕴含了丰富的意涵，值得我们深入探讨。

一、图像内容考析

柏孜克里克第29窟是一座小型纵券顶洞窟，平面差不多呈正方形，券顶最高处距离地面2.18米。入口的墙很厚，并向内侧倾斜，外窄内宽。门壁、前壁壁画现已不存，据格伦威德尔报告记述，原来前壁左右两侧均有五行上下排列的供养人像①。券顶有四行千佛坐像,每行七身。

正壁被硕大的背光和头光所占据,其内有红、绿、白相间的放射状装饰条纹和缠枝花图案。背光的两侧各有六身菩萨,分上下四行排列,其中上边两行各一身,下边两行各二身,所有菩萨皆双手合十,面向主尊。头光上部狭长的弧形部位残存七件乐器,分别为曲颈琵琶、腰鼓、忽雷、钹(一对)、拍板、筚篥②。正壁前是一塑像的底座,其上塑像已毁(图 1)。据格伦威德尔报告所载,底座上原有一身坐姿菩萨塑像,两腿在底座前边交叉,保存着下半身,服饰的式样很美,腰上围着某种样式的褶裙,褶裙之上还有一件长衫③。

正壁前的菩萨塑像,格伦威德尔怀疑其为观音,不妥。虽然菩萨的交脚坐姿非弥勒专属,印度及中亚早期的造像也有交脚观音,但在中国,交脚观音确实罕见,相反交脚弥勒却不胜枚举,以至于日本学者肥冢隆认为“中国的交脚菩萨一般均称之为弥勒菩萨”④。北庭西大寺有多身高昌回鹘时期的交脚菩萨塑像,参与发掘西大寺的孟凡人先生认为他们的身份为弥勒菩萨⑤,我们

图 1　第 29 窟窟室内景

① 格伦威德尔记述五行供养人像位于门壁上,并说侧壁边缘的供养人像也属于这五行供养人像的一部分。我们认为可能是格氏表述或者翻译错误,因为门壁上一般绘制护法神像,前壁才绘制供养人像。参见[德]格伦威德尔著,赵崇民、巫新华译:《新疆古佛寺:1905—1907 年考察成果》,中国人民大学出版社,2007 年,第 486 页。

② 王玉冬:《柏孜克里克佛教洞窟分期试论》,载《中国佛教学术论典》,台北:佛光山文教基金会印行,2003 年,第 392 页。

③ [德]格伦威德尔著,赵崇民、巫新华译:《新疆古佛寺:1905—1907 年考察成果》,中国人民大学出版社,2007 年,第 485 页。

④ [日]肥冢隆撰,刘永增译:《莫高窟 275 窟交脚菩萨像与健陀罗诸先例(摘要)》,《敦煌研究》1988 年第 2 期,第 39 页。

⑤ 中国社会科学院考古研究所编著:《北庭高昌回鹘佛寺壁画》,辽宁美术出版社,1990 年,第 2 页。

认同此说。这些交脚菩萨塑像多位于洞窟的正壁，券顶绘千佛，两侧壁绘制弥勒经变(E204 龛)，或者双手合十的菩萨(E101、105 龛)。第 29 窟正壁主尊两侧连同延伸至两侧壁的菩萨，亦多为双手合十的菩萨，这些菩萨均面向主尊，他们的身份为闻法菩萨。据此，我们认为该窟的交脚菩萨塑像应为弥勒菩萨，其与正壁绘画连同左右两侧壁的闻法、供养菩萨共同构成了弥勒净土变。

右侧壁壁画的分布如表 1：

表 1

<table>
<tr><td rowspan="4">1</td><td rowspan="4">2</td><td>3</td></tr>
<tr><td>4</td></tr>
<tr><td>5</td></tr>
<tr><td>6</td></tr>
</table>

图 2 阿弥陀净土变

1 处壁画被割，原来自上而下有几座佛塔，最上方为两个上下重叠的佛塔，所有的佛塔都是白色的，底色是大红色。

2 为佛陀及闻法、供养菩萨(图 2)。佛陀结跏趺坐于莲花宝座上，具覆钵形头光与背光，身穿白色袒右袈裟，右手举于胸前，左手置于腿上，手印不清。佛陀头顶放射出一道光芒，此光芒向上又分为两道向两边展开，中间的圆环内有一化佛，圆环的两侧又有两个小圆环，分别代表日、月。佛陀左右两侧各有五身菩萨，或双手合十作闻法状，或一手结印、一手捧莲花形水果盘作供养状。佛陀下方绘一多边形的水池，池内绘朵朵莲花，有些莲花上有化生童子。

3—6 为四行闻法菩萨，每行四身，面向

正壁主尊。

关于图 2 主尊佛陀的身份，过去学界一般认为是大日如来，不妥。事实上，可以辨明其身份者为主尊下方莲池内的化生童子，画面模糊，不易察觉。《无量寿经》将往生西方净土的众生分为三辈，上辈者“于七宝华中，自然化生”，中辈与下辈者没有记载是否于莲花中化生。《观无量寿经》将往生西方净土者分为九品，除了第一品没有经历莲花化生外，其余诸品的往生者都要在七宝池中的莲花内呆一段时间，或一夜、或一日一夜、或七日、或七七日，乃至六劫、十二大劫，莲花开后即化生净土。此外，主尊头顶的日月代表光明，形象地表现了阿弥陀佛“光明无量，照十方国，无有障碍”的威德神力。头顶的化佛可能与佛教信徒死后往生西方净土的场景有关。阿弥陀佛携观音、大势至接引行将命终者时，有时是亲自迎接，有时与自身化现的佛一起迎接，有时“派”化佛迎接而自己并不亲临。如《无量寿经》记载：“其人临终，无量寿佛，化现其身，光明相好，具如真佛，与诸大众，现其人前。”有鉴于此，我们认为图 3 主尊佛陀是阿弥陀佛，而非大日如来，其与四周之日月、化佛、菩萨、莲池及化生童子共同构成了阿弥陀净土变。

左侧壁壁画分布如表 2：

表 2

<table>
<tr><td>1</td><td rowspan="4">4</td><td>5</td></tr>
<tr><td>2</td><td>6</td></tr>
<tr><td>3</td><td>7</td></tr>
<tr><td></td><td>8</td></tr>
</table>

1—3 壁画的底色为大红色，其中 1 为白塔，2 为两身供养人，3 为一身穿蒙古服饰的供养人，头戴罟罟冠。

4 为四臂观音及其眷属（图 3）。四臂观音结跏趺坐于莲花宝座上，具覆钵形头光与背光，中间二手合十于胸前，外侧二手上举，拇指与中指相捻。四臂观音头顶放射出一道光芒，此光芒向上又分为两道向两边展开，中间的圆环内绘

图 3 六字观音经变

阿弥陀佛，阿弥陀佛的两侧是其胁侍观音和大势至菩萨。四臂观音的两侧各有三身菩萨，可以辨认的是左上的十一面观音和左下的送子观音。四臂观音的下方有一多边形的水池，池中一条龙昂首向上，口中吐出一莲茎，此莲茎上托观音的宝座。水池的两侧有围栏，右侧围栏内站立一童子，具头光，头上有三缕卷曲的头发，披帛环身，双手前伸似在承接着什么；左侧围栏内站立一菩萨，具头光，头顶绘一马头，披帛绕身，左手置于胸前，右手上举如婆娑仙手势。在传统的画像中，观音下方一般有两种组合像，一为饿鬼和贫儿，二为婆娑仙和功德天。此外，也有不少观音画像中绘有善财童子。该窟的童子与菩萨组合颇为独特，童子的形象可能表现的是善财童子，但其双手作承接状，与饿鬼和贫儿的手势相同；菩萨由于头顶有马头，可视之为马头观音，但其右手上举作礼敬状，左手扶一红色拐杖，显然是模仿婆娑仙的造像式样。

5—8 为四行闻法菩萨，每行四身，面向正壁主尊。

关于图 3 主尊四臂观音的具体身份，我们认为应是六字观音。六字观音是六字大明咒的具象，即将抽象的六字大明咒表现为具体可见的观音，因其有四臂，学界也常称之为四臂观音。最早记述六字观音具体形象的佛经是《佛说大乘庄严宝王经》，是经记载：

今此曼拏攞相……于无量寿如来右边，安持大摩尼宝菩萨，于佛左

> 边，安六字大明。四臂肉色，白如月色，种种宝庄严。左手持莲华，于莲华上安摩尼宝，右手持数珠，下二手结一切王印。于六字大明足下安天人，种种庄严，右手执香炉，左手掌钵，满盛诸宝。于曼拏攞四角列四大天王，执持种种器仗。于曼拏攞外四角，安四贤瓶，满盛种种摩尼之宝。[①]

曼陀罗中央安放无量寿如来，左边是持宝菩萨，右边是六字大明。这里的六字大明即指六字观音，四臂为肉白色，左手持莲花，右手持数珠，另二手结一切王印（双手合十）。《宝王经》形成于4世纪末5世纪初，目前最早的梵文写本为7世纪初期的吉尔吉特写本[②]，宋太平兴国八年（983），印度高僧天息灾在开封译梵为汉。尽管有了汉译本的《宝王经》，但汉传佛教造像中，并未出现六字观音，而在藏传佛教造像中，六字观音却非常盛行。

据李翎先生研究，六字观音像出现于藏传佛教后弘期，即11—12世纪[③]，盛行于13—14世纪。该观音除了单尊像存在外，还有双尊像、三尊像、四尊像和千尊像等组合。双尊像常见的为六字观音与文殊，此外还有六字观音和千手千眼观音、送子观音、度母、白伞盖、尊胜等佛母组合[④]。三尊像分为两类，一类是六字观音居中，两侧为六字大明母和持宝菩萨；另一类是六字观音居中，两侧为文殊和金刚手菩萨。四尊像为双六字观音和双佛母组合（如炳灵寺石窟第3窟），千尊像是指多身六字观音重复出现，形如千佛（如炳灵寺石窟第146窟）[⑤]。

在诸多组合像中，单尊六字观音像最为普遍[⑥]。其形象除了《宝王经》中所描述的两手结一切王印，另两手持数珠和莲花外，一般均头戴五叶冠，上体呈倒三角形，宽肩细腰。图3的四臂观音，大体表现出了上述六字观音形象的诸

---

① ［宋］天息灾译：《佛说大乘庄严宝王经》卷四，《大正新修大藏经》第二十册密教部三，台北：新文丰出版公司影印，1983年，第60页a栏。

② 详见张同标：《大乘庄严宝王经与观音图像》，《中国美术研究》2015年第2期，第91页。

③ 李翎：《六字观音图像样式分析——兼论六字观音与阿弥陀佛的关系》，《美术研究》2003年第2期，第82页注释3。

④ 赵雪芬：《炳灵寺石窟四臂观音造像试探》，《西藏研究》2011年第2期，第80页表1。

⑤ 赵雪芬：《炳灵寺石窟四臂观音造像试探》，《西藏研究》2011年第2期，第80页表1。

⑥ 赖天兵：《飞来峰纪年藏传四臂观音三尊龛造像初探》，《中原文物》2008年第1期，第75页。

图 4　藏式白塔线描图

要素。如两手合十作一切王印，另两手虽未持数珠和莲花，但手姿与六字观音相同；虽未具宽肩细腰之神韵，但其形尚存。由此可见，该窟的四臂观音描绘的是六字观音无疑，与两侧的六身菩萨及下方的善财童子、马头观音共同构成了一幅完整的经变。

从绘画内容与风格来看，该窟既有藏传佛教风格，又承袭了中原的绘画传统。前者具体表现在：(1)藏式六字观音。(2)藏式白塔(图 4)。(3)阿弥陀佛和六字观音的藏式覆钵形头光与背光。(4)券顶千佛之间和菩萨披帛上的装饰性小花，与大桃儿沟石窟第 9 窟和莫高窟第 465 窟八十四大成就师图像中的小花极为相似，而这两个洞窟均为元代藏传佛教洞窟。后者具体表现在：(1)闻法菩萨、供养菩萨和善财童子的描绘。(2)中原像式的十一面观音[①]。(3)白衣送子观音。该观音头戴宝冠，冠上搭白色披风，与上衣浑然成为一体，对衣服细腻质地的描绘与后世出现的德化白瓷送子观音颇似。虽然汉藏两种风格的壁画同时出现于该窟，但给人的总体感觉是洞窟壁画的设计者意在突出表现藏传佛教的内容。如两侧壁主尊阿弥陀佛和六字观音具有浓厚的藏传佛教造像风格，其眷属的画风则属于中原风格。一言以蔽之，该窟壁画的藏传佛教内容是根本，中原风格的壁画是枝叶。

---

① 十一面观音头面排列自下而上为 5 面、3 面、2 面、1 面，根据李翎先生的研究，这种排列方式属于中原像式。详见李翎：《十一面观音像式研究——以汉藏造像对比研究为中心》，《敦煌学辑刊》2004 年第 2 期，第 77—88 页。

二、六字观音像及其信仰

第 29 窟是一个面积很小的洞窟,考虑其功用,不可能如大型洞窟那样可以作为信徒绕行礼拜的礼拜窟,作为禅观修法窟倒是十分适合的。左侧壁的六字观音经变对于修行者来说,其作用就是观修时的一种辅助和方便。

目前,吐鲁番发现的回鹘文《观世音本尊修法》残卷,共有六个编号,五件木刻本(编号为 U4706、U4288、U5964、U4710、U4708),一件写本[①]。《观世音本尊修法》是藏传佛教噶玛噶举派黑帽系第二世活佛噶玛拔希创作,畏兀儿学者、元朝帝师本雅识里依据藏文本翻译为回鹘文本。U4710 和 U4708 号文书记载:

> 我本雅识里在萨答提阿阇黎的反复恳求之下,翻译完成了噶玛拔希大师创作的这部《成就法》。善哉!善哉!吉祥的十干的丙鼠年十一月初一大布萨日,我弟子步离不花一心供养。[②]

这里的《成就法》是指《观世音本尊修法》。此处的丙鼠年,具体指哪一年,学界有不同意见,据王红梅先生研究为 1336 年[③],我们认同其说。

《观世音本尊修法》残卷记述了观音修法的四个观想步骤:(1) 若观想上师,需要想象自己周围有无数空行母围绕,再想象自己头顶上有莲花戒上师,为瑜伽士形象,在花日和月轮上欢快地舞蹈。然后,敬拜遍布虚空的流传上师、诸佛和菩萨。(2)若观想曼陀罗,先观想自身为观音,次观想右方海会勇士和左

① 王红梅:《回鹘文藏密经典〈观世音本尊修法〉残卷研究》,《河西学院学报》2016 年第 1 期,第 11 页。
② 王红梅:《回鹘文藏密经典〈观世音本尊修法〉残卷研究》,《河西学院学报》2016 年第 1 期,第 12 页。
③ 王红梅:《回鹘文藏密经典〈观世音本尊修法〉残卷研究》,《河西学院学报》2016 年第 1 期,第 13 页。

方海会空行母,再观想下方的护法善神。最后,想象自身向上升腾,并使六道众生、四部空行母融进自己身体内。(3)若观想陀罗尼曼陀罗,先观想自心为八瓣莲花,莲花中央为红色的"希利"字,此"希利"字四周又有十个字,向右旋转着。次观想自心出现"蕴"字并形成风轮,出现"唵"字并形成火轮,然后念诵陀罗尼,观想舌根为红色的圈,心根为蓝色的圈,身根为奶白色的圈。最后,想象舌头发出亮光,享用下方的祭品,使自身的身、口、意密获得快乐,念诵两种陀罗尼十遍,并进行祈祷赞颂。(4)若观想观音,需发三愿望菩提心,先想象自心有莲花月轮,从月轮中显现出一面四臂观音,此观音上面两手于胸前合掌,下面右手握 108 颗珍珠链,左手持莲花,头戴珍宝王冠,金刚禅坐。次观想莲花月轮周边的陀罗尼字[①]。

从观音修法的第四个步骤来看,修行者观想的四臂观音实际上是六字观音。据出土于吐鲁番的 U4124 号文书记载可知,回鹘文《观世音本尊修法》是在元大都普庆寺刻印完成的[②]。上述五件木刻本应该是从元大都流传到吐鲁番的,另外一件写本可能是当地六字观音的修习者为修法需要而抄写的。

除上述《观世音本尊修法》外,吐鲁番还出土有 1 件回鹘文印本残片与六字观音有涉,现藏德国吐鲁番学研究所,编号为 U4707(TIIIM 187),学界将其定名为《观音菩萨赞》。该赞美诗共由 19 段(每段 4 行)组成,近期,阿不都热西提·亚库甫先生将其译为汉文,兹引汉译文第 2—9 段如下:

02 从vaṃ音节中显现,
莲花之上得以出生,
借助月轮身发光彩,
结跏趺坐在(莲花)之上。

① 王红梅:《回鹘文藏密经典〈观世音本尊修法〉残卷研究》,《河西学院学报》2016 年第 1 期,第 15—16 页。

② 王红梅:《回鹘文藏密经典〈观世音本尊修法〉残卷研究》,《河西学院学报》2016 年第 1 期,第 12 页。

03 拥有四只洁白手臂,
全身都以珠宝装饰,
头上戴着宝珠花冠,
他(系着)彩色腰带。
04 最初对一切法之不二。
他都给予了解释。
他有不二心的印契,
拥有一颗慈悲之心。
05 万事他都能有成就,
有洁净的水晶念珠。
他把别人引入其中,
他拿着开花的莲花。
06 他把阿弥陀佛
戴在[ ]的头上,
把清净欢喜的国土
他也显示在这[ ]。
07 在六道的轮回之中,
他迷惑失败,轮转。
把失去希望的生灵,
通过六字救了出来。
08 他令三阿僧祇劫
瞬时间就能完成。
消失、安息的涅槃,
显示为自己的心情。
09 染污之诸法他绝不放,
不染的涅槃他都不取,
不说是晚,也不说快,

他让人获得真实的佛果。[①]

第2—6段作者描述了观者的形象。观想观音“从vaṃ音节显现”,出生于莲花之上,并“借助月轮身发光彩”。所谓“vaṃ音节”和“月轮”,分别指字轮观和月轮观,是行者观想时的两种重要观想方法。其次,作者观想观音头戴宝珠花冠,冠上有阿弥陀佛,拥有四只洁白的手臂,一手拿水晶念珠,一手拿盛开的莲花,另二手结不二印契,腰系彩色腰带,全身用珠宝装饰。从观音的身形、手中所执法器和手结印契来看,作者观想的观音无疑是六字观音。第7—9段作者赞颂观音菩萨的功德、叙述了六字观音救众生于六道轮回之中,迷茫徘徊和失去希望的生灵依靠六字真言,瞬时完成“三阿僧祇劫”的修行历程,获得无上正觉(成佛)。

该印本的第12段点明了赞美诗的作者为沙拉奇(šaraki)和诗作的时间“庚支马年八月初日”,据皮特·茨默先生研究,“庚支马年”为1330年[②]。第13—14段叙述了沙拉奇读诵《妙法莲华经·观世音菩萨普门品》(即《观世音经》),并将此经印制一千份散发,以此功德祝愿远征云南的丈夫跃里帖木儿右丞平安无事,并顺利返家与亲人团聚。据《元史》记载,元文宗时,跃里帖木儿在朝中任中书左丞,后来被委派为云南行省右丞以平定乱事。既然赞美诗中沙拉奇期盼丈夫从云南返回与亲人团聚,则知她印制佛经的地点应该在大都(今北京)。虽然沙拉奇出资印制的《观世音经》没有留存于世,但佛经后的发愿文却在吐鲁番出土。由此,我们不妨作如是推测:生活在大都的回鹘人——沙拉奇一家,带着对故乡的思念,曾出资印行此经,广为散发,并将该经散发至吐鲁番。不唯如此,该经传至吐鲁番后还出现了不少抄本,如德国吐鲁番学研究所藏Ch/U6399(TIIS32a)、Ch/U6821(TIIS32a,1005)、U5865(TIIIM132,501)、U5369(TI578)文

① 阿不都热西提·亚库甫:《古代维吾尔语赞美诗和描写性韵文的语文学研究》,上海古籍出版社,2015年,第241—242页。

② Peter Zieme, Avalokiteśvara(Padmapāni)-Lobpreis, *Buddhistische Stabreimdi-chtungen der Uiguren* (*Berliner Turfantexte XIII*), Berlin, 1985, p.121.

书,日本龙谷大学藏 Ot.Ry.7019 文书,俄罗斯圣彼得堡藏 SJ Kr.7 文书①。

既有文本的流传、抄写,又有图像的绘制,足见当时回鹘人对藏传佛教六字观音的敬信。在吐鲁番石窟中,六字观音像虽仅存柏孜克里克第29窟之一例,但证之文献,却能反映出高昌回鹘时期该观音信仰之繁盛。

三、七观音像及其信仰

六字观音经变中,主尊六字观音位居画面中央,左右两侧除了十一面观音和送子观音外,其余四身为普通菩萨形象。这四身菩萨往往被观者所忽略,但笔者以为不可将他们简单地视为普通的菩萨,他们的名号究竟何指?德国柏林亚洲艺术博物馆所藏的一幅出自吐鲁番的观音幡画(编号为Ⅲ8559,图5),可以为我们释惑。

图5 七观音纺织品绘画

该幡画主尊为正观音,具圆形头光与背光,头顶有阿弥陀佛;观音面相庄严,有胡须,呈男相,肩上的几缕卷曲的头发呈现明显的回鹘画风,左手于腹前托净瓶,右手上举置于胸前,似持一朵莲花,结跏趺而坐。观音的上方绘十

① 阿不都热西提·亚库甫:《古代维吾尔语赞美诗和描写性韵文的语文学研究》,上海古籍出版社,2015年,第235页。

方佛，两侧各有三身菩萨，其中左中为送子观音，其余无明显观音特征，作双手合十状。观音下方有六身回鹘供养人，供养人的中间为回鹘文发愿文。此发愿文被日本学者森安孝夫和德国学者皮特·茨默二位先生释读，引录如下：

> 我们的公主Ċäċäk是一位在家女信徒，他怀着纯洁和忠实的心敬信三宝，并和Mängi Toγrïl、Kälirt(？)……一起谦卑而又惶恐的请得了这幅拥有七位神圣的……菩萨像。借此善行，希望[我们]出生于浊世(？)的[已故的父母和亲属]，(转世于)……(从浊世)逃离并获得佛果。①

发愿文讲述了回鹘公主Ċäċäk为亡故的父母和亲属祈福，请人制作了一幅"拥有七位神圣的……菩萨像"。"菩萨"一词前面的回鹘文比较模糊，无法释读。那么，这七位菩萨究竟指的是什么菩萨？幡画中主尊是正观音，两侧有六身菩萨，其中一身为送子观音。既然七身菩萨中有两身可以明确认定为观音，则"菩萨"一词前模糊的词应为"观音"无疑②。至此，我们可以明了此幅幡画表现的主题是正观音为主尊的七观音组合。同样，本文所论之六字观音经变中四身没有观音特征的菩萨，其真正身份仍是观音，该经变的主题是六字观音为主尊的七观音组合。高昌回鹘时期，这样的七观音组合还有如下七例：

(1)德国柏林亚洲艺术博物馆藏观音幡画(编号为Ⅲ7267)。此画残破，主尊正观音只存头部，具圆形头光，头顶有金身阿弥陀佛；观音有胡须，呈男相，左侧残存两身菩萨，右侧残存一身菩萨，均无明显观音特征，作双手合十状。

(2)德国柏林亚洲艺术博物馆藏千手观音幡画(编号为Ⅲ4640)。此画残缺，主尊为千手观音，被描绘在一个圆环内，手中持有不同法器。观音左侧有三身菩萨，最上面一身为六臂观音，头顶有化佛，中间两手合十，上两手一手举

---

① Takao Moriyasu, Peter Zieme, *Uighur inscriptions on the banners from Turfan housed in the Museum für Indische Kunst, Berlin*, *Chhaya Bhattacharya-Haesner, Central Asian Temple Banners in the Turfan Collection of the Museum für Indische Kunst, Berlin*, 2003, Berlin, p.469.

② 关于"菩萨"前模糊的词，笔者专门请教了新疆大学回鹘文专家阿依达尔·米尔卡马力先生，他告诉我该词的开头可看到两个字 qw(qo)，观音在回鹘文中为 qonṣiim，因此该词为观音的可能性是存在的。

日,一手残损,下两手一手提净瓶,一手残损;中间一身菩萨双手合十;下边一身菩萨,右手举于胸前,拇指与食指相捻,左手前伸。右侧三身菩萨残损,仅存右下一身菩萨的双手,作合十状。

(3)韩国国立博物馆藏观音幡画(编号为 bon4012—1)。此画残缺,主尊圣观音具圆形头光与背光,头顶有阿弥陀佛;观音面相庄严,眉间白毫呈火焰宝珠形,有胡须,呈男相,肩上几缕卷曲头发有明显回鹘画风,左手于腹前托净瓶(?),右手上举置于胸前拇指与食指相捻,结跏趺而坐。观音上方有云纹华盖,华盖左右两侧残损,可能是十方佛。观音左右两侧有六身菩萨,其中右中、右下两身不存,左中一身为送子观音,其余三身菩萨无明显观音特征,作双手合十状。

(4)俄罗斯艾尔米塔什博物馆藏千手千眼观音绢画。此画保存较好,主尊为千手千眼观音,观音上方为五方佛,左右两侧各有四身菩萨。左侧最上面为文殊菩萨,其下三身菩萨均双手合十;右侧最上面为普贤菩萨,其下三身分别为送子观音和双手合十的菩萨。

(5)柏孜克里克第 17 窟,正壁为观音塑像(已毁),两侧壁各有三身观音塑像,可惜的是七身塑像均不存。

(6)柏孜克里克第 41 窟千手千眼观音经变。主尊为千手千眼观音,上方是十方佛,左右两侧各有三身菩萨,左下一身为送子观音,其余菩萨无明显观音特征。

(7)柏孜克里克第 46 窟右侧壁观音经变。此窟坍塌严重,壁画几乎全部脱落。根据格伦威德尔记述,右侧壁中间一佛龛内残存塑像的右腿向前自然伸出,格氏认为可能是观音。塑像的左侧有三身菩萨,可以辨认出六臂观音、十一面观音;右侧亦有三身菩萨,上面两身不存,最下面菩萨呈坐姿,右手拿如意宝珠,应为如意轮观音。

总结以上诸例,可得出以下认识:(1)七观音的排列组合为中央主尊观音,左右两侧各三身观音。主尊观音可以是圣观音,也可以是千手千眼观音、六字观音或者其他观音。(2)除了第 7 例有可能完整表现出七观音形象外,其余均未完整地表现出来,多数观音只是以双手合十的普通菩萨身份被描绘。(3)七观音中,送子观音经常出现,说明了当时该观音信仰较为流行。

七观音像中,为什么没有将七位观音完整的表现出来,我们认为当时的信仰者只注重七观音这个笼统的概念,换句话说,他们是将七观音作为一个整体而信仰。在此基础上,当需要重点突出某个观音时,他们会个别凸显出来,而这个观音一定是当时比较流行的、深受信众喜爱的。高昌回鹘时期,七观音信仰的盛行除了以上诸例外,尚有一种特殊的七观音护身陀罗尼的存世。此种护身陀罗尼,现存世有四个残片,是 19 世纪末 20 世纪初国外探险家在吐鲁番获得,分别藏于德国柏林勃兰登堡科学院吐鲁番学研究所(编号为 U3833a, U3833b)、柏林亚洲艺术博物馆(编号为Ⅲ6622)和俄罗斯东方学研究所(编号为 SI2Kr.41),德国回鹘文专家皮特·茨默先生曾对其释读,现引录如下:

U3833b正面

足智的观世音菩萨的护身陀罗尼。

MIKⅢ6622正面

这是护身陀罗尼:[oṃ] suci śantika uru hū m kariči yašo yašomati svāhā

SI2Kr.41

这是月身观世音菩萨的护身真言:oṃ candra candramati synw kwcy [1]'bodhi buddhanu soddhi siddhi prakrame-von mir, Elbäg-svāhā

U3833a正面

[…]bodhi buddhānu siddhi siddhi p'k [yr'my svaha] mama ya […] s[vāhā]

U3833b背面

这是(护身陀罗尼):oṃ amṛtabhaya a[…]phat mama ya[…svāhā]

U3833a背面

这是七身观音菩萨的护身陀罗尼,此陀罗尼(可以)用金、银和红(铜……制作)。①

皮特·茨默先生将这些文书定名为《七观世音菩萨符陀罗尼》。此外,他还将U3833b正面的"足智的观世音菩萨"与"名称慧观自在菩萨"等同起来,后者出现于不空译《金刚恐怖集会方广轨仪观自在菩萨三世最胜心明王经》(以下简称《最胜心明王经》)。是经记载"名称慧观自在菩萨"的真言为:

唵始吠扇(引)底迦哩吽迦啰致也势也戍么底娑嚩(二合)贺。②

这与Ⅲ6622正面的护身陀罗尼正相符合。此外,SI2Kr.41、U3833a正面和U3833b背面的陀罗尼,出自《最胜心明王经》的月身观自在菩萨真言,是经记载观自在菩萨承世尊之允:

又说月身观自在菩萨真言曰:"唵赞捺啰(二合)赞捺啰(二合)么底素么底(三)悉哩(二合)曳具抳具抳攞攞攞攞布帝布多宁悉弟悉驮跛啰(引)讫啰(二合)冥娑嚩(二合引)贺阿弭多(引)婆素多娑嚩(二合)贺萨吠衫(引)阿(引)哩夜(二合)嚩路枳帝湿嚩(二合)啰娑嚩(二合)贺(引)。"③

除了"名称慧观自在菩萨真言"和"月身观自在菩萨真言"外,《最胜心明王经》还记述了六条与观音有关的真言,分别是:观自在菩萨念珠真言、观自在菩萨杖真言、观自在菩萨澡罐真言、马头观自在菩萨真言、白衣观自在菩萨真言、勇健观自在菩萨真言。由此可见,U3833a背面回鹘文所记"七身观音菩萨的护

① Peter.Zieme, "Die sieben Guanyin" und Amulette, Magische Texte des uigurischen Buddhismus (Berliner Turfantexte XXIII), Berlin, 2005, PP.180—182. 德文的翻译由王红梅先生提供,特此致谢!

② [唐]不空译:《金刚恐怖集会方广轨仪观自在菩萨三世最胜心明王经》,《大正新修大藏经》第二十册密教部三,台北:新文丰出版公司影印,1983年,第12页c栏。

③ [唐]不空译:《金刚恐怖集会方广轨仪观自在菩萨三世最胜心明王经》,《大正新修大藏经》第二十册密教部三,台北:新文丰出版公司影印,1983年,第12页c栏。

图 6 七观音护身陀罗尼

身陀罗尼”应该源自《最胜心明王经》的八条与观音有关的真言。

U3833a 背面的回鹘文提及七观音护身陀罗尼可以用金、银和铜制作，说明这些纸质的护身陀罗尼是制作金属类护身陀罗尼的样稿，同时，样稿本身也可以作为护身陀罗尼使用。如，MIKⅢ6622 文书残片，纵 11.2、横 6.9 厘米，右侧是朱色陀罗尼咒语，左上是名称慧观自在菩萨小像，墨色勾线，朱色描绘，并涂以金粉，左下是朱色符文（图 6）。以此观之，该文书的确是一护身陀罗尼，尺寸较小，便于信徒随身携带。

所谓七观音，并没有原始经典依据，是观音信仰地域化的产物，由六观音演化而来。日本台密将化导饿鬼之千手观音、化导地狱之圣观音、化导畜生之马头观音、化导修罗之十一面观音、化导人间之不空羂索观音、化导天人之如意轮观音称为六观音。东密的六观音则去除不空羂索观音，另加准胝观音。七观音则综合了台密、东密二说①。高昌回鹘时期，回鹘人并未采纳传统的七观音名号制作护身陀罗尼，而是依据《最胜心明王经》中八条与观音有关的真言制作，个中缘由，不得而知。但透过七观音护身陀罗尼，我们会发现该时期的七观音信仰的确十分盛行。

① 参见佛光大辞典编修委员会：《佛光大辞典》第 2 册，台北：佛光出版社，1988 年，第 1314 页。

四、观音信仰的净土选择

第29窟左侧壁的六字观音经变和右侧壁的西方净土变相对而绘,经变中不同类型的观音具有不同的殊胜功能,信仰者可以根据不同的需求求助不同的观音。右侧壁主尊阿弥陀佛与两侧的菩萨构成了佛陀说法、菩萨闻法与供养的场景,阿弥陀佛上方的日月烘托了西方净土世界的无边光明,阿弥陀佛头顶的化佛是接引众生往生西方净土的"使者",七宝池内的莲花及化生童子描绘了往生西方净土的美好愿景。吾人固知,阿弥陀佛是观音的本师,信仰观音死后往生西方净土,这原本是顺理成章的事。但是,该窟在描绘西方净土的同时,又于正壁塑绘弥勒说法的场景,塑像上方的不鼓自鸣乐器表现了弥勒净土的殊胜妙境。其中又蕴含了什么样的信仰习俗呢?吐鲁番出土的一件回鹘文佛经残卷尾部的发愿文为我们透露了珍贵的信息:

> 通过可敬的、神圣的三宝神力,
> 将使我母、我父和我所尊重的人,以及
> 我的福慧最高的睿智的导师们,
> 在无量寿佛国土(或)兜率天宫,
> 根据每个人的意愿而得往生![1]

这篇发愿文提到在无量寿佛国土(即西方净土)或在兜率天宫(即未来净土)往生,可以根据个人的意愿随意选择。于此,茨默先生认为:"在晚期的回鹘人中至少存在着两种崇拜并驾齐驱、不分彼此的情况。"[2]

---

① [德]茨默著,桂林、杨富学译:《佛教与回鹘社会》,民族出版社,2007年,第123页。
② [德]茨默著,桂林、杨富学译:《佛教与回鹘社会》,民族出版社,2007年,第218页。

图 7　莫高窟第 308 窟白衣观音

笔者认为回鹘人的这种信仰传统不只存在于晚期，早期亦存在。敦煌莫高窟第 306、308、399、418 窟属于早期沙州回鹘洞窟，年代在 1019 年至 1070 年间[①]，其中第 306、308 窟东西两侧壁各有一幅弥勒净土经变，399 窟南北两侧壁与 418 窟北侧壁则各有一幅阿弥陀佛经变[②]。在这 7 幅变相图中，主尊弥勒佛和阿弥陀佛下方均绘有白衣观音(图 7)，而且是成对出现。吾人固知，在传统的净土变相中，无论是弥勒净土还是西方净土，主尊佛下方显要的位置绘制观音是没有先例的。莫高窟沙州回鹘洞窟的净土变相中出现观音像看似比较突兀，实则反映了沙州回鹘时期特有的信仰习俗。从观音信仰的角度考虑，信众希望在得到观音庇佑的同时，也希望死后往生弥勒或阿弥陀佛的净土世界。

若依照茨默先生的观点，第 29 窟的弥勒菩萨与阿弥陀佛正是两种净土信仰“并驾齐驱”的图像化表现。但是，弥勒菩萨塑绘于正壁，在整个洞窟中处于主尊的位置，而阿弥陀佛则“偏居”侧壁，地位稍逊。因此，我们认为该窟两种净

① 刘玉权：《关于沙州回鹘洞窟的划分》，敦煌研究院编：《1987 年敦煌石窟研究国际讨论会文集(石窟考古编)》，辽宁美术出版社，1990 年，第 24 页。

② 这 4 个洞窟中的 7 幅净土经变，笔者定名与敦煌研究院编《敦煌石窟内容总录》(文物出版社，1996 年)稍有不同。我的主要依据是主尊佛的坐姿，306、308 窟东西两侧壁主尊佛为倚坐，应为弥勒佛，整铺画为弥勒净土经变；399 窟南北两侧壁和 418 窟北侧壁主尊佛为结跏趺坐姿，应为阿弥陀佛，整铺画为阿弥陀经变。

土信仰同时存在的确是客观事实,却不是“并驾齐驱”,而是有所偏重于弥勒信仰。

吾人固知,高昌回鹘时期弥勒信仰相当繁盛。阿不都热西提先生认为未来佛弥勒是在回鹘语晚期诗歌中赞颂最多的佛,如《弥勒赞》《弥勒佛赞》《圣尊弥勒赞》《弥勒启请礼》等[1],其中《圣尊弥勒赞》流传甚广。现藏德国吐鲁番学研究所编号为Ch/U7507(TIIIM228)的小册子,正面书写汉文《大方广佛华严经》,背面书写回鹘文,回鹘文部分包括不同内容、不同文体的佛教作品,第49页至第65页为《圣尊弥勒赞》,由54段韵文构成。其中,前3段如是赞美弥勒:

01 啊,弥勒,圣尊!
在兜率陀天,
坐在名叫高幢的内宫,
你说法说教,
使诸天欢喜,我的天神,
啊,我的天神,圣尊弥勒!

02 弥勒圣尊
在九十一大劫弥勒禅,你得以修行并掌握了它。
为此,你的弥勒这一大名
啊,我的天神,遍布在这世界上,
啊,我的天神,圣尊弥勒菩萨!

03 弥勒圣尊,
在你慈悲的胸怀,
一切五道生灵之子
你都广泛收集收下,

---

① 阿不都热西提·亚库甫:《古代维吾尔语赞美诗和描写性韵文的语文学研究》,上海古籍出版社,2015年,第35页。

你一视同仁，热爱，我的天神，
啊，我的天神，圣尊弥勒菩萨！[①]

除了赞美弥勒的诗歌，还有回鹘文长篇剧本《弥勒会见记》，吐鲁番、哈密均有发现，在焉耆更有吐火罗语本的出土。许多回鹘文写经题记和发愿文常常将与弥勒相会、往生兜率天宫作为信仰的终极归宿。此外，回鹘人在翻译佛经时，往往会有意地在文末加上一些弥勒崇拜的内容，有时还特地选译一些与弥勒崇拜有关的高僧传记，如《大慈恩寺三藏法师传》。其中特别值得注意的是，译者胜光法师在翻译时，有意地强调并扩充玄奘法师对弥勒崇拜的内容[②]。

弥勒信仰的繁盛还体现在弥勒成功“夺取”了弥陀的信众。敦煌莫高窟出土的回鹘文写本《观音经相应譬喻》，现藏伦敦大英图书馆，作者可能来自高昌，内容与《观世音菩萨普门品》有关，似为回鹘人讲说《观音经》之后的唱词，以大量的譬喻故事劝诫人们虔诚信佛[③]。该写本由三篇授记组成，其中第三篇授记集中记述了依《观音经》修行，可获得大功德，成就大智慧；以观音慈悲心利乐有情，可往生兜率天宫，与弥勒佛相会，并常住此处[④]。信仰观音往生弥勒净土的例证还有如下一篇用回鹘文书写的发愿文：

此时，一个神圣的月份、令人满意的日子、可选择的好时刻——幸福的鼠年三月十三日，我Nam Čor，一个俗家弟子，和妻子Kiu Šun一起怀着敬信三宝的坚定的心日夜思索：生命是短暂的，财富也是暂时的，我们无法延长生命，也无法使财富永存。既然如此，何不涤荡我们的灵魂，使生命得以永生。

① 阿不都热西提·亚库甫：《古代维吾尔语赞美诗和描写性韵文的语文学研究》，上海古籍出版社，2015年，第202—203页。
② 参见杨富学：《回鹘弥勒信仰考》，《中华佛学学报》（台北）第13期（上），2000年，第21—32页。
③ [德]茨默著，桂林、杨富学译：《佛教与回鹘社会》，北京：民族出版社，2007年，第153—155页。
④ 杨富学：《回鹘观音信仰考》，黄绎勋主编：《观世音菩萨与现代社会：第五届中华国际佛学会议中文论文集》，台北：法鼓文化事业股份有限公司，2007年，第264页。

我们惶恐地请得了这幅如意轮观音像,这一善举和善果,我和妻子以及亲爱的孩子Qutluγ Sïngqur,Ädgü Sïngqur,Oγul Sïngqur,Qutadmïš Alp Sïngqur,哥哥Alp Yegän,儿媳Yumšaq等,都很高兴,因为它使我们免于现世的疾病、痛苦和危险的困扰。此外,我们还将此善举回向给已故的父母及其亲属、儿子和女儿的亲属,使他们不堕邪恶之道(即畜生道、饿鬼道、地狱道),再生于兜率天宫。通过这份善举和善果,让我们礼敬未来世的弥勒佛。(让我们)用阎浮檀金装饰弥勒佛庄严的身躯。当我们老去时,可以脱离生死轮回之苦!所有五道内存在的遭遇(将会消失)!①

回鹘人 Nam Čor 一家请得了一幅如意轮观音像,希望借此善举免受现世诸苦,来世往生弥勒净土,脱离五道轮回。依理而论,信仰观音应该往生阿弥陀佛的西方净土,而他们却选择了弥勒净土。于此,杨富学先生认为:“这种信仰在其他地区是见不到的,是回鹘观音信仰所特有的内容”②。

综上所述,我们认为第 29 窟的修建深刻体现了当时的信仰思潮。若以该窟的六字观音经变为视角来审视,信仰者一方面希望通过祈求观音而得到现世的佑助;另一方面又希望通过称颂阿弥陀佛和弥勒菩萨而得到来世的往生净土。但出资修建洞窟的功德主有意将弥勒菩萨置于正壁,而将阿弥陀佛“偏居”侧壁,这至少反映了功德主在选择往生何种净土时,更倾向于弥勒净土。

五、结　语

柏孜克里克第 29 窟是一座小型长方形纵券顶洞窟,正壁塑绘弥勒净土

---

① Takao Moriyasu, *Peter Zieme*, *Uighur inscriptions on the banners from Turfan housed in the Museum für Indische Kunst*, *Berlin*, *Chhaya Bhattacharya—Haesner*, *Central Asian Temple Bannners in the Turfan Collection of the Museum für Indische Kunst*, *Berlin*, 2003, Berlin, p.46.

② 杨富学:《回鹘观音信仰考》,第 265 页。

变，右侧壁绘阿弥陀净土变，左侧壁绘六字观音经变，券顶绘千佛。本文主要分析了左侧壁六字观音经变的内容及其绘画风格，同时也关注了该经变与窟内另外两种经变画之间的关系。通过分析与研究，得出如下结论：

第一，该窟壁画既有藏传佛教风格，又承袭了中原的绘画传统，但给人的总体感觉是洞窟壁画的设计者意在突出表现藏传佛教的内容。

第二，吐鲁番石窟中，六字观音像虽仅存柏孜克里克第 29 窟之一例，但证之出土文献，却能反映出高昌回鹘时期该观音信仰之繁盛。

第三，六字观音经变中，主尊六字观音与两侧的六身观音，共同构成了七观音组合。这样的组合像式，在吐鲁番石窟壁画和纺织品绘画中屡见不鲜，反映了高昌回鹘时期七观音信仰的繁盛。

第四，从观音信仰的角度分析，信仰者一方面希望通过祈求观音而得到现世的佑助，另一方面又希望通过称颂阿弥陀佛和弥勒菩萨而得到来世的往生净土。

柏孜克里克第 40 窟如意轮观音经变研究

柏孜克里克第 40 窟为长方形纵券顶洞窟(图 1)。正壁上部残存壁画,中间是佛像头光与背光,之上为华盖,两侧图像模糊不清。关于这些模糊不清的图像,20 世纪初德国探险家格伦威德尔调查时,尚能分辨出是几个摇铃的小鬼和飞翔的散花童子,以及 7 行跪姿祈祷者①。通过仔细观察,我们认为祈祷者应为菩萨。正壁下部现空无一物,格氏调查时,还残存 70 厘米高的底座,底座前部残存一大圆轮(格氏据此推测原来画面应为贝勒那斯说法图)②,左右两侧为供养人像。券顶绘 10 行千佛。门壁壁画脱落。前壁绘回鹘供养人

图 1 柏孜克里克第 40 窟内景

① [德]格伦威德尔著,赵崇民、巫新华译:《新疆古佛寺:1905—1907 年考察成果》,中国人民大学出版社,2007 年,第 509—510 页。

② [德]格伦威德尔著,赵崇民、巫新华译:《新疆古佛寺:1905—1907 年考察成果》,中国人民大学出版社,2007 年,第 512 页。

像，模糊几不可辨。左侧壁壁画十分模糊，格氏记述主尊为观音①，整铺壁画描绘的可能是不空羂索观音经变。右侧壁为如意轮观音经变，壁画保存得也不太理想，但大致内容尚能辨识一二。

一、如意轮观音经变内容解析

右侧壁如意轮观音经变（表 1、图 2）1、7、9、13、17、20、29 描绘了群山内树木葱郁，猴子、梅花鹿、羚羊等动物自由徜徉，僧人禅定的场景，我们暂称之为山林禅定图。2、3、4、5、12、24、25、26、27、28 为三面、六臂、六足呈忿怒相的神，他们头发向上竖起，并有骷髅装饰，头顶有坐佛，手中握有金刚杵、羂索、弓、箭、斧、短剑等物。6 左侧残存 1 身天神，8 为 20 身坐佛，10、18 为 10 身坐佛，11 为 10 身菩萨，14 为 4 身双手合十的菩萨，15 残存 40 余身供养菩萨，16 为如意轮观音及眷属，19 为 10 身比丘，21 右侧残存 1 身菩萨（缺 3 身），22 残存 20 余

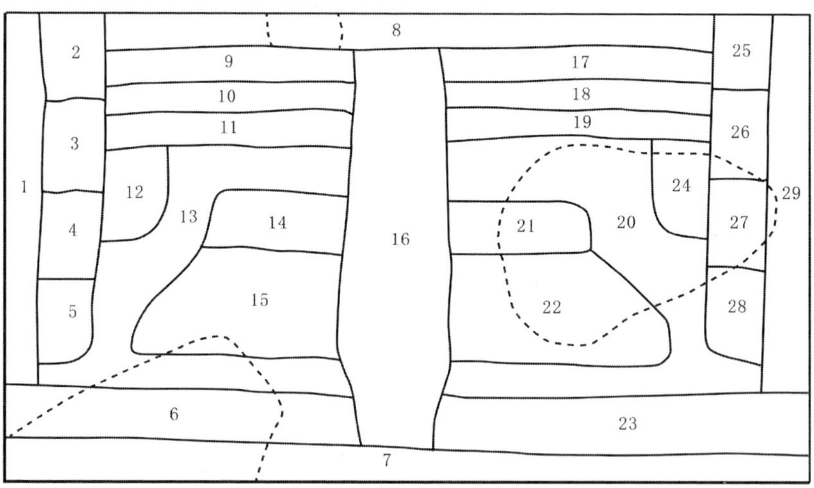

表 1 右侧壁壁画位置示意图

① ［德］格伦威德尔著，赵崇民、巫新华译：《新疆古佛寺：1905—1907 年考察成果》，中国人民大学出版社，2007 年，第 511 页。

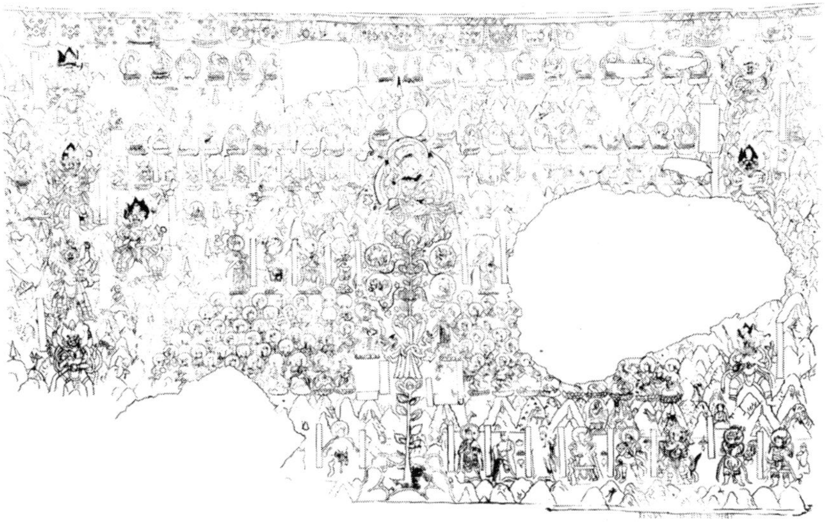

图2　右侧壁如意轮观音经变

身供养菩萨，23为8身天神，左侧2身天神各有一侍者。

表1-16如意轮观音具圆形头光，戴宝冠，冠内莲花上有一坐佛。头向右偏，眼睛微闭，神态安详。具六臂，手中持如意宝珠、莲蕾等物。披帛绕身，半跏趺坐于莲花之上。此莲花生长于一不规则的六边形水池中，长长的莲茎中部有四条龙，龙的两侧分别为婆娑仙和功德天，莲茎上部向两侧又开出四朵莲花，莲花之上有四身坐姿菩萨，菩萨被圆环围绕。此外，如意轮观音头顶有一大圆轮，圆轮两侧有两身坐佛，旁有榜题脱落（图3、图4）。

图3　右侧壁如意轮观音（线描）

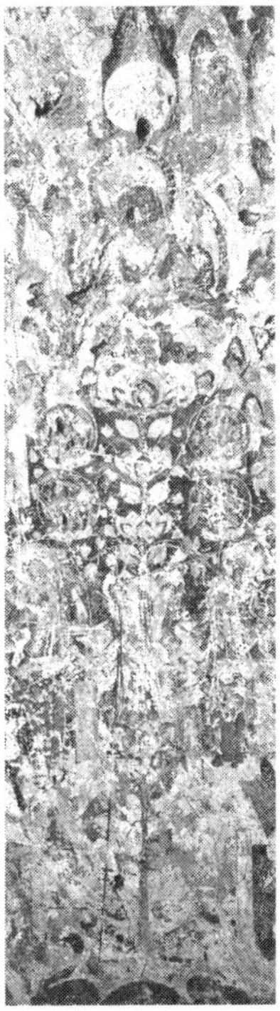

图4　第40窟如意轮观音经变（局部）

这幅如意轮观音经变,内容极为庞杂,大体上来说由两部分组成,其一是如意轮观音及其眷属,其二是山林禅定(后文详述)。就第一部分而言,主要是依据如意轮观音类经典而绘制,同时又承袭了千手千眼观音经变的部分题材,如十方佛、婆娑仙与功德天。此外,也增加了新的图像题材,如释迦与阿弥陀组合像及十大明王像等。

(一)释迦牟尼佛与阿弥陀佛

在如意轮观音头顶有一圆轮,表示的是行者观想时的心月轮(后文详述)。月轮的两侧是两身结跏趺坐于莲花上的佛,旁有榜题,文字脱落。我们认为这两身坐佛是释迦牟尼佛和阿弥陀佛。吾人固知,一切佛经均是由释迦牟尼佛宣说,如意轮观音类佛经亦不例外。《如意轮陀罗尼经》记述了释迦牟尼在鸡喇斯山与无央数菩萨集会时,借由观自在菩萨之口宣说如意轮陀罗尼。《七星如意轮秘密要经》则记述了释迦牟尼在大雪山伽王那兰陀与大比丘众千二百五十人、菩萨万八千集会时,借由如意轮菩萨宣说七星如意轮秘密真言。由此可见,整幅如意轮观音经变主要表现的是释迦牟尼与赴会大众集会时,如意轮观音宣说陀罗尼等秘密真言的场景。如意轮观音是观音的诸变化身之一,他作为西方净土世界阿弥陀佛的胁侍菩萨,主要职责是指引世间有情死后往生西方净土。壁画中的阿弥陀佛体现了如意轮观音救六道的终极归宿。

(二)如意轮观音的身形

如意轮观音的身形在多部佛经中均有描述。唐代印度高僧不空译《摄无碍大悲心大陀罗尼经》记载:

> 微妙大宝冠,顶上住佛身。一面愍念相,身相浅黄色。六臂两足体,左定按门山,左理执莲花,左定持金宝;右慧思惟相,右智如意宝,右慧持数

珠。被鬘妙璎珞，袈裟天衣裳，圆光莲花色，安住大莲花，仰左跏趺右。[①]

金刚智译《观自在如意轮菩萨瑜伽法要》记载：

> 手持如意宝，六臂身金色。皆想于自身，顶髻宝庄严，冠坐自在王，住于说法相。 第一手思惟，愍念有情故；第二持意宝，能满一切愿；第三持念珠，为度傍生苦；左按光明山，成就无倾动；第二持莲手，能净诸非法；第三手持轮，能转无上法。六臂广博体，能游于六道。以大悲方便，断诸有情苦。行者如是观，坐于月轮中。[②]

宝思惟译《观世音菩萨如意摩尼轮陀罗尼念诵法》记载：

> 其菩萨形相造思惟之形。有六臂，其左上作金轮之手，中手执莲花，下手按山；右手作思惟相，中手执如意珠，下手执念珠。以右足以三十二叶莲花为坐。顶上有化佛，相好圆满而乘月轮，威光照耀如月中光。[③]

如意轮观音作思维相（愍念相），身浅黄色（金色），头戴宝冠，冠上有坐佛（自在王）。具六臂，四只手分别持莲花、金轮宝、如意珠（宝）、念珠（数珠），另外两只手，一手支颐作思维相，一手按光明山（门山）。半跏趺（仰左跏趺右）以三十二叶莲花为坐。

观第40窟如意轮观音身形，与以上记载十分吻合。如其六手，左上之手持轮宝，左中之手持如意宝，左下之手抚山；右上之手持莲蕾，右中之手支颐，右下之手自然下垂，因壁画脱落，持物不明。

---

① ［唐］不空译：《摄无碍大悲心大陀罗尼经》，《大正新修大藏经》第二十册密教部三，台北：新文丰出版公司影印，1983年，第131页a栏。

② ［唐］金刚智译：《观自在如意轮菩萨瑜伽法要》，《大正新修大藏经》第二十册，第213页b栏。

③ ［唐］宝思惟译：《观世音菩萨如意摩尼轮陀罗尼念诵法》，《大正新修大藏经》第二十册，第203页b栏。

(三)如意轮观音眷属

如意轮观音的眷属,菩提流志译《如意轮陀罗尼经》记载:

> 内院……东面画圆满意愿明王,左画白衣观世音母菩萨;北面画大势至菩萨,左画多罗菩萨;西面画马头观世音明王,左画一髻罗刹女;南面画四面观世音明王,左画毘俱胝菩萨。是等菩萨宝冠珠璎耳珰环钏,天诸衣服种种庄严,坐莲花上半加趺坐。外院东面画天帝释,左右画诸天众围绕;南面画焰魔王(云阎罗王),左右画诸鬼母众围绕;西面画水天王,左右画难陀龙王、乌波难驮龙王及诸龙王众围绕;北面画多闻天王,左右画诸药叉众围绕;东南面画火天神,左右画苦行仙众围绕;西南面画罗刹王,左右画诸罗刹众围绕;西北面画风天王,左右画风天众围绕;东北面画大自在天王,左右画宫盘茶鬼众围绕;又东面画日天子,左右画七星天众围绕;又西面画月天子,左右画七星天众围绕;又西面画地天神,左右画诸药叉神围绕;又东面画大梵天王,左右画诸梵众天围绕;又西面画阿素落王,左右画阿素洛仆从围绕;又西门画始缚婆歌明王。是等天神各执器仗,种种衣服如法庄严半加趺坐。①

此是如意轮陀罗尼大曼陀罗,分内外二院。内院有八大菩萨(明王),分别是圆满意愿明王、白衣观世音母菩萨、大势至菩萨、多罗菩萨、马头观世音明王、一髻罗刹女、四面观世音明王、毘俱胝菩萨。外院有十四天神,分别是帝释天、焰魔王、水天王、多闻天王、火天神、罗刹王、风天王、大自在天王、日天子、月天子、地天神、大梵天王、阿素落王、缚婆歌明王。这些天神各有属众围绕。

对比第40窟如意轮观音眷属,表1-14、21(图5)可能表现的是内院的八

① [唐]菩提流志译:《如意轮陀罗尼经》,《大正新修大藏经》第二十册,第193页a-b栏。

图 5　八大菩萨之一

图 6　十四天神之一

大菩萨(明王),表 1–6、23(图 6)可能表现的是外院的十四天神。由于壁画损毁太甚,加之榜题全部脱落,目前我们还不能确认所有的眷属身份。如,表 1–11 的十身菩萨,均残存榜题框,这说明他们是有明确名称的,其真实所属值得探讨。再如,如意轮观音莲花坐下圆轮中的四身菩萨,只是普通的协侍菩萨,还是如意轮观音五尊的其他四尊呢,也不得而知。令人欣慰的是,经变画两侧的十身六足神却能明了其身份,以下略说之。

(四)十大明王

具有六足的神,佛经上一般称之为六足尊。《胎藏金刚教法名号》中的六足尊为大威德金刚;《摄无碍大悲心大陀罗尼经》中的六足尊为五方佛之无量寿佛的忿怒形，亦即自性轮文殊师利菩萨；《大妙金刚大甘露军拏利焰鬘炽盛佛顶经》有六足金刚明王，为八大明王之一；《佛说幻化网大瑜伽教十忿怒明王大明观想仪轨经》中的焰鬘得迦大忿怒明王有六臂六足，该明王为十大明王之一。那么，柏孜克里克第40窟的六足尊指的是以上哪一类呢？我们认为应该是十大明王（图7、图8）。首先，大威德金刚的身形在《大毘卢遮那经广大仪轨》描述为："身作玄云色，遍身生火焰，执持诸器仗，六手身六足，坐于水牛上……执剑戟棒索，左持弓右箭……"[①]大威德金刚六手六足，坐骑为水牛，但第40窟的六足尊并没有坐骑，显然不是大威德金刚。其次，如果说第40窟的六足尊是五方佛之无量寿佛的忿怒形，或者是八大明王之一的六足金刚明王的话，那应该是五身或八身六足尊，而第40窟的六足尊有十身，则正与十大明王相合。

图7　第40窟十大明王之一

十大明王名号，各经所载不一。法贤译《佛说幻化网大瑜伽教十忿怒明王大明观想仪轨经》（以下简称《十忿怒明王经》）中为焰鬘得迦忿怒大明王、无能胜大忿怒明王、钵讷鬘得迦大忿怒明王、尾觐难得迦大忿怒明王、不动尊大忿怒明王、咤枳大忿怒明王、儞罗难拏大忿怒明王、大力忿怒明王、送婆大忿怒明王、嚩日啰播多罗大忿怒明王，施护译《佛说一切如来金刚三业最上秘密大教王经》（以下简称《大教王经》）中为焰鬘得迦忿怒大明王、无能胜大忿怒明王、马头大忿怒明王、甘露军拏利大忿怒明

① [唐]善无畏译：《大毘卢遮那经广大仪轨》卷中，《大正新修大藏经》第十八册密教部一，第100页c栏。

王、不动尊大忿怒明王、咤枳大忿怒明王、儞罗难拏大忿怒明王、大力忿怒明王、大明轮大忿怒明王、降三界大忿怒明王。十大明王的身形,也不尽相同,详见下表2:

图8　十大明王之一(线描)

十大明王的身形各个有别,如:(1)身色有青云色、大青色、大青云色、黄色、白乳色不等。(2)面、目、手、足的数目,有六面六臂六足、三面各三目六臂、三面各三目八臂之不同。(3)手中持物有金刚钩、金刚杵、宝杖、剑、钺斧、箭、弓、羂索、莲花、本印、骨朵、迦那野、《般若波罗蜜多经》之区别。同时,十大明王身形也有共同之处,《十忿怒明王经》卷末记述:"此十大忿怒明王,各有三面,面各三目……皆作大恶相,以虎皮为衣,髑髅为冠,发髻竖立作赤黄色,顶戴阿閦如来。"[①]对比第40窟的十大明王,多相吻合。有意思的的是,画师在描绘十大明王时,并没有严格遵守经轨,十分统一的生发了明王的六足,盖取材于焰鬘得迦忿怒大明王。

明王造像的出现,与佛经的传译密不可分。《大妙金刚大甘露军拏利焰鬘炽盛佛顶经》记载了八大明王:降三世金刚明王、六臂六头六足金刚明王、大笑金刚明王、大轮金刚明王、马头金刚明王、无能胜金刚明王、不动尊金刚明王、步掷金刚明王,分别是由金刚手菩萨、妙吉祥菩萨、虚空藏菩萨、慈氏尊菩萨、

① [宋]法贤译:《佛说幻化网大瑜伽教十忿怒明王大明观想仪轨经》,《大正新修大藏经》第十八册密教部一,第587页b栏。

表2

经名	名号	身形
《十忿怒明王经》	焰鬘得迦忿怒大明王	光如劫火，身作大青云色。六面六臂六足，身短腹大，作大忿怒相，利牙如金刚，面各三目，以八大龙王而为严饰，虎皮为衣髑髅为冠，乘于水牛足踏莲花，须赤黄色有大辩才，顶戴阿閦佛，自在而坐，大恶相顾视，正面笑容，右面黄色舌相出外，左面白色龇唇，是妙吉祥菩萨化身。右第一手执剑，第二手执金刚杵，第三手执箭，左第一手执羂索复竖头指，第二手持《般若波罗蜜多经》，第三手执弓。
	无能胜大忿怒明王	三面各三目六臂，身黄色，日轮圆光，广大照耀自在而住，以八大龙王为装严。正面笑容，右面大青色微有忿怒相，左面白色龇唇现大恶相。右第一手执金刚杵，第二手执宝杖，第三手执箭，左第一手执羂索复竖头指，第二手持《般若波罗蜜多经》，第三手执弓。如是观想而作成坏之相，顶戴阿閦佛。
	钵讷鬘得迦大忿怒明王	三面各三目八臂，正面笑容，右面大青色，舌相出外如金刚杵，左面黄色利牙龇唇，虎皮为衣。右第一手执金刚杵，第二手执宝杖，第三手执迦那野，第四手执箭，左第一手执羂索竖头指，第二手持《般若波罗蜜多经》，第三手持莲花，第四手执弓。观想如成坏相，能变化无数佛，顶戴阿閦佛。
	尾觐难得迦大忿怒明王	大青云色。三面六臂，面各三目，正面笑容，右面白色，左面黄色作忿怒相龇唇。右足踏诸魔，左足踏莲花。右第一手执利剑，第二手执钺斧，第三手执箭，左第一手执羂索竖头指，第二手持《般若波罗蜜多经》，第三手执弓。顶戴阿閦佛，具大神通。
	不动尊大忿怒明王	眇目童子相。六臂三面各三目，作童子装严。正面笑容，右面黄色舌相出外上有血色，左面白色忿怒相而作吽字声。身作翡翠色，足踏莲花及宝山，立作舞势能除一切魔，遍身炽焰日轮圆光。右第一手执剑，第二手执金刚杵，第三手执箭，左第一手执羂索竖头指，第二手持《般若波罗蜜多经》，第三手执弓。顶戴佛冠，是阿閦如来所化。
	咤枳大忿怒明王	三面各三目六臂，顶戴宝冠，冠上有佛。明王垂发，正面笑容，右面黄色颦眉，左面白色忿怒相龇唇。身青云色日轮圆光。左右二手结于本印，右第二手执金刚杵，第三手执箭，左第二手持《般若波罗蜜多经》，第三手执弓。足踏莲花立如舞势。
	儞罗难拏大忿怒明王	三面各三目六臂，正面青色作笑容，左面黄色，右面白色龇唇。身青云色，以八大龙王为装严，发髻青润，顶戴于佛，足踏莲花立如舞势。右第一手执金刚杵，第二手执宝杖，第三手执箭，左第一手执羂索竖头指，第二手持《般若波罗蜜多经》，第三手执弓。日轮圆光，变化诸佛如云。

续表

经名	名号	身形
《十忿怒明王经》	大力忿怒明王	三面各三目八臂,身作青云色,以八大龙王而为装严,炽焰遍身发皆竖立,目作大赤色顶戴阿閦佛。正面笑容,右面金色,左面白色齩唇,足踏莲花作大忿怒相,诸天怖畏驰散诸方,日轮圆光。右第一手执金刚杵,第二手执宝杖,第三手执剑,第四手执箭,左第一手执羂索竖头指,第二手持《般若波罗蜜多经》,第三手执骨朵,第四手执弓。变化诸佛如云。
	送婆大忿怒明王	身大青色。以左右二手结于本印,右第二手执剑,第三手执箭,左第二手持《般若波罗蜜多经》,第三手执弓。
	嚩日啰播多罗大忿怒明王	身白乳色。六臂,右第一手执金刚杵,第二执金刚钩,第三手执箭,左第一手执羂索竖头指,第二手持《般若波罗蜜多经》,第三手执弓。作调伏一切阿苏啰相。
《大教王经》	焰鬘得迦大忿怒明王	六臂三面,执本部器仗,现大恶可怖,利牙而忿怒,现大黑色相。
	无能胜大忿怒明王	大焰光三面,出现大笑相,有广大光明。
	马头大忿怒明王	三面,作极恶步势,身赤如劫火,常所出光明,现大可畏相。
	甘露军拏利大忿怒明王	
	咤枳大忿怒明王	三面三目,具庄严四臂。
	大力大忿怒明王	三面,作怖三界相,调伏诸恶者,威光大忿怒。
	儞罗难拏大忿怒明王	三面,利牙而外出,身出炽盛光,作怖三界相。
	不动大忿怒明王	三面,现可爱善相,手持剑及索。
	大明轮大忿怒明王	金刚三面,出光明炽盛,一字大顶相,作普遍变化。
	降三界大忿怒明王	三面炽盛光,现广大怖相,最上智所持,禅定所出生,现最胜顶相,广大光明聚。

观自在菩萨、地藏菩萨、除盖障菩萨、普贤菩萨化现而来。该经是由唐代高僧达磨栖那所译，自此之后八大明王造像陆续出现。如，法门寺地宫、莫高窟天王堂、云南剑川石钟山石窟第6窟、大足宝顶山小佛湾9号毗卢庵的八大明王像。《十忿怒明王经》是宋代印度高僧法贤所译，此经译出后，催生了十大明王造像。如，大足宝顶大佛湾第22龛，以及本文所论之柏孜克里克第40窟的十大明王像。

柏孜克里克第40窟的十大明王像具有断代意义。法贤原名天息灾，改名是在北宋雍熙四年(987)，则十大明王像的产生必在是年之后。又第40窟出现回鹘供养人像，则石窟壁画的绘制年代应该在11世纪初之后的高昌回鹘时期。

二、山林禅定与月轮观想

第40窟的如意轮观音经变，令人瞩目的是行者在山林中禅定之像，这些行者均结跏趺坐于一个拱形的山洞内，有僧人装束的(图9、图10)，也有世俗人装束的，由于壁画脱落太甚，仅残存9身。该经变中另一个令人瞩目的地方是如意轮观音头顶的大圆轮，细观圆轮内并未有佛像和其他图案，我们认为此大圆轮是行者观想时的心月轮。禅定的行者是如意轮观音修行的主体，心月轮是修行的法门。

(一)如意轮陀罗尼与山林禅定

如意轮陀罗尼共有四个译本。一为实叉难陀的《观世音菩萨秘密藏如意轮陀罗尼神咒经》，武周久视元年(700)译；二为宝思惟的《观世音菩萨如意摩尼陀罗尼经》，中宗神龙二年(706)译；三为义净的《佛说观自在菩萨如意心陀罗尼咒经》，天后代译；四为菩提流志的《如意轮陀罗尼经》。以上四译为同本异

图9 第40窟山林禅定比丘

图10 山林禅定比丘(线描图)

译,义净的译本由于文辞流畅简约,最为流行,菩提流志的译本最为详细。此外,关涉如意轮陀罗尼的译经尚有不空的《七星如意轮秘密要经》《观自在菩萨如意轮念诵仪轨》《观自在菩萨如意轮瑜伽》、宝思惟的《观世音菩萨如意摩尼轮陀罗尼念诵法》、金刚智的《观自在如意轮菩萨瑜伽法要》等。北宋仁岳、清续法对此陀罗尼作有《课法》和《略疏》。

如意轮陀罗尼位列“十小咒”第一,为僧人日常课诵之必须。义净译如意轮陀罗尼为梵汉杂译,由长咒、中咒、短咒组成。诵持此咒能令众生求愿满足,获大果报。具体来讲,有以下诸种利益:

> 是故先当除诸罪障,次能成就一切事业,亦能销除受无间狱五逆重罪,亦能殄灭一切病苦皆得除差,一切重业悉能破坏。诸有热病或昼或夜,或一日疟乃至四日疟,风黄痰癊三集婴缠,如是病等诵呪便差。若有他人

厌魅蛊毒,悉皆销灭无复遗余。假使一切痈瘘恶疮,疥癞疽癣周遍其身,并及眼耳鼻舌唇口牙齿咽喉顶脑胸胁心腹腰背脚手头面等痛,支节烦疼半身不随,腹胀块满饮食不销,从头至足但是疾苦无不痊除。若有药叉罗刹,毘那夜迦恶魔鬼神,诸行恶者皆不得便。亦无刀杖兵箭,水火恶毒恶风雨雹,怨贼劫盗能及其身,亦无王贼无有横死来相侵害。诸恶梦想蚖蛇蝮蝎,守宫百足及以蜘蛛,诸恶毒兽虎狼师子悉不能害。兵戈战阵皆得胜利。若有诤讼亦得和解。若诵一遍,如上诸事悉皆遂意;若日日诵一百八遍,即见观自在菩萨……阿弥陀佛自现其身,亦见极乐世界种种庄严如经广说,并见极乐世界诸菩萨众,亦见十方一切诸佛,亦见观自在菩萨所居之处补怛罗山,即得自身清净。常为诸王公卿宰辅恭敬供养众人,爱敬所生之处不入母胎,莲华化生诸相具足。在所生处常得宿命,始从今日乃至成佛,不堕恶道常生佛前。①

概而言之,诵持如意轮陀罗尼可获得世间和出世间两种利益。在实叉难陀、宝思惟、菩提流志的译本中,对诵持如意轮陀罗尼所获利益述说更详,兹不赘述。

念诵如意轮陀罗尼需要特定的法式与仪轨。菩提流志译《如意轮陀罗尼经》中即有专门的一品述及该陀罗尼的念诵法:

当一切处若食不食若净不净,一心观想圣观自在相好圆满,如日初出光明晃曜。诵斯陀罗尼无有妄念,常持不间一无过犯,则得圣观自在现金色身。除诸垢障神力加被,心所求愿皆乞满足。②

在这里,行者念诵陀罗尼必须与观想观音相结合,观想的"门槛"比较低,

① [唐]义净译:《佛说观自在菩萨如意心陀罗尼咒经》,《大正新修大藏经》第二十册密教部三,台北:新文丰出版公司影印,1983年,第197页a栏。

② [唐]菩提流志译:《如意轮陀罗尼经》,同上,第190页a栏。

可以在任何地方,“若食不食若净不净”均可。宝思惟译《观世音菩萨如意摩尼轮陀罗尼念诵法》亦称:

> 凡诵此呪,不简在家出家饮酒食肉有妻子,但诵此呪必能成就。诵此呪人不须作法,不求宿日,不求持斋,不须洗浴,不须别衣,但读诵皆悉成就。①

此种念诵陀罗尼的宽松条件,在不空译《观自在菩萨如意轮念诵仪轨》中发生了很大变化:

> 说修陀罗尼法门,求速出离生死大海,应须先入诸佛如来海会灌顶道场。受灌顶已,发欢喜心,从师亲受念诵法则。后于净室,山林流水最为上胜,建立道场安置本尊。修真言者面向东方,应以瞿摩夷涂拭其地,以白檀香磨为香泥,以用涂坛。或方或圆随意大小,而于坛上散诸名花,烧香灯明供养。取二净器盛满香水,安置坛中以用供养。行者澡浴或不澡浴悉无障碍,但当运心思惟观察。②

欲修陀罗尼法门,必须在清静之地设立道场,此清静之地最好是山林流水之处,这也是柏孜克里克第 40 窟行者选择在山林禅定观想的原因。

念诵如意轮陀罗尼时,需要配合各种结印。菩提流志译《如意轮陀罗尼经》述说了大莲花三昧耶印、解脱印、触护身印、漱口印、浴三宝印、圣观自在浴印、自灌顶印、着衣印、禁顶印、护身印、大护身印、被甲印、结坛界印、请召印、迎印、香水印、华座印、请坐印、除障印、供养印、求生印、根本印、大心印、数珠印、解界印,计二十五种法印。不空译《观自在菩萨如意轮念诵仪轨》述说了佛部三昧耶陀罗尼印、莲花部三昧耶印、金刚部三昧耶印、护身被金刚甲胄印、地界金

---

① [唐]宝思惟译:《观世音菩萨如意摩尼轮陀罗尼念诵法》,同上,第 202 页 b 栏。

② [唐]不空译:《观自在菩萨如意轮念诵仪轨》,同上,第 203 页 c 栏。

刚橛印、方隅金刚墙印、大虚空藏普通供养印、宝车辂印、请车辂印、请本尊三昧耶降至于道场印、莲花部明王马头观自在菩萨真言印、上方金刚网印、金刚火院密缝印、献阏伽香水真言印、献莲花座印、普供养印、如意轮根本印、如意轮心印、心中心印，计十九种法印。宝思惟译《观世音菩萨如意摩尼轮陀罗尼念诵法》述说了根本印、马头观音护身结界印、马头大法身印、马头法身印、结界马头观音印、昆俱胝印，计六种法印。结印念诵如意轮陀罗尼，需要配合观想方能圆满。仅举一例，在《观世音菩萨如意摩尼轮陀罗尼念诵法》中，有一种“护身之法”，即避除一切诸魔，不得近身。欲行此种“护身之法”，可以结根本印、马头观音护身结界印、马头大法身印、马头法身印和结界马头观音印，也可以结昆俱胝印，念诵陀罗尼。念诵之时，当忆圣如意轮菩萨形相永作依怙，同时，需要做画像：

> 若有众生诵此咒，应画像。其彩色中辄不得着胶，唯用熏陆香汁为胶。画像人受八斋戒。其菩萨形相造思惟之形，有六臂。其左上作金轮之手，中手执莲花，下手按山，右手作思惟相，中手执如意珠，下手执念珠。以右足以三十二叶莲花为坐。顶上有化佛。相好圆满而乘月轮，威光照耀如月中光。又右边画马头忿怒大明王像，威光炽然相好圆满，以上牙垂下。如上画像随意大小。①

所作画像为如意轮观音和马头忿怒明王像，虽未明言作画目的，我们认为应是为了观想方便。尤其值得注意的是，如意轮观音“相好圆满而乘月轮”，这里的月轮是行者心中月轮的表象。

（二）月轮观想

月轮观，又称净菩提心观，是密教修行的基础法门。唐代印度高僧善无畏

---

① [唐]宝思惟译：《观世音菩萨如意摩尼轮陀罗尼念诵法》，同上，第203页a栏。

(637—735)始阐此观,《无畏三藏禅要》记载:

> 行者应当安心静住,莫缘一切诸境。假想一圆明犹如净月,去身四尺,当前对面不高不下,量同一肘圆满具足,其色明朗内外光洁,世无方比。初虽不见,久久精研,寻当彻见已。即更观察渐引令广,或四尺,如是倍增,乃至满三千大千世界,极令分明。将欲出观,如是渐略还同本相。初观之时如似于月,遍周之后无复方圆。作是观已,即便证得解脱一切盖障三昧,得此三昧者,名为地前三贤。依此渐进遍周法界者,如经所说名为初地……依此修习,乃至成佛,唯是一道,更无别理。①

无畏描述了月轮观的具体实施步骤及所能达到的成就。首先,行者需安心静坐,想象离自己四尺左右远的对面,有一轮明月,明朗光洁。其次,观想月轮渐渐扩大,从直径四尺大小,渐渐扩大三千大千世界。最后,出观时观想月轮渐渐缩小如初,收归自心。依此观想,便能见道明心,进入初地菩萨位,若常此修习,终至成佛。

继无畏之后,另一印度高僧般若(734—?)译《大乘本生心地观经》也专门记述了月轮观的修持方法:

> 凡夫所观菩提心相,犹如清净圆满月轮,于胸臆上明朗而住。若欲速得不退转者,在阿兰若及空寂室,端身正念结前如来金刚缚印,冥目观察臆中明月,作是思惟:是满月轮五十由旬无垢明净,内外澄澈最极清凉,月即是心,心即是月。尘翳无染妄想不生,能令众生身心清净,大菩提心坚固不退。②

---

① 《无畏三藏禅要》,《大正新修大藏经》第十八册密教部一,台北:新文丰出版公司影印,1983 年,第 945 页 b 栏。

② [唐]般若译:《大乘本生心地观经》卷八,《大正新修大藏经》第三册本缘部上,台北:新文丰出版公司影印,1983 年,第 328 页 c 栏。

该经提出“月即是心,心即是月”的观点,同时提出修月轮观可以使众生身心清静,最终得悟大菩提心。此种观点,在般若译《诸佛境界摄真实经》亦有详细论述,兹不赘述。

一切众生皆有菩提心,只是被尘世所遮蔽,若欲去除尘世的沾染,获得菩提心,就需要观想月轮。当然,菩提心本无色相,月轮之喻,只是使众生悟入菩提心的一种方便。初发心之人若无法于心中作观,可绘直径一尺六寸大的月轮,行者面对此月轮,观想己心亦如月轮。

月轮观作为密宗修观的基础,许多重要的修持法门大都从观月论入境,或者将月轮观作为重要的观法,如意轮观音瑜伽修持亦不例外。如意轮观音瑜伽凡有二译,一为不空的《观自在菩萨如意轮念诵仪轨》,二为金刚智的《观自在如意轮菩萨瑜伽法要》,内容大体相同,译自同一梵本。该瑜伽修持,先述说行者修持所具备的条件,次说修持次第。具体而言,首先,行者选择修法场所,即山间及流水清静之阿兰若,面向西礼敬本尊如意轮观音和诸佛,尽心忏悔。其次,口诵密言,结相应的法印,同时作相应的观想。其观想方法有二,一为月轮观,二为轮字观。现举一偈略释:

> 次想尊口中,流出秘密言。分明成字道,五色光照耀。间错殊胜色,入于谕岐口。列心月轮中,莹如红颇梨。一一谛思惟,顺理随觉悟。住定而修习,入于阿字门。即入轮字观,皆遍观诸字……若如是修习,现世证初地。过此十六生,成无上菩提。[①]

上偈所述观想,分为两个步骤:(1)先观想从本尊即如意轮观音口中生出密言,此密言为如意轮陀罗尼小咒,然后想象密言诸字幻化为可以放射五色光芒的字道,进入行者口内,直至入心,列于心月轮中,并逐字思维觉悟。(2)观想

---

① [唐]不空译:《观自在菩萨如意轮念诵仪轨》,《大正新修大藏经》第二十册密教部三,台北:新文丰出版公司影印,1983年,第210页c栏、第211页a栏。

阿字，再由阿字生出其他诸字，并一一观想。

回过头来，我们再看柏孜克里克第40窟如意轮观音经变中的山林禅定和月轮，表现的就是行者于清静之山林内口念如意轮陀罗尼，通过月轮观想和轮字观想证入初地菩萨，乃至成佛的一个过程。

三、绘画题材、风格及其与周边地区的关系

（一）与敦煌和中原的关系

如意轮观音经变最多、最集中的地方是敦煌，其次是四川和重庆。据樊锦诗和彭金章二位先生的研究可知："敦煌石窟现存如意轮观音经变80幅，其中有壁画72幅，藏经洞所出绢、纸画8幅，其时代分别属于盛唐1幅、中唐12幅、晚唐19幅、五代32幅、宋代13幅、西夏3幅。"[①]其眷属有日光菩萨、月光菩萨、虚空藏菩萨、金刚花菩萨、金刚藏菩萨、月藏菩萨、大清莲花香菩萨、大宝旃檀香菩萨、大清净雨王菩萨、大花树菩萨、大持菩萨、火光菩萨、星光菩萨、常供养菩萨、婆娑仙、功德天、龙王、金刚面天、地神、水天神、风天神、紫贤金刚、定厄金刚、赤星金刚、火头金刚、毗那夜迦、飞天、童子等[②]。此外，如意轮观音经变多与不空羂索观音经变对称出现[③]。四川和重庆有6幅如意轮观音经变，有眷属者2幅，其中1幅眷属多达43身（大足北山149号），眷属有观音、白衣观

---

① 樊锦诗、彭金章：《敦煌石窟如意轮观音经变研究》，载古正美主编《唐代佛教与佛教艺术》，觉风佛教艺术文化基金会，2006年，第132页。

② 樊锦诗、彭金章：《敦煌石窟如意轮观音经变研究》，载古正美主编《唐代佛教与佛教艺术》，觉风佛教艺术文化基金会，2006年，第136页。

③ 樊锦诗、彭金章：《敦煌石窟如意轮观音经变研究》，载古正美主编《唐代佛教与佛教艺术》，觉风佛教艺术文化基金会，2006年，第137页。

音和诸天神等[①]。

相比敦煌和四川、重庆的如意轮观音经变，柏孜克里克第40窟的经变画，其题材更接近于敦煌。如敦煌石窟中如意轮观音下方两侧常常绘制婆娑仙和功德天（或大辩才天女），此二眷属被柏孜克里克第40窟所继承，绘画风格也非常接近。与此同时，第40窟的如意轮观音经变也出现了敦煌石窟中没有的新的绘画题材，如释迦牟尼佛和阿弥陀佛、十大明王等。这些新的绘画题材的注入，首先与宋代的佛经翻译是分不开的。吾人固知，唐代国力强盛，佛教文化交流频繁，大批印度高僧来华，唐朝僧人也纷纷前往印度取经；在此基础上，朝廷设立专门的译场翻译了大量的佛经。后来，由于唐武宗灭佛，加上国力的衰弱，佛经翻译中断，佛教发展停滞。直到北宋太平兴国五年（980），朝廷专门设立译经院，才恢复了佛经翻译事业。新的佛经被陆续翻译，为佛教造像注入了活力，十大明王造像就是典型的例证。十大明王及其具体名号，出现在北宋印度来华高僧法贤翻译的《十忿怒明王经》和施护翻译的《大教王经》，随后就出现了大足宝顶大佛湾第22龛和本文所讨论的柏孜克里克第40窟的十大明王造像。

新的绘画题材的出现，亦与宋代佛教实践和佛经注疏密不可分。如意轮观音经变中出现释迦牟尼佛和阿弥陀佛的组合像，仅见于柏孜克里克第40窟，其突兀的显现，并非高昌回鹘当地画师的心血来潮之作。北宋天台僧仁岳所著《观自在菩萨如意轮咒课法》是对《如意轮陀罗尼经》的阐释，该《课法》记载：

> 应知诵呪之前，须于静室摄心观想，次入道场作礼供养。所说（设）形像正须西向，亦不作坛当敷床座。以为三级，上级置于法宝即是所持陀罗尼，经左安释迦像右安弥陀像，中级唯安观自在像。左右或华或灯，下级唯列供具而已。[②]

---

① 樊锦诗、彭金章：《敦煌石窟如意轮观音经变研究》，载古正美主编《唐代佛教与佛教艺术》，觉风佛教艺术文化基金会，2006年，第136页。

② ［北宋］仁岳：《观自在菩萨如意轮咒课法》，《乾隆大藏经》第一三五册，中国书店，2007年，第720页a栏。

念诵如意轮陀罗尼咒之前需先在净室摄心观想,再设道场礼拜供养。道场分上、中、下三级,其中上级安置陀罗尼经,左右设释迦像和弥陀像。由此可见,柏孜克里克第40窟如意轮观音上方的释迦牟尼佛和阿弥陀佛组合像,是有其渊源的。《课法》又载:

> 流志所译广明坛法分为二院。内院当中心画如意轮观自在,东面画圆满意愿明王,北面画大势至等;外院东面画帝释天,左右画诸天众等。今不依之,而于道场但安法宝并释迦弥陀观音之像……盖诸佛所师所谓法也,故置之上级。释迦为娑婆之主,弥陀为观音之师,故左右焉。菩萨居次级之中,亦不失其正也。①

由此可见,如意轮观音道场设置释迦像和弥陀像,与经文所载坛法不合,是中土僧人的创新。这种新创的题材是如何传入到高昌回鹘呢?当然有许多途径,如中土僧人来到高昌回鹘,进而传授道场设置法则,抑或是高昌回鹘僧人游历中土,学习了此道场坛法,回去后传习之。不管是哪种途径,均反映了宋代中原地区与吐鲁番的佛教文化交流之事实。

(二)与龟兹的关系

柏孜克里克第40窟如意轮观音经变的绘画风格是多元化的,既有敦煌汉传佛教画风,又有龟兹画风。前者表现在如意轮观音及其眷属的绘制上,一望即知,可熟视而无睹也;后者表现得突兀别致、细巧精心,令人瞩目。山林禅定图中,描绘了许多动物形象,如猕猴、梅花鹿以及熊等。这些动物往往被安放在菱形的方格内(图11),显然是受到龟兹菱格画的影响。此外,山林禅定图中山

① [北宋]仁岳:《观自在菩萨如意轮咒课法》,《乾隆大藏经》第一三五册,中国书店,2007年,第727页a栏。

峦的画法和树木的表现手法也与龟兹壁画相同，树木如同没有打开的伞的形状(图12、图13),表意大于写实,起到点缀画面的效果。

山林禅定图中的一些动物,如猴子还被描绘成举起石头准备往下砸(下方有禅定佛)的模样。这让我们想起“水牛王本生”的故事,西晋竺法护译《佛说水牛经》记载:

> 一时,佛游舍卫祇树给孤独园,与大比丘众千二百五十人俱。尔时,佛告诸比丘:“乃昔去世有异旷野闲居,彼时,有水牛王顿止其中,游行食草而饮泉水。时,水牛王与众眷属有所至凑,独在其前,颜貌姝好,威神巍巍,名德超异,忍辱和雅,行止安详。有一猕猴,住在道边,彼见水牛之王与眷属俱,心生忿怒,兴于嫉妬,便即扬尘瓦石,以坌掷之,轻慢毁辱。水牛默然,受之不报。”①

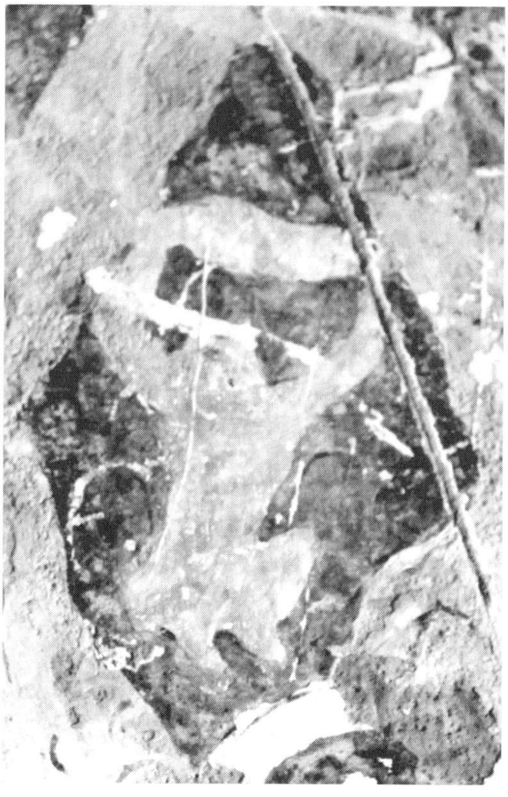

图11 第40窟菱格画

此处的水牛王是为释迦牟尼的前生,猕猴因见水牛王与眷属和睦相处在一起,心生嫉妒,谩骂毁辱,并用瓦石投掷水牛王,水牛王则默然受之。但山林禅定图中的画面显然不是“水牛王本生”,理由如下:(1)举起石头的猴子与禅定佛不属

① [西晋]竺法护译:《生经》卷四《佛说水牛经第三十》,《大正新修大藏经》第三册本缘部上,第93页c栏。

图 12　第 40 窟山林图

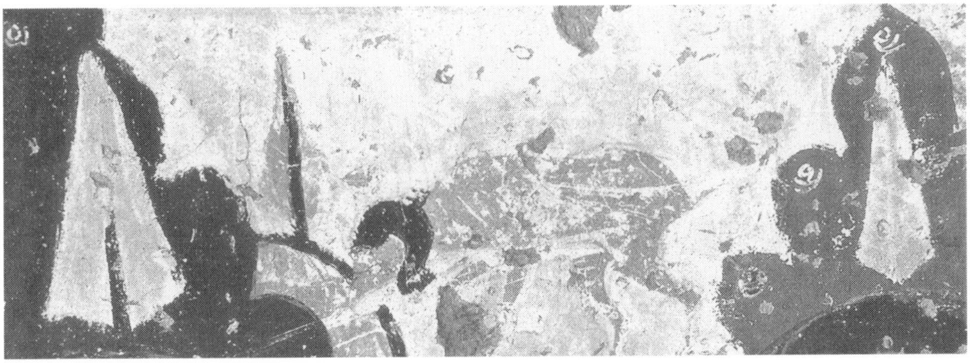

图 13　克孜尔第 46 窟山林图

于同一绘画层面，禅定佛在如意轮观音上方两侧，左右各 10 身，表现的是十方佛。（2）山林禅定图中没有水牛，若是表现“水牛王本生”，禅定佛应该被描绘成水牛王。

山林禅定图中，画师巧妙地利用了猴子和禅定佛这两个绘画元素，意在表现猴子的不良习性，如“水牛王本生”中猴子的易怒和嫉妒心理。事实上，在佛教经典里，猴子常常作为反面形象而出现，如《中阿含经》记载：

一时，佛游王舍城，在竹林迦兰哆园。尔时，瞿尼师比丘亦游王舍城，在无事室，调笑、骄傲、躁扰、喜忘，心如猕猴。[①]

在这里，猕猴被形容为爱讥笑他人、心性骄傲、性格狂躁、丢三落四的代表者，来譬喻瞿尼师比丘。那么，在山林禅定图中猴子的作用又是什么呢？又，山林禅定图中不仅有举起石头欲砸佛的猴子，有的猴子甚至被描绘成在山洞中坐禅的模样，这又是譬喻什么呢？

我们注意到，克孜尔石窟的本生和因缘故事画中，猴子是常见的形象，且常常与禅定比丘一起出现。如克孜尔第34窟主室券顶西侧壁、第224窟主室券顶东侧壁的六种众生譬喻图，其中的六种众生是指狗、鸟、蛇、野干、失收摩罗、猕猴，佛经中以六种众生譬喻人的六根，要求修行者要收摄六根，精勤修习。克孜尔第77窟有两幅禅观图，画面中有蛇、鸟、猴子和禅定的比丘，这些动物均是比丘禅观的对象，尤其是猴子表现得比较突出，有在山中奔走并回头观望的，亦有凝心坐禅的。于此，李静杰先生认为："猕猴习性活跃、放荡不羁，因而被选择为修行者慑服心性的代表。猕猴从奔走到坐禅，正是修行者收敛六根，深入禅定的写照。"[②]李氏所论甚当，正如《增壹阿含经》卷四《一子品第九》记载：

尔时，世尊告诸比丘："我不见一法疾于心者，无譬可喻。犹如猕猴舍一取一，心不专定。心亦如是，前想、后想所不同者，以方便法不可摸则，心回转疾。是故，诸比丘，凡夫之人不能观察心意。是故，诸比丘常当降伏心意，令趣善道，亦当作是学。"[③]

《菩提资粮论》卷五亦载：

于中修定比丘，心思惟时专意莫乱，若心离境即应觉知，乃至不令离境

---

① [东晋]瞿昙僧伽提婆译：《中阿含经》卷六《舍梨子相应品瞿尼师经第六》，《大正新修大藏经》第一册阿含部一，第454页c栏。

② 李静杰：《龟兹石窟壁画精进力比丘本生与六种众生譬喻图像内涵分析》，载新疆龟兹研究院编《龟兹石窟保护与研究国际学术研讨会论文集》，科学出版社，2015年，第210—211页。

③ [东晋]瞿昙僧伽提婆译：《增壹阿含经》卷四《一子品第九》，《大正新修大藏经》第二册阿含部二，第562页c栏。

远去,还摄其心安住境中。如绳系猿猴系著于柱,唯得绕柱不能余去。如是应以念绳系心猿猴,系著境柱,唯得数数绕于境柱,不能余去。[①]

综上所记,柏孜克里克第40窟禅定图中举起石头砸佛的猴子、山洞内坐禅的猴子,均是修行者禅观的对象。修行者通过观想,降服像猴子一样骄慢、自大、嫉妒和不专定的自心,最终达到禅定的境界。此种禅观修法,是龟兹小乘禅法的延续,与大乘发菩提心的月轮观结合后,实现了小乘禅法的大乘化,形成较为完整的禅观修习次第。

四、结　语

柏孜克里克第40窟右侧壁的如意轮观音经变,主要是根据如意轮观音诸经绘制而成,同时融入千手千眼观音经变中的传统题材十方佛、婆娑仙与功德天,又增添了若干新的题材。较之敦煌莫高窟石窟的如意轮观音经变,内容更加丰富,有许多题材是敦煌所未有,如十大明王、释迦与弥陀组合像等。这些新增的题材彰显了宋代中原地区与高昌回鹘的佛教文化交流之密切，中原的佛经翻译和佛教实践为高昌回鹘佛教的发展提供了源源不断的新鲜血液，是高昌回鹘佛教繁盛的源泉。从宗教修习角度来看,该经变中山林禅定和月轮像,体现了修行者通过观想猴子等动物来收摄心猿，心专则可念诵如意轮陀罗尼咒,以心月轮观想入手,观想本尊如意轮观音及诸像,从而生发菩提心,证入初地菩萨终至成佛的美好愿望。从绘画风格来看,该经变融合了汉传佛教和龟兹画风,体现了高昌回鹘时期吐鲁番佛教艺术的多元化风格。

高昌回鹘时期,除了上述经变外,如意轮观音图像尚存在于柏孜克里克第14窟和第17窟,以及德国柏林亚洲艺术博物馆所藏的一幅出自高昌故城的绢

① [隋]达磨笈多译:《菩提资粮论》卷五,《大正新修大藏经》第三十二册论集部全,第534页b栏。

画(III533)中。虽然绢画上的图像已损毁殆尽,所幸的是残留的发愿文为我们提供了珍贵的第一手资料,发愿文用回鹘文书写,森安孝夫和皮特·茨默先生对其进行了释读,内容如下:

> 此时,一个神圣的月份、令人满意的日子、可选择的好时刻——幸福的鼠年三月十三日,我Nam Ċor,一个俗家弟子,和妻子Kiu Šun一起怀着敬信三宝的坚定的心日夜思索:生命是短暂的,财富也是暂时的,我们无法延长生命,也无法使财富永存。既然如此,何不涤荡我们的灵魂,使生命得以永生。
>
> 我们惶恐地请得了这幅如意轮观音像,这一善举和善果,我和妻子以及亲爱的孩子Qutluγ Sïngqur,Ädgü Sïngqur,Oγul Sïngqur,Qutadmïš Alp Sïngqur,哥哥Alp Yegän,儿媳Yumšaq等,都很高兴,因为它使我们免于现世的疾病、痛苦和危险的困扰。尤有进者,我们还将此善举回向给已故的父母及其亲属、儿子和女儿的亲属,使他们不堕邪恶之道(即畜生道、饿鬼道、地狱道),再生于兜率天宫。通过这份善举和善果,让我们礼敬未来世的弥勒佛。(让我们)用阎浮檀金装饰弥勒佛庄严的身躯。当我们老去时,可以脱离生死轮回之苦!所有五道内存在的遭遇(将会消失)![①]

回鹘人Nam Ċor一家请得了一幅如意轮观音像,他们希望借此善举免受现世诸苦,来世往生弥勒净土,脱离五道轮回。此发愿文反映了两个问题:(1)高昌回鹘时期,回鹘人比较崇信如意轮观音和弥勒佛,前者司职现世救难,后者司职来世往生。(2)信奉如意轮观音,死后往生的应该是弥陀净土,在这里却是弥勒净土,这体现了民间信仰的混杂性。

---

① Takao Moriyasu, Peter Zieme, *Uighur inscriptions on the banners from Turfan housed in the Museum für Indische Kunst, Berlin*, *Chhaya Bhattacharya—Haesner*, *Central Asian Temple Bannners in the Turfan Collection of the Museum für Indische Kunst, Berlin*, 2003, Berlin, p.463.

高昌回鹘时期千手千眼观音图像研究
——以柏孜克里克第14、41窟为中心

对于一般佛教信徒来说，信仰观音最直接的目的是现世救难，千手千眼观音因具足千手千眼，其救拔苦难的神通较诸其他观音，更广更深。以此之故，图绘千手千眼观音形象，成为信徒的一种无上功德。除了现世救难外，信仰观音的另一个目的，即终极归宿是往生西方净土。然而，在千手千眼观音经变中，观音是主尊，阿弥陀佛不可能成为经变的主体，在此种条件限制下，画师是很难表现出往生净土世界的场景。柏孜克里克第14和41窟，以正壁阿弥陀佛为主尊，塑绘结合形成了阿弥陀经变，在描绘西方净土世界种种美好的同时，又突出了阿弥陀佛来迎的情节。正壁的阿弥陀经变与侧壁的千手千眼观音经变结合，从而完整地呈现了西方净土信仰体系下的现世救难与来世往生。

一、图像内容考析

(一)第14窟千手千眼观音经变

第14窟右侧壁(图1)残留一莲瓣形的背光，主尊为塑像，现已不存。背光

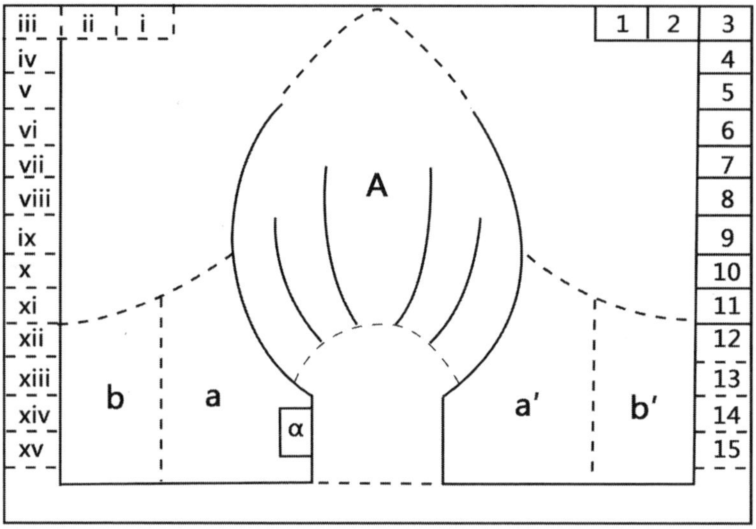

图 1 第 14 窟千手千眼观音经变示意图[①]

左右两侧绘有壁画,可以辨识的有婆娑仙、功德天等形象。在靠近正壁的一边,残存宽约 15 厘米~30 厘米、高约 20 厘米~40 厘米不等的画面 12 幅,其余 3 幅被割;靠近前壁的一侧,布局与上同,可惜全被割走。这些被割走的壁画是德国探险家格伦威德尔于 1906 年第三次吐鲁番探险时所为。格氏在其报告中指出:此壁的塑像原为观音[②],这无疑是正确的,可惜的是他不晓汉文,画面中残留的汉文题记对壁画内容的解读起着至关重要的作用,笔者据此判定右侧壁应为塑绘结合的千手千眼观音经变。

1. 十五善生

如上图 1,1 左侧汉文题记为"常生善国",2 左侧汉文题记为"所生处常逢善王",题记内容与唐西天竺沙门伽梵达摩译《千手千眼观世音菩萨广大圆满无碍大悲心陀罗尼经》及唐天竺三藏不空译《千手千眼观世音菩萨大悲心陀罗尼》相符,内容讲的是诵持大悲陀罗尼咒者,可得十五种善生:

① 笔者草绘,陈新勇帮忙加工制作。

② [德]格伦威德尔著,赵崇民、巫新华译:《新疆古佛寺:1905—1907 年考察成果》,中国人民大学出版社,2007 年,第 425 页。

一者，所生之处，常逢善王。二者，常生善国。三者，常值好时。四者，常逢善友。五者，身根常得具足。六者，道心纯熟。七者，不犯禁戒。八者，所有眷属，恩义和顺。九者，资具财食，常得丰足。十者，恒得他人，恭敬扶接。十一者，所有财宝，无他劫夺。十二者，意欲所求，皆悉称遂。十三者，龙天善神，恒常拥卫。十四者，所生之处，见佛闻法。十五者，所闻正法，悟甚深义。②

图2　第14窟十五善生像之一①

由此推知，1—15描绘的是“十五善生”情节。我们再回过头仔细看画面1（图2），画面左侧描绘了一世俗人物端坐于高的方形台座上，头戴圆顶帽，脸型丰圆，穿交领窄袖上衣，上身向前倾，左臂弯曲，手掌向外。画面的右下侧有两身世俗人物，仰面向台座的人物望去，其中一人头戴尖顶帽。两人上方绘三朵盛开的莲花。结合题记，可作如下推测：坐于台座上的是“善国”之国王，左下方人物为诵持大悲陀罗尼经咒者，莲花代表“善国”之清净美好。

2描绘了一中原式的人字坡屋顶，屋檐下有垂帐，垂帐打结后垂于两侧，中间一世俗人物端坐于高台座上，头上所戴冠模糊不可辨识，穿交领长袍，此人应为“善王”。其下有一身世俗人物，戴尖顶帽，穿交领衣交脚而坐，仰面望向“善王”（图3）。

① 请王征先生线描，图3—9、图11、图15、图16同此。

② ［唐］伽梵达摩译：《千手千眼观世音菩萨广大圆满无碍大悲心陀罗尼经》，《大正新修大藏经》第二十册密教部三，台北：新文丰出版公司，1983年，第107页b栏。

图 3　第 14 窟十五善生像之二

图 4　第 14 窟十五善生像之三

3 的上方中部描绘了一团祥云，祥云的右下方有两个世俗人物，穿交领衣服，盘腿而坐，神态安详，左下方绘有一块长方形的田地，虽然画面的左侧榜题已经模糊不可辨识，但根据画面所表现的内容，可以判断为“十五善生”的“常值好时”情节。4 左侧画面脱落，右侧上方有两朵盛开的莲花，下方一男子穿交领束袖上衣，双手合十，面向右侧。榜题不存。5 左上方绘六朵盛开的莲花，莲花下方有世俗人物，穿交领衣服。画面右侧人字坡的屋檐下坐一男子，穿交领长衣。榜题脱落（图 4）。

6 画面破损太甚，仅见右侧一比丘结跏趺而坐。7 右上方有八朵盛开的莲花，其下壁画脱落。左下方一世俗人物，穿交领衣服，坐于方形台座之上。8 右下方一世俗人物，穿交领齐膝长衣，面向左，双膝跪于方毯之上。右侧画面残损太甚，隐约可见一佛结跏趺而坐，面向右侧世俗人物（图 5）。

9 画面残破，变色严重，内容不可辨识。10 上方十余朵盛开的莲花，莲花下方一正面而坐的佛，穿红色镶黄边袒右袈裟，结跏趺坐于方形台座之上。佛的左侧站立一位世俗女性，穿红色镶黄边外衣，下身穿蓝色曳地长裙；右侧站立一世俗女性，穿蓝色镶黄边外衣，下身穿红色曳地长裙(图 6)。

图 5　第 14 窟十五善生像之四

图 6　第 14 窟十五善生像之五

11 的右侧绘一人字坡的寺院大门，门前有阶梯。阶梯前方即画面的中间部位有一穿红色镶黄边袈裟的比丘(？)，比丘身后跟随一穿交领束袖蓝色长衣的世俗人物。12 的右侧是一世俗男子，坐在一间房子内，穿交领长衣，盘腿而坐。男子对面是一世俗女性，穿交领长衣，盘腿而坐，面前摆放着展开的经卷。二人之间是一个童子(图 7)。

以上是“十五善生”中的十二类善生(13、14、15 被德国探险家盗割)。可以与经文对应的有 1 与 2，所描绘的分别是“常逢善国”和“常逢善王”之情节。此外，3 根据画面内容，推测为经文中的“常值好时”。8 与 10 的画面中间都绘有一佛，旁边分别有一世俗人物听法，这与“十五善生”第十四条“所生之处，见佛闻法”和第十五条“所闻正法，悟甚深义”相合，可惜具体对应关系不明了。12 描绘了一家三口人的生活场景，这与“十五善生”第八条“所生眷属，恩义和顺”相合。其余壁画，与经文对应关系，暂不可考。

图 7　第 14 窟十五善生像之六

2. 不受十五恶死

据格伦威德尔记述，靠近前壁一侧的长条画，共保存有 9 幅，其中第 6 至 9 幅画面难以辨识。其余均被格氏盗割而去，现收藏在德国柏林亚洲艺术博物馆的有两幅，俄罗斯艾尔米塔什博物馆也收藏有 3 幅。

收藏于德国柏林亚洲艺术博物馆的一幅壁画（图 8、图 9），分为两个画面，从下往上对应图 xiv 与图 xiii。图 xiv 描绘了三个人物，上方一人头发后束，穿圆领束袖长袍，双手合十，盘腿而坐。下方两人围坐在一长条形桌子前，桌身

图 8　第 14 窟不受十五恶死像之一

图 9　第 14 窟不受十五恶死像之一

漆以红色，桌面漆以黑色，其上放一酒瓶。右侧一人束丫髻，穿圆领窄袖长袍，手捧一酒器；左侧一人头发后束，穿戴与前人相同，手中似握一酒杯。画面的左侧有榜题，内容为：毒药所害不死。图ⅹⅲ描绘了两个人物，左侧为女性，脸形丰圆，头发后梳，余发披肩而下，身穿圆领窄袖长裙，双手合十，双膝跪地。右侧为男性，头戴展脚幞头，身穿圆领束袖长袍，被一蛇缠绕而倒地。画面的左侧有榜题，内容为：毒蛇所中不死。唐西天竺沙门伽梵达摩译《千手千眼观世音菩萨广大圆满无碍大悲心陀罗尼经》及唐天竺三藏不空译《千手千眼观世音菩萨大悲心陀罗尼》记载诵持大悲陀罗尼咒者，不受"十五种恶死"：

> 一切(者)，不令其饥饿困苦死。二者，不为枷禁杖楚死。三者，不为怨家雠对死。四者，不为军阵相杀死。五者，不为豺狼恶兽残害死。六者，不为毒蛇蚖蝎所中死。七者，不为水火焚漂死。八者，不为毒药所中死。九者，不为蛊毒害死。十者，不为狂乱失念死。十一者，不为山树崖岸坠落死。十二者，不为恶人厌魅死。十三者，不为邪神恶鬼得便死。十四者，不为恶病缠身死。十五者，不为非分自害死。①

由此观之，图ⅹⅳ与图ⅹⅲ榜题及画面内容分别与"不受十五种恶死"之第六条和第八条相符合。

收藏于俄罗斯艾尔米塔什博物馆的一幅壁画(图10、图11)，分为三个画面，从下往上分别对应图ⅹⅱ、图ⅹⅰ与图ⅹ。图ⅹⅱ描绘了一主一仆二人远行的场景。画面右侧是前行的男主人，头发后束，身穿红色圆领窄袖长袍，双手拢于袖内，腰系带。身后仆人紧随，头发后束，上身穿绿色交领束袖齐膝袍子，下身穿红色裤子，肩挑行李。榜题为：远道行不死。图ⅹⅰ描绘了行走在崎岖小道上的两位男子，前面的一位男子头发后束，身穿红色镶蓝边交领齐膝袍子，脚穿长靴，肩挑行李。后面一位男子，头发后束，并裹以白绢，身穿土黄色交领束袖上

① [唐]伽梵达摩译：《千手千眼观世音菩萨广大圆满无碍大悲心陀罗尼经》，第107页b栏。

图 10　第 14 窟不受十五恶死像之二

图 11　第 14 窟不受十五恶死像之二

衣,腰围红色腰衣,下身穿红色裤子,肩挑行李。画面右侧榜题为:旷野道行不死。图 x 描绘了一人被绑在树上,惊恐地回头望向身后的男子,该男子身穿黄色圆领束袖长袍,腿缠裹蓝色绑腿,右手举一把剑,凶神恶煞地向绑在树上的人砍去。该画面右侧榜题脱落,但其内容可与“十五恶死”之第三条“不为怨家雠对死”相契合。而 x ⅱ、x ⅰ 的榜题及画面内容与“十五恶死”不相符,所依佛经,暂不可考。

3. 观音眷属

格伦威德尔根据壁画中出现的神祇,敏锐地判断出主尊为观音。但是,他对观音周围的神祇的判断,即观音的眷属,有些是错误的。

由上文所讨论的壁画中出现“十五善生”与“不受十五恶死”可知,A 为塑绘结合的千手千眼观音,惜现已不存。a’描绘了一老者形象,右手上举,仰面向主尊观音方向望去，左手执一拐杖，身披彩衣，璎珞绕身，赤脚站立于莲花上；老者的左下有一仰面童子（图12）。a为一女性神祇，现已模糊不清，格伦威德尔描述其手捧一碗如意宝珠，有一侍女陪同。格氏认为此女性神祇为坚牢地神，而手执拐杖的老者为婆罗门[①]，这样的判断显然是不确切的。在敦煌石窟的千手千眼观音经变中，观音下方左右两侧往往绘制婆娑仙和功德天。婆娑仙为裸露上身的老者形象，一般为二臂，一手拄杖，一手横于额际作眺望状，其榜题写作“婆叟仙”“婆秀仙”“婆瘦仙”等。功德天为中年女性形象，常手捧花盘，其榜题写作“功德天”，有时也作“功德天女”。日本《秘藏记》载：“次千手千眼观自在菩萨……左侍婆苏大仙，取仙杖；右侍功德天，取花。”[③]a’中老者形象与敦煌石窟壁画及《秘藏记》记载是相吻合的，a中女性形象手捧如意宝珠，则与敦煌石窟壁画和《秘藏记》记载的功德天手捧花盘稍有区别。但总体来说，a’与a为婆娑仙和功德天殆无异议。

图12　第14窟婆娑仙像[②]

b和b’壁画脱落太甚，现已模糊不可辨识。据格伦威德尔记述，是为被烈焰围绕的六臂金刚，每个金刚的脚下踩着一个猪嘴面孔的小鬼。b处的六臂金刚三只右手分别拿着宝剑、法绳与法轮，两只左手分别拿着板斧和Paraśu，第三

① [德]格伦威德尔著，赵崇民、巫新华译：《新疆古佛寺：1905—1907年考察成果》，第425—426页。
② 采自[德]格伦威德尔著，赵崇民、巫新华译：《新疆古佛寺：1905—1907年考察成果》，第425页。
③《秘藏记》（京都高山寺藏本），《大正新修大藏经》图像部第一册，第13页c栏。

只手未拿东西。b’处的六臂金刚手中法器已经缺失①。

除此之外，格伦威德尔还记述了观音塑像左右两侧绘有两身大型坐姿菩萨,坐姿菩萨的上方还有两至三个人物形象,现仅残存右侧一身和左侧两身菩萨的轮廓。观音塑像上方的图像,格氏认为是几身飞天②,据笔者仔细查看,实为乘祥云的十方佛。

在观音塑像与功德天之间,即 a 处壁画被盗割,格伦威德尔记述:在女神(即功德天)的前面,画着很小的跪姿画师形象,手持颜料小碟和毛笔,旁边有一行回鹘文题记。格氏还说,他已经把这个人像割走,并放到了博物馆内③。幸运的是,我们在德国柏林亚洲艺术博物馆找到了此块壁画(图 13、图 14),虽然原

图 13　第 14 窟回鹘比丘画师像

图 14　第 14 窟回鹘比丘画师像原图

① 详见[德]格伦威德尔著,赵崇民、巫新华译:《新疆古佛寺:1905—1907 年考察成果》,第 425 页。
② 详见[德]格伦威德尔著,赵崇民、巫新华译:《新疆古佛寺:1905—1907 年考察成果》,第 425 页。
③ 详见[德]格伦威德尔著,赵崇民、巫新华译:《新疆古佛寺:1905—1907 年考察成果》,第 426 页。

始档案并未记录出自哪一个洞窟，但对照画面，可以肯定此块壁画就是a处被盗割的壁画。

（二）第41窟千手千眼观音经变

第41窟是一个形制较小的洞窟，其右侧壁的千手千眼观音经变（表1、图15）之主尊，不可能像第14窟那样成为塑像。正因为如此，观音的形象才能相对完整地保存下来。

表1 柏孜克里克第41窟千手千眼观音经变示意

<table>
<tr><td>ⅲ</td><td>ⅱ</td><td>ⅰ</td><td rowspan="2">d</td><td>1</td><td>2</td><td>3</td></tr>
<tr><td>ⅵ</td><td>ⅴ</td><td>ⅳ</td><td rowspan="2">4</td><td>5</td><td>6</td></tr>
<tr><td>ⅷ</td><td>ⅶ</td><td></td><td rowspan="8">Ae</td><td>7</td><td>8</td></tr>
<tr><td>ⅸ</td><td colspan="2" rowspan="3">c</td><td colspan="2" rowspan="3">c'</td><td>9</td></tr>
<tr><td>ⅹ</td><td>10</td></tr>
<tr><td>ⅹⅰ</td><td>11</td></tr>
<tr><td>ⅹⅱ</td><td rowspan="4">b</td><td rowspan="4">a</td><td rowspan="4">a'</td><td rowspan="4">b'</td><td>12</td></tr>
<tr><td>ⅹⅲ</td><td>13</td></tr>
<tr><td>ⅹⅳ</td><td>14</td></tr>
<tr><td>ⅹⅴ</td><td>15</td></tr>
</table>

如上表1，A为千手千眼观音，赤脚站立于莲花之上，具莲瓣形背光，三十八只手多持有法器。a为功德天，双手托一盘，盘内盛放宝珠；a'为婆娑仙，右手上举，目视前方。b和b'为忿怒金刚，被烈焰包围，b脚下还残存猪头的毗那夜迦。c和c'分别描绘了三身菩萨，可以辨认其身份者唯有c下方的送子观音。d为前来助会的十方佛；e为六身供养人，右侧为三个引导比丘，左侧为三个回鹘女供养人。1—15，描绘的是“十五善生”；ⅰ—ⅹⅴ，描绘的是“不受十五恶死”。相较第14窟，第41窟千手千眼观音经变的“十五善生”和“不受十五恶死”画面破

图 15 第 41 窟千手千眼观音经变①

损严重,而其主尊观音及其两侧的菩萨、上方的十方佛保存却相对较好。同时,两窟的经变画在图像要素、题材和布局诸方面皆雷同,可资参比,进而补原其所缺画面。如第 14 窟主尊观音右侧下方的菩萨,现仅残存模糊的轮廓,但从其所处位置和前倾的身姿,与第 41 窟比对可知应为送子观音;右侧上方现仅存一圆轮,与第 41 窟同位置的菩萨比对可知,此圆轮应为菩萨上举的日轮或月轮。再如,第 14 窟主尊观音左侧上方两身菩萨的模糊轮廓,亦与第 41 窟同位置的菩萨相同。至此,我们完全有理由推知,第 14 窟观音左右两侧原来有六身菩萨。此六身菩萨加上主尊观音,共同构成了高昌回鹘时期吐鲁番颇为流行的七观音图像。

此外,第 14 窟主尊观音上方的图像,脱落殆尽,模糊不可辨识。格伦威德尔认为是飞天,但对比第 41 窟同位置图像,显然应为十方佛。

① 徐东良先生临摹,王征先生根据其底稿线描。

二、绘画传统与艺术风格

柏孜克里克第 14 与 41 窟的千手千眼观音经变的构图要素有三：一为主尊千手千眼观音，二为观音之眷属，三为“十五善生”与“不受十五恶死”。下面我们首先讨论一下构图要素一。

高昌回鹘流行三种千手千眼观音像式。第一种像式主尊千手千眼观音呈坐姿，被绘制在一个大圆环内，眷属则被安置在圆环外。第二种像式以第 41 窟为代表，主尊千手千眼观音呈站姿，其千手眼被一个莲瓣形的图案所环绕，眷属被安置在莲瓣形图案的外围。第三种像式是在幡头及幡身绘满眼睛，以此代表千手千眼观音。唐五代时期敦煌的千手千眼观音像式，观音无论是坐姿还是立姿，围绕他的都是圆形的环。很显然，第一种像式是对敦煌的模仿与学习，其流行年代在高昌回鹘早期(9 世纪中叶至 10 世纪)，它之所以被回鹘人采纳，肯定有其存在的合理性。

古希腊时期，毕达哥拉斯学派认为：“一切立体图形中最美的是球形，一切平面图形中最美的是圆形。”[①]因此，在中西方美术史中，圆经常以可见的、直观的或隐性的、暗示的方式出现在诸多艺术品中。史忠平先生认为：“密教观音以多首多臂为特点，而这一特点就决定了其以圆为主的造像结构。因为密教观音的多首多臂多足共生于一体之上，但却要互不相碍的展现出来，这样一来，观音的诸多手臂不管如何运动，其臂长在半径上总会有较高的重复率，而这一重复的半径连接的结果就是一个圆。”[②]史先生所论甚当，他将这种以观音的臂长为半径形成的圆归属为显性圆，并称除了显性圆外，还存在有以眷属环绕观音而形成的隐性圆。圆在敦煌密教观音画像中的运用是十分普遍的现象，这不仅

① 北京大学哲学系美学教研室编：《西方美学家论美和美感》，商务印书馆，1980 年，第 15 页。

② 史忠平：《莫高窟唐代观音画像研究》，中国社会科学出版社，2016 年，第 220—221 页。

是它本身具有美的特性，更重要的是它对宗教气氛的营造。回鹘人在绘制壁画时，也特别喜爱用圆来表现，最典型的例子就是柏孜克里克第 39 窟的文殊变与普贤变。画师在绘制这两个经变画时，用云纹图案勾勒出巨大的圆环，将主尊与眷属安置在圆环内，给人以华美、大气、饱满、浮动的视觉冲击。

宋初，敦煌开始出现一种新的千手千眼观音造像式样，千手观音被椭圆形所环绕。如榆林窟第 35 窟，表层壁画绘制于宋初曹氏归义军时期，据陈菊霞先生的最新研究，在端拱元年（988）至咸平五年（1002）之间[①]。前室顶部中央绘制千手千眼观音一铺，北侧不空羂索观音一铺，南侧如意轮观音一铺，其中千手千眼观音头部残缺，身体躯干外绘一椭圆形图案，诸眷属被绘制在椭圆形图案的外围。再如榆林窟第 39 窟，表层壁画绘制于沙州回鹘时期（1036—11 世纪 60 年代末），甬道南、北壁各画千手千眼观音一铺，具圆形头光和椭圆形背光。由此来看，柏孜克里克第 41 窟的千手千眼观音像式当源自宋初榆林窟，其传播中介可能是沙州回鹘。但高昌回鹘对佛教艺术的追求并没有墨守敦煌的成规，而是有所扬弃，将椭圆形图案改造成莲瓣形图案，与千手千眼观音结合显得更加圆融。

上述高昌回鹘时期千手千眼观音经变的构图要素二，即观音眷属的配置，也可以体现出该时期的绘画传统。由于第 14 窟的壁画破损严重，下面我们以第 41 窟的千手千眼观音经变为例展开探讨。在此之前，有必要对敦煌石窟中的千手千眼观音经变的眷属做一简要考察。

敦煌石窟中千手千眼观音经变的眷属，王惠民先生做过全面的统计[②]，可惜他没有标示出眷属的具体位置。缘此，笔者对《敦煌石窟全集》第 10 册《密教画卷》（商务印书馆，2003 年）中千手千眼观音经变的眷属进行统计，列表如下：

---

① 陈菊霞：《榆林窟第 35 窟营建年代与功德主辨析》，《敦煌研究》2016 年第 3 期，第 46—51 页。
② 王惠民：《敦煌千手千眼观音像》，《敦煌学辑刊》1994 年第 1 期，第 75—76 页。

表2 敦煌石窟中的观音眷属

	观音上方	观音下方	观音两侧
莫高窟148窟东壁门上(盛唐)		功德天、婆薮仙、二龙王、宝池、二忿怒金刚、毗那夜迦、毗那勒迦	内四供养菩萨、外四供养菩萨、火天、水天等
莫高窟144窟东壁门南(中唐)	日光菩萨、月光菩萨	功德天、婆薮仙、二龙王、宝池、二忿怒金刚、毗那夜迦、毗那勒迦、火神、水神、二供养菩萨	金翅鸟王、孔雀王、音声菩萨、莲花菩萨、金刚缦菩萨、金刚香菩萨、地神天王、风神天王
莫高窟361窟东壁门北	日光菩萨、月光菩萨	功德天、婆薮仙、二忿怒金刚	内四供养菩萨、四大天王
莫高窟176窟东壁门上(中唐)	日光菩萨、月光菩萨	二忿怒金刚、二龙王、宝池	无
莫高窟14窟南壁(晚唐)	日光菩萨、月光菩萨、飞天	功德天、婆薮仙、二龙王、宝池、二忿怒金刚	四天王、十二身菩萨(其中有内四供养菩萨、外四供养菩萨)
莫高窟156窟西壁龛顶中央(晚唐)	日光菩萨、月光菩萨	功德天、婆薮仙、宝池、二忿怒金刚	内四供养菩萨、外四供养菩萨、二天王、火天神、水天神
莫高窟161窟顶部中央(晚唐)	四角绘二飞天和二菩萨(或称之为内四供养菩萨)		
榆林窟36窟南壁(五代)	二飞天	功德天、婆薮仙、二龙王、宝池、二忿怒金刚、毗那夜迦、毗那勒迦、二天神	慈氏菩萨、延寿命菩萨等八身菩萨,梵天、帝释天等护法神十三身。
莫高窟76窟北壁(宋)	飞天	壁画脱落	无眷属,不受十五恶死。
莫高窟76窟南壁(宋)	飞天	壁画脱落	无眷属,十五善生。
莫高窟30窟东壁门北(西夏)	日光菩萨、月光菩萨、二童子、二供养菩萨	六身供养菩萨、二龙王、宝池	无
莫高窟3窟北壁(元)	二飞天	二忿怒金刚、毗那夜迦、毗那勒迦	功德天、婆薮仙
莫高窟3窟南壁(元)	二飞天	功德天、婆薮仙	帝释天、梵天

上表所列13幅千手千眼观音经变中，观音的眷属多寡不等，多者30余身，少者仅4身。观音上方主要绘制日光菩萨、月光菩萨和飞天，为了塑造观音庄严的身份与地位，其头顶往往绘华丽的华盖。观音下方主要绘功德天、婆娑仙、龙王、忿怒金刚、毗那夜迦、毗那勒迦，龙王多站立于宝池中。此外，根据王惠民先生的统计，观音的上方还常绘十方佛，下方绘恶鬼和贫儿。观音两侧主要绘菩萨和天部像，其中，菩萨多为供养菩萨，有时也会出现慈氏菩萨、延寿命菩萨等阶位比较高的菩萨；天部神像有梵天、帝释天、孔雀王、金翅鸟王、四天王、地神、水神、火神、风神等，他们属于护法神。

柏孜克里克第41窟的千手千眼观音经变，主尊千手千眼观音位居画面中央，观音上方绘十方佛，下方绘功德天、婆娑仙、二忿怒金刚、毗那夜迦、毗那勒迦，左右两侧对称各绘三身菩萨。这些眷属的配置，与敦煌的千手千眼观音经变既有相同的地方，又有区别。观音上方的十方佛以及下方的功德天、婆娑仙等神像，都与敦煌相同，显然有一定的承袭关系。不同的是，观音头顶没有绘装饰性的华盖，上方没有日光菩萨、月光菩萨，下方也没有绘龙王与宝池，以及恶鬼和贫儿。不同之处最明显的是观音两侧的眷属，第41窟只绘菩萨，而敦煌既有菩萨，又有天部像。此外，虽然都绘有菩萨，但菩萨的身份却迥然有别。敦煌的菩萨大多是供养菩萨，如内四供养菩萨（金刚嬉、金刚鬘、金刚歌、金刚舞）和外四供养菩萨（金刚香、金刚华、金刚灯、金刚涂香），他们的作用是以香、花、歌、舞等供养主尊千手千眼观音。第41窟的菩萨有六身，其中一身可以明确判定为送子观音，其余五身虽都是普通菩萨形象，但实际上也是观音，他们与主尊千手千眼观音地位是相同的，一起构成了七观音组合。这种组合不唯第41窟如此，吐鲁番存世不多的其他千手千眼观音经变亦如是；不唯千手千眼观音经变如此，其他类型的观音经变多亦如是。由此，我们推测：高昌回鹘时期七观音组合是当时画师所要遵循的一种绘画传统。

至于高昌回鹘时期千手千眼观音经变的构图要素三，即“十五善生”与“不受十五恶死”，敦煌莫高窟亦有；但是，其构图布局与艺术风格与敦煌迥异。特别是柏孜克里克第14窟，人物服饰有明显的元代特点，下文会有论及，兹不赘述。

吾人固知，回鹘佛教以汉传佛教为主导，佛教艺术也多为中原绘画风格，这种风格多承袭自敦煌。敦煌的绘画对高昌回鹘的影响无处不在，如柏孜克里克第 14 窟窟顶金刚界曼陀罗中阿弥陀佛圆形头光内水波纹纹饰（图 16），回环往复，极富韵律感。此种纹饰在敦煌石窟中非常流行[①]，最早出现于盛唐，五代、北宋、西夏遂沿用，不绝如缕。佛与菩萨的头光多采用之，有时背光的纹饰也采用此水波纹表现。如，莫高窟第 231 窟龛顶东坡的一铺弥勒像，时代为中唐，榜题为“天竺白银弥勒瑞像”，由此可知，这是印度传来的一种图像。所谓印度所传，是指弥勒身穿白色袈裟，倚坐说法，但其头光采用红绿蓝黑四色绘制的水波纹式样（图 17），则是敦煌本地风格。

图 16　柏孜克里克第 14 窟的阿弥陀佛

图 17　莫高窟第 231 窟的弥勒佛

高昌回鹘归顺元朝后，藏传佛教随之传入吐鲁番。柏孜克里克石窟混杂有藏传佛教风格的洞窟，据格伦威德尔教授调查有第 3、Ⅱ、

① 笔者拣敦煌研究院编《敦煌石窟全集》之《密教画卷》《弥勒经画卷》《弥陀经画卷》三册，即发现有 80 余例。

27、28、30、31、32、33诸窟[①]（格伦威德尔编号），其中第3、28窟即为本文重点讨论的第14、41窟。特别是第14窟，格氏认为“具有一种少见的、类型奇特的混合式特征”，并指出“正壁上和侧壁上的壁画造型与穹隆顶和门壁上的完全不同”[②]。格氏所说的“混合式”，即汉风与藏风的混合，正壁和侧壁多汉风，但也有少许藏传佛教风格，如右侧壁千手千眼观音经变中“十五善生”情节中，人物服饰呈现元代特征，不少世俗人物头戴尖顶帽，与藏传佛教僧人所戴帽类似。穹隆顶则是藏传和汉传密教的混合艺术风格，如其天神的形象，在造型和色彩的运用就具有明显的藏传佛教艺术风格。

三、西方净土信仰体系下的救难与往生思想

柏孜克里克第14、41窟的千手千眼观音经变均位于洞窟的右侧壁，观音不是窟室的主尊。那么，正壁的主尊是何？左侧壁是何？窟顶是何？以下略做考析。

第14窟为方形穹隆顶洞窟，入口坍塌，据格伦威德尔记载，两侧门壁各绘有一个身穿长衣的、真人大小的天神。前壁原来有男女回鹘供养人，均被格伦威德尔切割运回德国[③]。地面绘制有地画，因没有进行清理发掘，内容不详。正壁前有一长方形台座，其上塑像今已不存，仅留桃形背光痕迹，两侧绘有莲花、童子、栏杆和孔雀等图像，据此可推测此壁为塑绘结合的阿弥陀经变，主尊为阿弥陀佛。左侧壁中间的塑像已毁，残存背光痕迹，格伦威德尔推测可能是弥勒佛[④]；两侧绘供养菩萨，残破太甚，不能辨识。穹顶绘制五个同心圆，同心圆内绘制佛、菩萨、天神、宝瓶等，根据同心圆边框内出现的汉文题记推测，穹顶壁画应为金刚界曼陀罗，主尊为大日如来。此外，穹顶下方、正壁塑像的上方，还绘有一六臂观音及其胁侍。

① ［德］格伦威德尔著，赵崇民、巫新华译：《新疆古佛寺：1905—1907年考察成果》，第413页。
② ［德］格伦威德尔著，赵崇民、巫新华译：《新疆古佛寺：1905—1907年考察成果》，第413页。
③ ［德］格伦威德尔著，赵崇民、巫新华译：《新疆古佛寺：1905—1907年考察成果》，第422—423页。
④ ［德］格伦威德尔著，赵崇民、巫新华译：《新疆古佛寺：1905—1907年考察成果》，第426页。

第41窟为长方形纵券顶洞窟，后世经过改建，在窟内中间稍靠后之处重新砌了一堵墙，作为现在的正壁。正壁中央有一台座，其上原有一佛陀塑像，现已不存；佛陀两侧各站立一胁侍菩萨，由于正壁空间所限，菩萨被塑于靠近正壁的两侧壁处，现仅存背光。佛陀塑像后面有覆钵形背光，背光的纹饰为高昌回鹘时期典型的编织纹。背光两侧上方各有一飞天，左侧下方绘一佛二菩萨；再其下绘有栏杆，四周有水，水中生出莲花。至此，我们推测：正壁已毁的一佛二菩萨塑像为阿弥陀佛及其胁侍观音与大势至菩萨；背光左侧下方的一佛二菩萨为阿弥陀佛来迎图，右侧下方原来有同样的题材，惜模糊几不可辨。整个正壁所表现的是西方净土圣境，即阿弥陀经变。窟顶为千佛，每身佛两侧均有两身胁侍菩萨。左侧壁为观无量寿经变，十六观绘制于两侧。前壁左侧残存四行回鹘供养人，右侧壁画已毁。门壁壁画脱落。

为了更直观地说明两个洞窟在壁画题材上的组合，特列表如下：

表3 柏孜克里克第14、41窟壁画题材

窟号	正壁	左侧壁	右侧壁	窟顶	前壁	门壁
14	阿弥陀经变	弥勒经变？	千手千眼观音经变	金刚界曼陀罗、六臂观音	回鹘供养人	天神
41	阿弥陀经变	观无量寿经变	千手千眼观音经变	千佛	回鹘供养人	

第14窟左侧壁由于壁画脱落太甚，格伦威德尔推测主尊为弥勒佛，暂且不论。那么该窟的组合则是阿弥陀经变、千手千眼观音经变、金刚结曼陀罗及六臂观音。这里需要注意的是，金刚结曼陀罗的主尊是大日如来，与正壁的主尊阿弥陀佛相等而立，彼此没有从属关系。第41窟是由阿弥陀经变、观无量寿经变、千手千眼观音经变和千佛组合而成。两窟的相同组合是西方净土变和千手千眼观音经变，此组合渊源有自，在敦煌石窟中，唐代开始出现。

唐代是阿弥陀佛信仰的鼎盛时期，在敦煌石窟中有大量西方净土变的壁画，仅莫高窟就有115铺，尤以观无量寿经变最多，达78铺。唐代，莫高窟观无量寿经变 78 铺，无量寿经变和阿弥陀经变 37 铺[①]；五代北宋时期，观无量寿经变锐减，莫高窟和榆林窟共有观经变 10 铺；西夏时期莫高窟观无量寿经变付之阙如，仅榆林窟保存 1 铺[②]；元代，观无量寿经变绝迹。相比西方净土变，千手千眼观音经变在敦煌石窟中出现较晚，始于盛唐。据王惠民先生统计，盛唐至元代的千手千眼观音经变有 51 余铺[③]。其中，唐代有 19 铺，五代有 14 铺，北宋有 9 铺，回鹘与西夏有 8 铺，元代 1 铺。由此可见，仅就敦煌石窟中的壁画而言，西方净土变在唐代达到鼎盛，五代之后渐次式微；千手千眼观音经变在盛唐出现以后，持续发展，历五代至西夏，方兴未艾，然而到了元代仅存 1 铺。作为一种题材组合，在敦煌莫高窟，西方净土变与千手千眼观音变同处一个窟者，笔者粗略统计如下：

表 4　莫高窟西方净土变与千手千眼观音变组合[④]

窟号	内容	时代	位置
329	阿弥陀经变	初唐	主室南壁
	千手千眼观音经变	五代	前室顶部西坡
335	阿弥陀佛一铺	初唐	主室东壁门上
	千手千眼观音经变	北宋	前室顶部
45	观无量寿经变	盛唐	主室北壁
	千手千眼观音经变	五代	前室顶部
113	观无量寿经变	盛唐	主室南壁
	千手千眼观音经变	盛唐	主室东壁门南
120	观无量寿经变	盛唐	主室南壁
	千手千眼观音经变	五代	甬道南壁
148	观无量寿经变	盛唐	主室东壁门南
	千手千眼观音经变	盛唐	主室东壁门上

① 敦煌研究院编：《敦煌石窟全集》第 5 卷《阿弥陀经画卷》，香港：商务印书馆，2002 年，第 15 页。
② 敦煌研究院编：《敦煌石窟全集》第 5 卷《阿弥陀经画卷》，第 88 页。
③ 王惠民：《敦煌千手千眼观音像》，《敦煌学辑刊》1994 年第 1 期，第 63 页。
④ 根据敦煌文物研究所整理：《敦煌莫高窟内容总录》（文物出版社，1982 年）一书统计而来。

续表

窟号	内容	时代	位置
172	观无量寿经变(二铺)	盛唐	主室南壁、北壁
	千手千眼观音经变	北宋	前室南壁
379	观无量寿经变	盛唐	主室南壁
	千手千眼观音经变	五代	前室顶部西坡
144	观无量寿经变	中唐?	主室南壁
	千手千眼观音经变	晚唐	主室东壁门南
176	观无量寿经变	中唐	主室南壁
	千手千眼观音经变	中唐	主室南壁
231	观无量寿经变	中唐	主室南壁
	千手千眼观音经变	中唐	甬道顶部
	千手千眼观音经变	宋代	前室顶部
238	观无量寿经变	中唐	主室南壁
	千手千眼观音经变	中唐	前室南壁
258	观无量寿经变	中唐	主室北壁
	千手千眼观音经变	中唐	主室东壁门南
361	阿弥陀经变	中唐	主室南壁
	十一面千手千眼观音经变	中唐	主室东壁门北
386	阿弥陀经变	中唐	主室南壁
	千手千眼观音经变	中唐	主室东壁门上
141	观无量寿经变	晚唐	主室南壁
	千手千眼观音经变	北宋	甬道顶部
156	阿弥陀经变	晚唐	主室南壁
	千手千眼观音经变	晚唐	主室西壁龛顶

表 4 所列两种经变计有 17 组。此种题材组合绘制于同一时期者,集中在唐代,另有不少千手千眼观音经变是在五代至北宋时期补绘。前文所记,在莫

高窟的元代洞窟中，西方净土变与千手千眼观音经变寥若晨星。相比而言，吐鲁番石窟中无论是西方净土变，还是千手千眼观音经变，在元代均呈现繁盛的景象。莫高窟的这两种经变，就其在同一洞窟所处位置而言，并没有规律可言，且与其他佛传、本生、经变并列存在，体现了敦煌石窟宗教内涵的丰富性。然而，在吐鲁番石窟中，两种经变的组合则具有单一性。一般来说，正壁主尊为阿弥陀佛，描绘阿弥陀经变，两侧壁分别为观音经变与观无量寿经变，这样的组合具有可以显见的宗教意涵。

从宏观的角度来讲，柏孜克里克第 14 窟和 41 窟均以正壁主尊为阿弥陀佛的阿弥陀经变展开，侧壁的千手千眼观音经变，统摄于西方净土信仰体系之下。但我们也必须清醒地认识到：自《法华经》中的《普门品》独立出来后，观音信仰逐渐兴盛，专门称颂观音的经典陆续开始出现，在佛教造像中，作为独立尊格的观音像也开始渐多。从唐代开始，随着千手千眼观音图像流入中土和经典的传译，千手千眼观音信仰大盛，从而形成与阿弥陀佛信仰并立的格局。那么，在吐鲁番石窟中，为何频繁出现上文所述之组合，千手千眼观音经变又是如何被统摄入阿弥陀佛为主尊的洞窟中的呢？

由唐以来，有关千手千眼观音经典的传译如雨后春笋般的出现，如不空的《金刚顶瑜伽千手千眼观自在菩萨修行仪轨经》《千手千眼观世音菩萨大悲心陀罗尼》《大悲心陀罗尼修行念诵略仪》《摄无碍大悲心大陀罗尼经仪轨》《大慈大悲救苦观世音自在王菩萨广大圆满无碍自在青颈大悲心陀罗尼》、智通的《千眼千臂观世音菩萨陀罗尼神咒经》、菩提流支的《千手千眼观世音菩萨姥陀罗尼身经》、伽梵达摩的《千手千眼观世音菩萨广大圆满无碍大悲心陀罗尼经》《千手千眼观世音菩萨治病合药经》、金刚智的《千手千眼观自在菩萨广大圆满无碍大悲心陀罗尼咒》《千手千眼观世音菩萨大身咒》、苏嚩罗的《千光眼观自在菩萨秘密法经》、善无畏的《千手观音造次第法仪轨》，等等。这些经典皆为修行仪轨和陀罗尼神咒，特别是后者，集中体现了修行者念诵陀罗尼，将会受到千手千眼观音的庇佑，获诸般利益。下面，我们以伽梵达摩的《千手千眼观世音菩萨广大圆满无碍大悲心陀罗尼经》为例，对千手千眼观音利益众生的神通略述之。

是经讲述了释迦牟尼佛在补陀落迦山观世音宫殿的宝庄严道场中，和观世音菩萨交替为与会大众演说大悲心陀罗尼。首先，观世音菩萨述说了得此陀罗尼的因缘：在过去世时，他在千光王静住如来处初闻，即从初地超第八地，并生千手、千眼。其次，观世音菩萨与释迦牟尼佛述说了诵持此陀罗尼的诸般益处：如可得“十五善生”、不受“十五恶死”，可治百病，可使夫妻和睦，可挣脱枷锁，可灭虫害，可使枯树开花，可使百姓五谷丰登、万姓安乐，可降伏和役使鬼神等等。最后，佛还告诉大众，诵持此陀罗尼者，观世音当以千眼照见、千手护持。千手各持法器，具有不同的功用：

> 若为富饶种种珍宝资具者，当于如意珠手。若为种种不安求安隐者，当于羂索手。若为腹中诸病，当于宝钵手。若为降伏一切魍魉鬼神者，当于宝剑手。若为降伏一切天魔神者，当于跋折罗手。若为摧伏一切怨敌者，当于金刚杵手。若为一切处怖畏不安者，当于施无畏手。若为眼闇无光明者，当于日精摩尼手。若为热毒病求清凉者，当于月精摩尼手。若为荣官益职者，当于宝弓手。若为诸善朋友早相逢者，当于宝箭手。若为身上种种病者，当于杨枝手。若为除身上恶障难者，当于白拂手。若为一切善和眷属者，当于胡瓶手。若为辟除一切虎狼犲豹诸恶兽者，当于旁牌手。若为一切时处好离官难者，当于斧钺手。若为男女仆使者，当于玉环手。若为种种功德者，当于白莲华手。若为欲得往生十方净土者，当于青莲华手。若为大智慧者，当于宝镜手。若为面见十方一切诸佛者，当于紫莲华手。若为地中伏藏者，当于宝箧手。若为仙道者，当于五色云手。若为生梵天者，当于军迟手。若为往生诸天宫者，当于红莲华手。若为辟除他方逆贼者，当于宝戟手。若为召呼一切诸天善神者，当于宝螺手。若为使令一切鬼神者，当于髑髅杖手。若为十方诸佛速来授手者，当于数珠手。若为成就一切上妙梵音声者，当于宝铎手。若为口业辞辩巧妙者，当于宝印手。若为善神龙王常来拥护者，当于俱尸铁钩手。若为慈悲覆护一切众生者，当于锡杖手。若为一切众生常相恭敬爱念者，当于合掌手。若为生生之众不离诸佛边者，当于

化佛手。若为生生世世常在佛宫殿中,不处胎藏中受身者,当于化宫殿手。若为多闻广学者,当于宝经手。若为从今身至佛身菩提心常不退转者,当于不退金轮手。若为十方诸佛速来摩顶授记者,当于顶上化佛手。若为果蓏诸谷稼者,当于蒲萄手。[①]

从以上我们获知,观音拥有不可思议的威神之力,可以满足众生一切善的愿望,归纳起来分现世和来世。现世主要是救难,此处之"难",非单指苦难、困难,泛指一切需要救助的希求。来世主要是往生,可以往生十方净土,即可以往生任何一方净土。虽然千手千眼观音可以作为单独崇奉的对象,但他仍常称念本师阿弥陀佛。如,他告诉欲诵持大悲心陀罗尼者,先"至心称念,我之名字;亦应专念,我本师阿弥陀如来"[②]。因此,众生信仰观音的最终归宿,常常是西方净土,而非其他净土世界。释迦牟尼佛即告诫众生要常供养观音,专称其名号,可"得无量福,灭无量罪,命终往生阿弥陀佛国"[③]。观音的救难功能,反映在图像上,可以由其千手千眼及手中所持器物来表现,也可由其眷属来体现,最直观的由"十五善生"和不受"十五恶死"之情节来体现。但是,观音的往生功能,却在图像上很难表达;阿弥陀经变描绘了西方净土世界的种种美好场景,正好弥补了千手千眼观音经变之缺憾。第 14 和 41 窟两种经变的组合,完整呈现了观音现世救难与来世往生的功能。

有关西方净土世界所展现的来世往生思想,第 41 窟正壁的阿弥陀佛来迎图颇值得注意。阿弥陀佛来迎图最早出现于敦煌莫高窟第 171 和 431 窟的西方净土变中,时代为唐代。据张元林先生统计,西夏以前的莫高窟和榆林窟 100 多幅西方净土变中,佛国净土宏大严整的宫殿建筑、华丽的舞乐场面等种种妙相始终是画面的主体,在画面下部也必定有宝池,池中有或开或合的莲花,表

---

① [唐]伽梵达摩译:《千手千眼观世音菩萨广大圆满无碍大悲心陀罗尼经》,《大正新修大藏经》第二十册密教部三,第 111 页 a—b 栏。

② [唐]伽梵达摩译:《千手千眼观世音菩萨广大圆满无碍大悲心陀罗尼经》,第 107 页 a 栏。

③ [唐]伽梵达摩译:《千手千眼观世音菩萨广大圆满无碍大悲心陀罗尼经》,第 110 页 a 栏。

现莲花化生,而表现阿弥陀佛来迎画面的仅以上两例[①]。到了西夏时期,阿弥陀佛来迎图开始丰富起来。如榆林窟第10窟窟顶出现了九品曼陀罗,画面以同心圆中的九身阿弥陀佛像来分别现示九品来迎。东千佛洞第7窟左、右壁前部各绘有一铺阿弥陀来迎图[②]。此外,在俄罗斯艾尔米塔什博物馆收藏了来自黑水城的7幅阿弥陀佛来迎的纺织品绘画。

唐代敦煌石窟的阿弥陀来迎图附属于西方净土变,是净土变九品往生中不可分割的内容,且只有两例,为该题材的萌芽时期。这说明阿弥陀佛现前来迎的他力往生易行道,还没有成为佛教信徒往生西方净土的流行法门,当时的信徒还是主要依靠内因,即通过自身的不断实践修行来达到往生西方净土的愿望。相比唐代,西夏的阿弥陀来迎图逐渐脱离西方净土变,成为一种独立的绘画题材。为何会发生此种变化,张元林先生认为:一方面标志着表现阿弥陀来迎主题的艺术形式的完全成熟,另一方面也反映了人们比以往更加重视阿弥陀现前来迎。同时,张先生还推测,独立的阿弥陀来迎图,在当时整个宋朝统治的中原地区是很普遍的[③]。

第41窟的阿弥陀佛来迎图绘于正壁的阿弥陀经变中,表面上看属于阿弥陀经变的一部分,但却具有相对的独立性,是宋代中原和河西地区流行的新的净土往生思想在高昌传播的一个例证。

四、高昌回鹘时期的千手千眼观音信仰

吐鲁番石窟中高昌回鹘时期的千手千眼观音像,除了存在于以上讨论的柏孜克里克第14、41窟外,格伦威德尔在其报告中提到伯西哈尔石窟第5窟右

① 张元林:《从阿弥陀来迎图看西夏的往生信仰》,《敦煌研究》1996年第3期,第78页。
② 张小刚、郭俊叶:《黑水城与东千佛洞石窟同类佛教造像题材浅析》,《西藏研究》2013年第5期,第62页。
③ 张元林:《从阿弥陀来迎图看西夏的往生信仰》,《敦煌研究》1996年第3期,第79页。

侧壁也绘有千手千眼观音像(现已模糊不可辨)。2015年,考古工作者在吐峪沟发掘清理时,于第22窟前室坍塌的废墟内也发现了千手千眼观音的壁画残块。由于石窟壁画残破太甚,塑像更是几无遗留,实际的千手千眼观音像绝非以上四例。如柏孜克里克第15、17、20三窟,根据窟内残存的壁画来看,正壁原来很可能是千手千眼观音塑像。

高昌回鹘时期的千手千眼观音纺织品绘画也比较多。如德国柏林亚洲艺术博物馆即收藏有41件残片,在这些绘画残片中,有三件幡画比较特别,幡头和幡身满绘眼睛,以此代表千手千眼观音,其中有一件幡画还写有回鹘文发愿文。日本学者森安孝夫先生对其进行了释读,翻译如下:

> 向神圣的观音祈祷并称诵他的名号,可以免于危难,因而我将(此幡画)悬挂于(这个寺庙)的中心。以此善行的力量,使我迅速从轮回[之苦]中解脱出来,让我的儿子们获得佛果。我,Udmïš,已经制作了(此幡)。①

此发愿文记述了回鹘人Udmïš制作了一幅幡画,希望通过这样的善行免于现世的危难,脱离轮回之苦,往生佛国净土;同时也希望他的儿子们也能够获得佛果,即死后能够成佛。从这幅幡画制作的简易程度来看,Udmïš可能是一位家庭经济条件一般的平民。三件幡画的发现,反映了高昌回鹘时期下层民众对千手千眼观音信仰的事实。

除了德国收藏品外,俄罗斯艾尔米塔什博物馆收藏了一件比较完整的千手千眼观音像,主尊观音位居画面中央,上方绘五方佛、文殊菩萨与普贤菩萨,五方佛之间及四周绘千佛,下方绘诸眷属,再之下则是回鹘供养人。从绘画的精美程度和供养人服饰来看,这件观音像应该是回鹘王室成员或者贵族出资

---

① Takao Moriyasu, Peter Zieme, *Uighur inscriptions on the banners from Turfan housed in the Museum für Indische Kunst, Berlin*, *Chhaya Bhattacharya—Haesner*, *Central Asian Temple Banners in the Turfan Collection of the Museum für Indische Kunst, Berlin*, 2003, Berlin, p.466.

供养的。

高昌回鹘时期,回鹘人热衷于将汉文佛经翻译为回鹘文。在这些被翻译为回鹘文的佛经中,有不少是关于千手千眼观音的,如《千眼千臂观世音菩萨陀罗尼神咒经》《千手千眼观世音菩萨广大圆满无碍大悲心陀罗尼经》等。后一部佛经所保留的题跋如实地记录了该经由汉文翻译为回鹘文的详细情况:

> 时幸福的、伟大的桃花石国中有名叫……寺中的洞彻三藏的名叫……的大法师从印度语译为桃花石语。又受赞颂的十姓回鹘后学别失八里人圣光法师再由桃花石语译为回鹘语,名之曰《千手千眼观世音菩萨……[经]》第三品终。①

题跋中的桃花石语即汉语,该经先由梵文翻译为汉文,后来又由著名的回鹘佛经翻译家圣光法师翻译为回鹘文。

为了表达对千手千眼观音的敬仰和崇信，回鹘人还创作诗歌来抒发他们心中的赞美之情。这样的赞美诗名为《千手千眼观世音菩萨赞歌》,目前共发现 5 叶(编号为 U5103、U5803、U5950、U6048、U6277)残片,出土于吐鲁番山前坡地,现藏德国吐鲁番学研究所。1985 年,德国学者皮特·茨默先生率先对其进行了缀合释读②,近期,阿不都热西提·亚库甫先生对后 4 叶进行了重新释读,共 23 段,每段 4 行,节引前 5 段如下:

01 [ ]
[ ]
你[十分简单地]渡过了
[六度]这一条大河。

① 杨富学:《回鹘之佛教》,新疆人民出版社,1998 年,第 128 页。

② Peter Zieme, Lobpreis des Tausendarmigen und—äugigen Avalokiteśvara, Buddhistische Stabreimdi-chtungen der Uiguren(Berliner Turfantexte XIII), Berlin, 1985, PP.126—130.

02 在生死将[许多]事情
你未全看作是真的。
你富有成就,具足
成了叫善法光明的佛。
03 理应被诸佛所做的
士夫功业你完成了,
正要入无体涅槃时
你便这么想到了:
04 “照着先前诸佛之做法,
如我要入受爱的涅槃,
昏迷迷失的这些众生,
将会非常绝望”,你这样想。
05 从令人憎恨的糟糕的涅槃
你安全摆脱[……　　]
你发起慈悲之心,
你从佛陀之[乐]返回了。①

作者用第二人称的口吻描写了观音通过修六度，最终成为善法光明佛后的内心活动,想到“昏迷迷失”的众生,观音发起慈悲之心,从涅槃的佛陀之乐返回娑婆世界,重新以菩萨的身份救度世间有情。寥寥数语,就将作者对观音无限留恋之情渲染得淋漓尽致。面对观音的离去,表现出“绝望”的心境,当观音从佛国返回后,将人人向往的涅槃形容为“令人憎恨的”和“糟糕的”。这篇极具文学色彩的赞美诗采用押头韵形式书写,每 4 行换韵,富有韵律感,读来朗朗上口,较之枯燥的佛经,更易于普通信众接受。

① 阿不都热西提·亚库甫:《古代维吾尔语赞美诗和描写性韵文的语文学研究》,上海古籍出版社,2015年,第 253—254 页。

综上所述,高昌回鹘时期的千手千眼观音受到了上自王室贵族,下至平民百姓的普遍信仰。他们或出资开凿石窟、绘制壁画,以便观礼;或订制幡像,供养于寺院,表达内心的虔诚。那些拥有佛教理论知识,熟悉汉语与回鹘语的高僧,则积极将汉文千手千眼观音类经典翻译为回鹘文;尤有进者,他们还创作了极富文学色彩的赞美诗,从而推动了千手千眼观音信仰的普及与流播。

五、结　语

本文首先考察分析了柏孜克里克第 14、41 窟的两铺千手千眼观音经变画的内容,进而探讨了千手千眼观音的像式。其次,结合两个洞窟内的另一类壁画题材——西方净土变相,研究了它们所蕴含的宗教思想。最后,联系吐鲁番出土的千手千眼观音纺织品绘画、回鹘文佛经和赞美诗,勾勒出高昌回鹘时期的千手千眼观音信仰之概貌。通过研究,得出如下结论:

第一,第 14、41 窟的两铺千手千眼观音经变画具足主尊观音、眷属及“十五善生”与“不受十五恶死”,内容完整。其中,主尊观音饰以莲瓣形装饰图案,与敦煌的圆形装饰图案不同,观音两侧配置六身菩萨,与主尊一起构成七观音组合,这与敦煌亦不相同,体现了回鹘人独特的审美情趣与信仰传统。

第二,第 14、41 窟正壁塑绘阿弥陀经变,侧壁塑绘千手千眼观音经变。两种经变画相结合,完整地呈现了西方净土信仰体系下的现世救难与来世往生思想。此外,第 41 窟正壁阿弥陀经变中的阿弥陀佛来迎图,体现了宋代中原和河西地区流行的新的净土往生思想在高昌的传播。

第三,高昌回鹘时期,上至王室贵族,下至普通民众,都投入极大的热情出资开凿石窟、绘制壁画、供养幡像,以表达对千手千眼观音虔诚信仰之心。

高昌回鹘时期华严三大士图像研究
——以柏孜克里克第39窟为中心

高昌回鹘时期,吐鲁番曾流行以观音为主尊,文殊与普贤为胁侍的图像题材。因与《大方广佛华严经》有着密切的关系,学界一般把这种题材称之为"华严三大士"。华严三大士图像存在于柏孜克里克第34、39、46窟,以及吐峪沟第22窟内,此外,俄藏出自吐鲁番的一幅千手千眼观音绢画,表现的主题也是华严三大士。下面,我们以第39窟为中心,结合其他四例华严三大士图像,试论述之。

一、图像内容考析

柏孜克里克第39窟是一座大型的长方形纵券顶洞窟, 靠近正壁处有一个土坯垒砌的长方形佛坛。窟内满绘壁画,可惜因损毁严重,已斑驳不清。幸而德国探险家格伦威德尔的报告,为我们提供了较为翔实的百年前壁画的状况[①]。下面我们将借助格氏的报告,结合实地探察,对窟内壁画做较为详细的描述、考析。

① [德]格伦威德尔著,赵崇民、巫新华译:《新疆古佛寺:1905—1907年考察成果》,中国人民大学出版社,2007年,第503—509页。

(一)正壁

正壁原有塑像一身,现已不存。该像被环绕在一座用黏土塑成的椭圆形山中,山的上方和两侧残存模糊的壁画,其中右侧壁画已毁。上方描绘出十条放射状的光芒,光芒内有十个圆形图案,其内有结跏趺坐佛,是为十方佛。据格伦威德尔记述,塑像左右两侧各有四身图像,他推测为坚牢地神和侍女、婆罗门和弟子,以及四身供养人[①]。格氏的记述为我们提供了复原壁画内容的重要信息,但他的记述是不完整的,其推测也是值得商榷的。首先,格氏记述的仅是塑像两侧最下方的部分画面,从左侧残留画面来看,上方至少还有三身图像。其次,格氏所推测的坚牢地神和婆罗门是错误的,左侧下方靠近山边的图像为婆娑仙,现在还依稀可辨,而非婆罗门,右侧现已不存的坚牢地神应为功德天。至此,我们可以断定正壁的主尊应为观音,格氏亦如是判断。观音两侧的壁画,我们可以复原为:左侧上方为三身菩萨,下方有婆娑仙及其侍者、六臂金刚、两身供养人;右侧上方亦为三身菩萨,下方有功德天及其侍者、六臂金刚、两身供养人。

(二)左右侧壁

1. 左侧壁

左侧壁共有四组图像(表 1),从里向外分别为:观音眷属(1—15、A—D)、普贤变(16)、五身菩萨(17—21)、两身天王(22、23)。

---

① [德]格伦威德尔著,赵崇民、巫新华译:《新疆古佛寺:1905—1907 年考察成果》,第 504—505 页。

表 1 柏孜克里克第 39 窟左侧壁壁画分布示意①

<table>
<tr><td>1 2 3 4 5</td><td rowspan="4">16</td><td rowspan="4">17</td><td rowspan="4">18</td><td rowspan="4">19</td><td rowspan="4">20</td><td rowspan="4">21</td><td rowspan="4">22</td><td rowspan="4">23</td></tr>
<tr><td>6 7 8 9 10</td></tr>
<tr><td>11 12 13 14 15</td></tr>
<tr><td>A D B C</td></tr>
</table>

1—5 为祥云环绕的五身结跏趺坐佛。6—9 为身穿中原汉人服饰的世俗人物。10 为四天王。11—15、A—D,除 15 尚存外,其余多被英国探险家斯坦因盗割,现藏印度新德里博物馆。11 为骑在孔雀上的孔雀王,发式为北方游牧民族的髡发,披帛绕身,游戏坐姿,两手举日月,另两手持弓箭(图 1)。12 为摩醯首罗天,骑在牛背上,高举一张大象皮,右手拿三叉戟(图 2)。13 为摩诃迦罗(图

图 1 柏孜克里克第 39 窟孔雀王像②

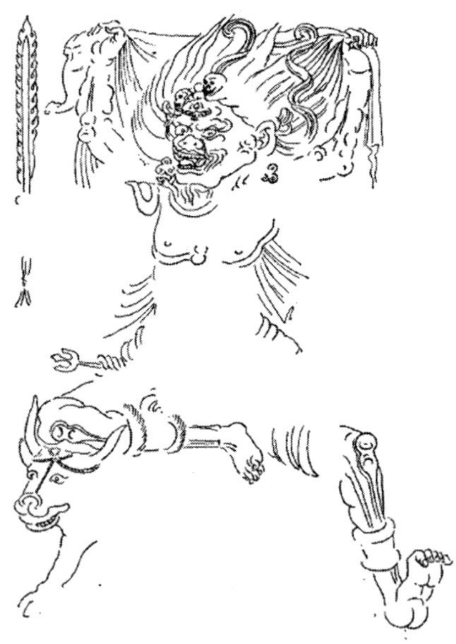

图 2 柏孜克里克第 39 窟摩醯首罗天像③

① 1—15、A—D 为观音眷属,为便于读者查阅,我们沿袭了格伦威德尔教授报告中的编号。详见氏著《新疆古佛寺:1905—1907 年考察成果》,第 505 页。

② 采自[德]格伦威德尔著,赵崇民、巫新华译:《新疆古佛寺:1905—1907 年考察成果》,第 506 页。

③ 采自[德]格伦威德尔著,赵崇民、巫新华译:《新疆古佛寺:1905—1907 年考察成果》,第 506 页。

3)。14 为一女神。15 为站立的神，身旁有一条龙，该神两手举日月，另两手持剑(?)、执斧(?)。A 为大型立姿披甲武士，手执大棒，周围有许多侍者。B 为追捕两只金翅鸟王的画面残部。C 与 A 相同，只是他手中拿了一个球形物，而非大棒。D 为双脚腾云的一男神和一女神。他们在用鞭子抽打逃跑的风魔。16 为普贤变，被绘制在一个巨大的云纹圆环内。17—21 为五身立姿菩萨，手托祥云组成圆环，每身菩萨的上方均有一条 15 厘米高、56 厘米宽的汉文题记，除了 18 的题记还残存外，其余均被盗割。22 和 23 为天王及其眷属，画面的右上方有竖条的汉文题记；其中 22，即天王右侧的眷属被斯坦因盗割。

图 3　柏孜克里克第 39 窟摩诃迦罗像①

2. 右侧壁

右侧壁布局同左侧壁，共有四组图像(表 2)，从里向外分别为：观音眷属(1—15、A—C)、文殊变(16)、五身菩萨(17—21)、两身天王(22、23)。

1—15 与左侧壁即表 1 中的 1—15 大致相同。A 为立姿披甲神及其侍者，披甲神手托一小塔。B 为立姿披甲骑士，有若干身胁侍人物。C 同 A，手执箭(?)。16 为文殊变，被绘制在巨大的云纹的圆环内，圆环的外围是比较小的图像，有

① 采自 Klementz, A. Д. Nachrichten über die von der Kaiserlichen Akademie der Wissenschaften zu St. Petersburg im Jahre1898. Ausgerüstete Expedition nach Turfan, St.Pétersbourg, 1899, 图版 5.

表 2 柏孜克里克第 39 窟右侧壁壁画分布示意[①]

<table>
<tr><td>5 4 3 2 1</td><td rowspan="4">16</td><td rowspan="4">17</td><td rowspan="4">18</td><td rowspan="4">19</td><td rowspan="4">20</td><td rowspan="4">21</td><td rowspan="4">22</td><td rowspan="4">23</td></tr>
<tr><td>10 9 8 7 6</td></tr>
<tr><td>15 14 13 12 11</td></tr>
<tr><td>C B A</td></tr>
</table>

山、水、房舍、树木和朝山进香的人。17—21 为五身菩萨,形象与左侧壁菩萨同,上方有汉文榜题,其中 18—20 的榜题被盗割。22—23 为天王及其眷属。

格伦威德尔认为,表 1 和表 2 中的 A、C 是四天王,我们认为这无疑是正确的,但他对两个画面的中间部分认识是不到位的。根据柏孜克里克第 15、17、20 窟所出现的同样题材,我们认为表 1 中的 B、D 不是割裂的,为一幅完整的画面;表 2 中的 B 所绘立姿披甲骑士实为北方天王,与其侍者共同构成“行道天王图”。

此外,左右两侧壁的十身菩萨均有榜题。现存的三条榜题,有一条还可以辨认一二:

(前缺)
而诸众生不
知不觉菩
□□□觉察
此是菩萨最
胜大功德也

此与《华严经》之诸佛第二大那罗延幢勇健法的经文有相似之处。不同的

① 1—15、A—C 为观音眷属,其编号与格伦威德尔教授报告中的编号一致。详见[德]格伦威德尔著,赵崇民、巫新华译:《新疆古佛寺:1905—1907 年考察成果》,第 505 页。

是，榜题叙说的主体是菩萨，而经文叙说的主体是佛。

除上述残存榜题外，其余榜题均被国外探险家盗割，多不知其下落。所幸的是，德国探险队曾拍摄了三张照片，为我们提供了珍贵的信息。

榜题一：

(前缺)

□□□海水

入一□□不

娆鱼□□□

水性□□而

彼大□□□

如故诸龙□

阿修罗等不

觉不知己之

所入于此众

生亦□□□

是菩萨功德①

榜题二：

(前缺3行)

□□毛孔□

令□□□十

方国土□□

---

① 该榜题的黑白照片现藏德国柏林亚洲艺术博物馆，编号B.1707。继德国探险队之后，日本大谷探险队来此窟考察，并将此榜题盗割而走，现不知藏于何处，仅在《西域考古图谱》中留有黑白照片。

日月星宿天
□象□□□
之□于一一
毛□普使见
之此是菩萨
□□□也[1]

榜题三：

若善男子四
□菩萨□□
□□□□□
□□□□□
□□□□□
□彼众生□
□一□□□
□□□□□
□□而可度
□□菩萨即
促一劫以为
七日□彼众
生谓之七日
是谓菩萨功
德也[2]

① 该榜题的黑白照片现藏德国柏林亚洲艺术博物馆,编号 B.1708。
② 该榜题的黑白照片现藏德国柏林亚洲艺术博物馆,编号 B.1691。

以上三条榜题出自鸠摩罗什译《维摩诘所说经》卷中《不思议品第六》:

> 维摩诘言:"唯,舍利弗!诸佛菩萨有解脱,名不可思议。若菩萨住是解脱者,以须弥之高广内芥子中无所增减,须弥山王本相如故,而四天王、忉利诸天不觉不知己之所入,唯应度者乃见须弥入芥子中,是名住不思议解脱法门。又以四大海水入一毛孔,不娆鱼、鳖、鼋、鼍水性之属,而彼大海本相如故,诸龙、鬼神、阿修罗等,不觉不知己之所入,于此众生亦无所娆。又,舍利弗!住不可思议解脱菩萨,断取三千大千世界,如陶家轮,着右掌中,掷过恒河沙世界之外,其中众生,不觉不知己之所往。又复还置本处,都不使人有往来想,而此世界本相如故。又,舍利弗!或有众生,乐久住世而可度者,菩萨即延七日以为一劫,令彼众生谓之一劫;或有众生不乐久住,而可度者,菩萨即促一劫以为七日,令彼众生谓之七日。又,舍利弗!住不可思议解脱菩萨,以一切佛土严饰之事,集在一国,示于众生。又菩萨以一佛土众生置之右掌,飞到十方遍示一切,而不动本处。又,舍利弗!十方众生供养诸佛之具,菩萨于一毛孔,皆令得见。又十方国土所有日、月、星宿,于一毛孔普使见之。"①

维摩诘对舍利弗宣说了诸佛菩萨的不可思议解脱法门。这里值得注意的是,不可思议解脱法门是诸佛菩萨所拥有的,尤有进者,第二大那罗延幢勇健法为佛所独有,缘何在39窟成为菩萨的"最胜大功德"。我们以为这十身菩萨应为等觉位的十大菩萨(详见后文),故可有等同于佛的性德。

---

① [姚秦]鸠摩罗什译《维摩诘所说经》卷中《文殊师利问疾品第五》,《大正新修大藏经》第十四册经集部一,台北:新文丰出版公司,1983年,第546页b—c栏。

（三）门壁、前壁、券顶与中央佛坛

格伦威德尔记述的门壁与前壁壁画都已毁掉。我们在实地调查时，发现前壁的左侧仍残留壁画，可惜剥落严重，图像已十分模糊，仅能看到大致有三层女供养人像，每层一身。贾应逸先生对她们如是描述："身穿茜色通裾大襦，背后一条束发结授的红绢长长飘至脚下。"这是回鹘供养人的典型服饰，由此可知该窟壁画的绘制年代在元朝统治之前的高昌回鹘时期。券顶绘制 8 行千佛，每行 56 身。

在窟室中央靠近正壁处，有一长方形的佛坛，其上现已空无一物，仅四周壁面上残留少许壁画。格伦威德尔在百年前调查时，台座前部还保留一个塑像的基座，后部有一佛塔，三面开龛，格氏推测面向正壁的龛内塑像原来应为弥勒佛。当时四周壁面壁画保存情况为：（1）前部塑像基座下方，画面损毁严重，从残存部分画面，格氏推断为贝拿勒斯说法图，即鹿野苑说法图。由此，我们推测塑像为释迦牟尼佛。（2）左侧壁靠近塑像基座处，有两身上下排列的坐禅佛，格氏推测右侧壁相同位置也应该有同样画面。（3）左侧壁佛塔下部有一组画面保存较好（后被斯坦因盗割），中央一座峡谷，峡谷间以品字形结构放置三个陶罐。峡谷的右侧有一比丘，左手上举持扇，右手握净瓶，比丘的右侧为三身坐姿菩萨。峡谷左侧有一金刚，右手上举执拂尘，左手持金刚杵，金刚的左侧为三身坐姿菩萨。（4）右侧壁佛塔下部保留画面与左侧壁大致相同，只是中间没有三个陶罐。这组壁画，一半被斯坦因盗割，另一半尚存，但保存较差。（5）后部（即正壁对面）壁画损毁殆尽。

通过上文的图像考析，我们会发现该窟原有壁画是非常丰富的，并有着深刻的意涵（详见后文）。大致来讲，该窟造像组合可分为二：（1）正壁主尊观音与两侧壁的文殊、普贤；（2）中央佛坛前部的释迦牟尼佛与两侧壁的十大菩萨。其

中,前一组合是洞窟的主题,它们构成了一种新的图像题材,即华严三大士[①]。

二、华严三大士图像的滥觞与发扬

华严三大士的图像,最早出现在天龙山石窟第 9 窟,年代为 681—704 年[②]。该窟分上下两层,上层正中雕倚坐弥勒大像;下层正中为十一面二臂观音,两侧为文殊与普贤。此外,下层后壁还有千佛、弥勒居中的三世佛、弥勒居中二胁侍的浅浮雕[③]。总体来说,该窟主旨在宣扬弥勒净土信仰,但同时又融入了新的图像题材,即华严三大士,成为与弥勒平行的洞窟主体。晚唐吐蕃统治敦煌时期,莫高窟第 161 窟也出现了华严三大士的图像题材。该窟主室中心为佛坛,其上塑像已毁;正壁(即西壁)绘十一面观音曼陀罗,环绕菩萨海会 28 组;南壁绘文殊变,环绕菩萨海会 28 组;北壁绘普贤变,环绕菩萨海会 28 组;东壁门上绘观音经变,门南北环绕菩萨海会各 12 组;窟顶井心绘千手千眼观音曼陀罗一铺,四坡各绘观音曼陀罗一铺,环绕菩萨海会 10 组[④]。郭佑孟先生推测中心佛坛已毁的塑像为观音,如是,则该窟就是一座不折不扣的观音窟,或者叫观音堂了。另一方面,正壁和南北两壁分别描绘了观音、文殊与普贤,则突出了华严三大士的地位。

观音为何能作为主尊与文殊、普贤组成新的图像题材?一方面是观音拥有特殊的、等同于佛的尊格;同时又具备救苦救难的慈悲情怀,从南北朝开始逐渐从众多菩萨中脱颖而出,成为最受欢迎的菩萨。另一方面是华严祖师与大德

① 也有学者称之为观音华严三圣。参见黄韵如:《唐代天龙山石窟——"观音华严三圣像"起源初探》,《2004 年龙门石窟国际学术研讨会文集》,河南人民出版社,2006 年,第 455 页。

② 李裕群:《天龙山石窟分期研究》,《考古学报》1992 年第 1 期,第 37 页。

③ 李裕群:《天龙山石窟调查报告》,《文物》1991 年第 1 期,第 43 页。

④ 郭佑孟:《晚唐观音法门的开展——以敦煌莫高窟 161 窟为中心的探讨》,《圆光佛学学报》2003 年第 8 期,第 103—144 页。

的阐释与推崇，此为华严三大士图像形成的重要理论基础与背景。华严宗三祖法藏的《华严经探玄记》记载：

> 《智度论》第四十，复次十住菩萨与佛无有差别，如遍吉、文殊师利、观世音等，具足佛十力功德等而不作佛，为广度众生故，乃至云是诸菩萨于余菩萨为大，比于佛不能遍知，如月光虽大于日即不现。①

法藏引用《大智度论》关于十住菩萨与佛无有差别的论述，进一步肯定了遍吉（即普贤）、文殊与观音三位菩萨在诸菩萨中的至高位置。华严大德李通玄在《新华严经论》中提出了文殊的妙慧、普贤的万行与观音的慈悲，可以等同毗卢遮那佛：

> 观世音菩萨、文殊、普贤，此三法是古今三世一切佛之共行，十方共同。文殊主法身妙慧之理，普贤明智身、知根成万行之门，观世音明大慈悲处生死，三人之法成一人之德，号毗卢遮那，一切众生总依此三法，号之为佛。②

继法藏与李通玄之后，华严四祖澄观创立三圣圆融观，同时他还将观音在修法上的地位与毗卢遮那佛齐同。有学者认为，澄观对于观音的尊崇，则是在观音、文殊、普贤三菩萨中凸出了观音菩萨，确立了三菩萨并列而以观音居中的格局。③华严三大士图像的产生，还与法藏的十一面观音修法有直接关系。《唐大荐福寺故寺主翻经大德法藏和尚传》记载：

---

① ［唐］法藏述：《华严经探玄记》卷六《佛升夜摩天宫自在品第十五》，《大正新修大藏经》第三十五册经疏部三，第230页b栏。

② ［唐］李通玄撰：《新华严经论》卷二十一，《大正新修大藏经》第三十六册经疏部四，第863页a栏。

③ 蓝慧龄：《华严三大士研究》，陕西师范大学硕士学位论文，2009年5月，第18页。

神功元年，契丹拒命，出师讨之。特诏藏依经教遏寇虐，乃奏曰："若令摧伏怨敌，请约左道诸法。"诏从之。法师盥浴更衣，建立十一面道场，置光音像行道。始数日，羯虏覩王师无数神王之众，或瞩观音之像浮空而至，犬羊之群相次逗挠，月捷以闻。天后优诏劳之曰："蒯城之外，兵士闻天鼓之声，良乡县中，贼众覩观音之像，醴酒流甘于陈塞，仙驾引纛煮于军前，此神兵之扫除，盖慈力之加被。"①

法藏之所以设立十一面观音道场助唐军平定契丹的叛乱，主要是因为该观音具备退敌之大用，《十一面观音神咒经》记载：

若有他方怨贼欲来侵境，以此观世音像面正向之，种种香花而为供养，取烟脂大如大豆，诵咒一千八遍，涂像左厢瞋面，令彼怨敌不能前进。②

在唐代，除了天龙山第9窟和莫高窟第161窟的华严三大士外，尚有大英博物馆藏的一幅来自敦煌藏经洞的四观音文殊普贤绢画。此外，五代时期，莫高窟第33窟前室也出现一例三大士图像。这些图像，均有十一面观音出现，天龙山第9窟和莫高窟第161窟十一面观音地位尤其突出。这使我们有理由相信，法藏的十一面观音修法，对唐、五代时期的华严三大士图像产生起着至关重要的作用。

辽宋时期，华严三大士图像在继承唐、五代时期原有图像题材的基础上，逐渐兴盛起来。在寺院中多配置三大士殿，也有三大士被安置在大悲阁、观音殿或其他殿内。如河北正定隆兴寺曾于北宋开宝四年(971)扩建，大悲阁内主

① [唐]崔致远结：《唐大荐福寺故寺主翻经大德法藏和尚传》，《大正新修大藏经》第五十册史传部二，第283页c栏。

② [后周]耶舍崛多译：《佛说十一面观世音神咒经》，《大正新修大藏经》第二十册密教部三，第151页b栏。

尊为千手千眼观音,东西两壁有文殊、普贤、观音、地藏菩萨;摩尼殿背面塑有倒坐观音,两旁有狮子、大象,分别代表文殊和普贤。天津宝坻广济寺三大士殿建于辽太平五年(1025),殿内有观音、文殊与普贤及其胁侍。山西长子崇庆寺三大士殿有北宋元丰二年(1079)的塑像,主尊观音乘麒麟,两侧文殊与普贤分别骑狮与象。北京悯忠寺(现法源寺)内原有辽大安十年(1094)的三大士造像。山西朔县崇福寺金皇统三年(1143)所建观音殿内亦有三大士造像。除了造像外,在宋代的禅宗语录和公案中,禅师们经常以观音、文殊与普贤三大士作为说法的题材。如《景德传灯录》记载:

> 天台教中说文殊、观音、普贤三门。文殊门者一切色,观音门者一切声,普贤门者不动步而到。[①]

本先禅师将三大士作为说法的一种方便,运用此演说材料来破大众的法执,辅助禅观。由此可见,这一时期的华严三大士信仰已完全中国化,形成了广泛的民间信仰。在汉传佛教圈内,华严三大士图像无远弗届,甚至远播到极西的高昌回鹘境内。高昌回鹘时期,除了前文提及的柏孜克里克第 39 窟外,尚有四例三大士图像。

柏孜克里克第 34 窟与第 39 窟窟形相同,亦是一个大型的长方形纵券顶窟室。该窟壁画被国外探险家盗割殆尽,现结合格伦威德尔的记述,略说壁画内容:(1)正壁上方现残存少许模糊图像,主尊塑像在格氏调查时已不存,根据两侧壁的文殊与普贤像,他推测塑像应为观音。(2)左侧壁自里向外为文殊变(图 4)、金刚、三个塑像底座(保存两个,中间的较大)、坐佛(塑像)。(3)右侧壁自里向外为普贤变、佛陀(仅保存双脚)、三个塑像底座、坐佛(塑像)。(4)券顶绘 8 行千佛。(5)前壁左侧现残存一身回鹘男供养人残像。(6)门壁左侧有一手

---

① [宋]道原著,顾宏义译注:《景德传灯录译注》(五)卷二十六,“温州瑞鹿寺本先禅师”条,上海书店出版社,2010 年,第 2112 页。

图 4　柏孜克里克第 34 窟文殊变

执大棒的披甲人[①]。尽管格氏调查时,窟内塑像与壁画已经破败不堪,但仍然能理出以正壁观音为主尊,两侧壁文殊与普贤的三大士图像格局。柏孜克里克第 46 窟是一座小型近于正方形的纵券顶洞窟,窟室前部全部坍塌,窟内壁画也仅余券顶的部分千佛。根据格伦威德尔记述,原来正壁塑像可能为观音,两侧壁各开一佛龛,佛龛上方分别绘文殊骑狮和普贤骑象图像[②]。2015 年,考古人员在吐峪沟石窟进行考古发掘时,在第 22 窟窟室前部坍塌下来的壁画中,发现了千手千眼观音和骑狮文殊菩萨的残像,这说明该窟的前室壁画曾经有三大士的图像。

现藏俄罗斯艾尔米塔什博物馆的一幅三大士绢画,系 19 世纪末 20 世纪初

① [德]格伦威德尔著,赵崇民、巫新华译:《新疆古佛寺:1905—1907 年考察成果》,第 495—496 页。
② [德]格伦威德尔著,赵崇民、巫新华译:《新疆古佛寺:1905—1907 年考察成果》,第 525—526 页。

该国探险家在高昌故城获得。这幅绢画主尊为千手千眼观音,骑狮文殊和骑象普贤位于观音左右两侧上方,文殊、普贤下方是六身观音,可以释名者为左侧的送子观音。六观音之下有八身眷属,可以释名者为六臂金刚两身、四臂金刚一身、婆娑仙、功德天和善财童子。千手千眼观音正上方绘制五方佛,主尊毗卢遮那佛位居中央,有胁侍文殊与普贤,其余四佛分列两侧,五方佛之间的空余画面绘制千佛。此外,在绢画的上方、左右两侧的边缘也绘有千佛,绢画的左下角和右下角绘制回鹘供养人。

高昌回鹘的五例三大士图像是辽宋时期三大士信仰繁盛的极佳例证,也体现了此一时期华严思想对密教的影响。

三、华严思想的彰显及其与密教观音的融合

(一)华严思想的彰显

前节,我们论述了以观音为主尊,文殊与普贤为胁侍的三大士图像的起源与发展,在此过程中,也涉及了三大士形成的理论基础,由此明了三大士的华严思想背景。除此之外,三大士图像的相伴题材,如华严三圣、善财童子参访观音和十大菩萨等图像,也体现了浓厚的华严思想。

1. 华严三圣

俄藏高昌故城出土绢画和柏孜克里克第39窟的文殊、普贤位于观音和毗卢遮那佛的中间,若以观音为主尊,则构成华严三大士;若以毗卢遮那佛为主尊,则构成华严三圣。在此,文殊与普贤具备了一像两用的功能。尤有进者,为了凸显华严三圣这一图像组合,俄藏绢画中在已经有了文殊与普贤的同时,又特别于毗卢遮那佛的头光左右两侧绘制了两个形体较小的文殊与普贤,使三圣与三大士得以齐彰。

在华严三圣中,毗卢遮那佛是莲华藏世界的教主,即佛法的人格化表象,而文殊与普贤是毗卢遮那佛最近密的胁侍。关于三者的关系,华严大德李通玄率先进行了阐释,其所著《略释新华严经修行次第决疑论》记载:

> 此一部经,以文殊师利,此云妙德,明无相法身智慧门。毗卢遮那佛,此云种种光明遍照。以根本智光,遍照种种众生,同行济生,名曰普贤。无相法身,明成普贤大悲之行,处世间而不染也。根本智明,神性光明,自无体性根本之相,善知一切众生业(果)根种,悉皆明了,名之差别智,此三法是一体性……文殊、普贤、毗卢遮那,三法体用平等,名为一乘。①

李长者指出毗卢遮那佛为体为母,由此生发普贤大悲之行与文殊之智慧,文殊与普贤为用,体用平等,是一非三。继李通玄之后,华严四祖澄观明确提出了"华严三圣"这一命题,在其《三圣圆融观门》中如是记载:

> 三圣者:本师毗卢遮那如来,普贤、文殊,二大菩萨是也。大觉应世,辅翼尘沙,而《华严经》中,独标二圣为上首者,讬以表法,不徒然也。今略显二门:一、相对明表;二、相融显圆。且初门中:三圣之内,二圣为因,如来为果。果起言想,且说二因。若悟二因之玄微,则知果海之深妙。②

澄观提出的三圣圆融观门首先阐明了三圣之间的关系,即文殊与普贤为因,毗卢遮那如来为果,悟因而自然知果。毗卢遮那所拥有的佛法太过深奥,世人难以理解,所以要通过文殊的能信之心、能起之解、能证之大智与普贤所信之法界、所起之行、所证之理才能参透。其次,澄观还具体阐释了文殊与普贤相对、相融的关系。所谓相对是指能信与所信、解与行、智与理的相对。所谓相融包括

① [唐]李通玄撰:《略释新华严经修行次第决疑论》卷一上,《大正新修大藏经》第三十六册经疏部四,第1013页a—b栏、1014页a栏。

② [唐]澄观述:《三圣圆融观门》,《大正新修大藏经》第四十五册诸宗部二,第671页a栏。

三层含义：二圣法门各自圆融；二圣法门互相圆融；达到二圣法门相圆融，即是菩萨行满，成就毗卢遮那法身，最终完成三圣互相圆融。

值得一提的是，在俄藏三大士绢画中，华严的毗卢遮那佛以密教的五方佛来表现。五方佛中，大日如来结智拳印，四方配以宝生佛、阿閦佛、阿弥陀佛、不空成就佛，这体现了华严与密教的融合。有学者认为："密教大日如来的形成受到《华严经》的影响，从华严教主毗卢遮那佛演变而来，只是为了与华严毗卢遮那相区别，在其名前加了'摩诃'（大）一词，毗卢遮那就成了密教的摩诃毗卢遮那佛（大日如来）。"[①]同时，不论是华严的毗卢遮那佛，还是密教的大日如来，均是法身佛，由其生发十方一切诸佛。密教与华严在信仰主体和宇宙观上的一致性，为两者的融通提供了义理基础，澄观在《大方广佛华严经随疏演义钞》进行了精辟的阐释，其文如下：

> 十方诸佛皆我本师海印顿现，且法华分身有多净土，如来何不已净土，而令别往弥陀妙喜。思之故知，贤首弥陀等佛皆本师矣，复何怪哉！言贤首者即寿量品中，过百万阿僧祇刹，最后胜莲华世界之如来也。经中偈云：或见莲华胜妙刹，贤首如来住其中。若此不是叹本师者，说他如来在他国土为何用也？且如总持教中，亦说三十七尊，皆是遮那一佛所现，谓毗卢遮那如来，内心证自受用，成于五智。从四智流四方如来，谓大圆镜智流出东方阿閦如来，平等性智流出南方宝生如来，妙观察智流出西方无量寿如来，成所作智流出北方不空成就如来，法界清净智即自当毗卢遮那如来。[②]

澄观提出"十方诸佛皆我本师海印顿现"，是指十方诸佛都是由华严毗卢遮那佛所化现，这与总持教（即密教）三十七尊皆由毗卢遮那如来化现的义理是相通的。三十七尊中，澄观强调了毗卢遮那的五种智慧表象五方佛的大用。

① 殷光明：《敦煌显密五方佛图像的转变与法身思想》，《敦煌研究》2014年第1期，第15页。

② [唐]澄观述：《大方广佛华严经随疏演义钞》卷九十，《大正新修大藏经》第三十六册经疏部四，第698页c栏。

另一值得一提的现象是，第 39 窟的毗卢遮那佛是由其化身释迦牟尼佛来表现的。在《六十华严》中，“释迦牟尼佛曾在七处讲演华严大法，三处在人间，四处在天界，前后共计八次开示。文殊、普贤是佛于七处八会宣法时所倚重的助化菩萨，在全经扮演了宣法代表与修行样板的关键角色”[①]。中央台座前部下方的壁画鹿野苑表明了第 39 窟释迦牟尼的说法是在娑婆世界中进行的。

2. 十大菩萨

在华严系造像中，十菩萨是常见的题材。如莫高窟唐宋时期的 30 铺华严经变，据笔者的不完全考察，主尊佛周围多有十身菩萨环绕。山西高平开化寺大雄宝殿内的壁画，绘制于北宋元祐七年（1092）至绍圣三年（1096），东壁的华严经变由北向南分四铺，依次表现了兜率天宫会、阿兰若法菩提场会、逝多林给孤独园会和法界人中像，其中第四铺正中绘卢舍那佛，左右两侧各绘五身菩萨[②]。四川安岳华严洞雕凿于北宋晚期，左右两侧壁各有五身菩萨，合为十菩萨。敦煌的华严经变表现的主题是佛陀的七处九会说法场景，研究者多注意于此，至于每会中佛周围的十菩萨均未言之。高平开化寺华严经变中的十菩萨，论者也只简单地称其为大菩萨。安岳华严洞中的十菩萨，胡文和先生认为是“表示《华严经》所说的‘大乘菩萨十地’，又与正壁上的文殊、普贤合为十二圆觉菩萨”[③]。

柏孜克里克第 39 窟两侧壁出现的十身菩萨，形体较大，位居中央佛坛释迦牟尼佛前方，其身份是何？我们以为此可与《华严经》的十大菩萨比附。《华严经》多处记载佛在说法时，十方各有一大菩萨，率领各佛国众菩萨前来集会，如《光明觉品》的十大菩萨为：文殊师利菩萨、觉首菩萨、财首菩萨、宝首菩萨、德首菩萨、目首菩萨、精进首菩萨、法首菩萨、智首菩萨、贤首菩萨。《须弥顶上偈赞品》的十大菩萨为：法慧菩萨、一切慧菩萨、胜慧菩萨、功德慧菩萨、精进慧菩

---

① 释见脉：《佛教三圣信仰模式研究》，中国社科院研究生院博士学位论文，2010 年 4 月，第 15 页。

② 详见谷东方：《高平开化寺北宋上生经变和华严经变壁画内容解读》，《焦作师范高等专科学校学报》2015 年第 3 期，第 13—34 页。

③ 胡文和：《四川石窟华严经系统变相的研究》，《敦煌研究》1997 年第 1 期，第 92 页。

萨、善慧菩萨、智慧菩萨、真实慧菩萨、无上慧菩萨、坚固慧菩萨。《夜摩宫中偈赞品》的十大菩萨为:功德林菩萨、慧林菩萨、胜林菩萨、无畏林菩萨、惭愧林菩萨、精进林菩萨、力林菩萨、行林菩萨、觉林菩萨、智林菩萨。《兜率宫中偈赞品》的十大菩萨为:金刚幢菩萨、坚固幢菩萨、勇猛幢菩萨、光明幢菩萨、智幢菩萨、宝幢菩萨、精进幢菩萨、离垢幢菩萨、星宿幢菩萨、法幢菩萨。这些菩萨中,文殊是我们熟知的菩萨,在菩萨的五十二个阶位里属于等觉位的菩萨。此外,《大方广如来不思议境界经》(《华严经》的别译经)记载:

> 一时,佛在摩竭提国菩提树下,成正等觉……时有十佛刹微尘等他方诸佛,为欲庄严毗卢遮那道场众故,示菩萨形来在会坐。其名曰:观自在菩萨、文殊师利菩萨、地藏菩萨、虚空藏菩萨、金刚藏菩萨、维摩诘菩萨、善威光菩萨、灭诸盖菩萨、宝手菩萨、大慧菩萨、普贤菩萨,如是等菩萨摩诃萨,而为上首。①

十一位大菩萨均是十方佛刹诸佛所化现,应视为十大菩萨。由此可见,这里的大菩萨其实就代表了佛,从妙觉位降到等觉位“示菩萨形来在会坐”,是为了与菩提树下“成正等觉”的佛相适应。《华严经》眷属经《大方广普贤所说经》亦记载:

> 一时,佛在如来神力所持之处,与十不可说不可说百千亿,那由他佛刹微尘等菩萨摩诃萨俱,前后围绕,而为说法,皆已成就普贤之行,普贤菩萨摩诃萨,而为上首。时众会中,有十菩萨摩诃萨,各与十不可说不可说百千亿那由他佛刹微尘等菩萨眷属,从十方处忽然出现,皆坐无碍庄严师子之座,其名曰普光藏菩萨、甚深藏菩萨、威德光明藏菩萨、云音藏菩萨、金刚藏菩萨、普音不动威光藏菩萨、普名称威光藏菩萨、山王不动威光藏菩萨、普

① [唐]实叉难陀译:《大方广如来不思议境界经》,《大正新修大藏经》第十册华严部下,第909页a栏。

现众像威光藏菩萨、十力清净威光藏菩萨。彼诸菩萨出现之时，于此会中，唯除普贤，其余一切菩萨大众，靡不倾动，所有威光亦尽不现。①

这里集会的菩萨均为大菩萨，且“皆已成就普贤之行”。而于此时，从十方处又有十大菩萨前来，他们的到来，除了普贤菩萨外，其余诸菩萨大众“靡不倾动，所有威光亦尽不现”。

前文曾提及，柏孜克里克第 39 窟左右两侧壁的十大菩萨均有榜题，出自《华严经》和《维摩诘经》，宣说的是佛之“第二大那罗延幢勇健法”和“诸佛菩萨的不可思议解脱法门”。此外，该窟十大菩萨手中皆托有一个大圆环，圆环内有图像，其中一个保存较好，中央绘一结跏趺坐佛，两侧绘二菩萨二弟子(图 5)。圆环内的结跏趺坐佛彰显了大菩萨的身份，即与佛等同，这样的绘画表达手法，在五代、宋时期的佛教造像中比较普遍。

以上诸例充分表明《华严经》中的十大菩萨均是等觉菩萨。除非有特别的榜题说明，在华严系造像中的十大菩萨不应理解为十地菩萨，至于十大菩萨指的是何处何会中的菩萨，则要视情况而定。柏孜克里克第 39 窟没有具体的七处九会的华严经变场景，所以这里的十大菩萨是一种泛指，即佛说法时的赴会菩萨。尽管如此，我们还是可以从中央佛坛释迦牟尼佛下方的鹿野苑壁画来判定这是一处人间说法的场景，体现

图 5　柏孜克里克第 39 窟十大菩萨手中所托圆环内说法像

① [唐]实叉难陀译：《大方广普贤所说经》，《大正新修大藏经》第十册华严部下，第 883 页 a 栏。

了华严思想中的娑婆世界情怀。

3. 善财童子参访观音

在俄藏三大士绢画中，有一比丘小童，手执鲜花，身穿袈裟，跪拜在千手千眼观音脚下，此小童是为善财童子。在《华严经·入法界品》末会中，善财童子从文殊菩萨处获菩提心，并受文殊教诲，南行参访功德云比丘、海云比丘、善住比丘、弥伽大士、解脱长者等五十三位善知识，听受种种法门。最后一参(即第五十三参)遇到普贤菩萨，证入华严法界，菩萨行满，终至成佛。

柏孜克里克第39窟正壁主尊观音(已毁)置身于山中，此山可能表现的是善财童子参访观音所处之补怛洛迦山。善财童子参访伐苏蜜多居士(五十三参之第二十六参)，临别时，居士告诉善财童子：

> 善男子！于此南方有山，名补怛洛迦，彼有菩萨，名观自在，汝诣彼问菩萨："云何学菩萨行、修菩萨道？"①

善财童子辞别伐苏蜜多居士，前行参访观音(第二十七参)：

> 渐次游行，至于彼山，处处求觅此大菩萨。见其西面岩谷之中，泉流萦映，树林蓊欝，香草柔软，右旋布地。观自在菩萨于金刚宝石上结跏趺坐，无量菩萨皆坐宝石恭敬围绕，而为宣说大慈悲法，令其摄受一切众生。②

观音所处之补怛洛迦山"泉流萦映，树林蓊欝，香草柔软"。学界一致认为，水月观音的创作当是依此为据的。当然，第39窟主尊观音背后的山形为椭圆形，与水月观音被绘制在一个圆环内还是有一定区别的。同时，由于该窟正壁

① [唐]实叉难陀译:《大方广佛华严经》卷六十八《入法界品第三十九之九》,《大正新修大藏经》第十册华严部下,第366页c栏。

② [唐]实叉难陀译:《大方广佛华严经》卷六十八《入法界品第三十九之九》,《大正新修大藏经》第十册华严部下,第366页c栏。

的空间几乎被椭圆形的山占据了一半空间，留给观音的空间是比较小的，因此也不可能是千手观音。我们推测，该窟的观音可能是十一面观音。

（二）华严与密教观音的融合

三大士造像始自唐代天龙山石窟第9窟，从一开始就以密教观音结合文殊、普贤的组合而出现，这并非一偶然现象。观音信仰在南北朝时期已经风行，不少关于观音的陀罗尼经咒也已翻译出来，但此时的观音形象还是以正观音的形象示人，密教观音图像始自唐代，首先出现的密教观音图像是十一面观音。我国最早的十一面观音经典是北周保定四年（564）耶舍崛多译出的《佛说十一面观世音神咒经》，此后，直到唐高宗永徽四年（653），又有第二个十一面观音经（《佛说陀罗尼集经》卷四《十一面观世音神咒经》）的问世，唐显庆元年（656）玄奘重新翻译了北周本的十一面观音经，是为《十一面神咒心经》。十一面观音经在唐高宗时的两译，使得该观音信仰开始繁盛，这也促使华严宗的实际创始人法藏的十一面观音修法的开展，并最终形成了十一面观音为主尊的三大士造像。在唐代，除了十一面观音外，尚有千手千眼观音、如意轮观音、不空羂索观音、水月观音等密教观音图像的流行，但均未与文殊、普贤结合，直到辽宋时期，才突破了十一面观音与文殊、普贤的单一组合，造像风格也呈现多样化趋势。如河北正定隆兴寺大悲阁内北宋初年的三大士造像、高昌回鹘时期的俄藏三大士图像和吐峪沟新发现洞窟三大士图像，主尊均为千手千眼观音。

辽宋时期，三大士组合还有另外两种形式，一为倒坐水月观音，与正室两侧的骑狮文殊、骑象普贤成对应关系；另一种为三大士殿的观音、文殊、普贤坐于莲座上，或文殊骑狮、普贤骑象的样式①。萧好伦博士将倒坐观音视为水月观音，我们认同此说法。敦煌藏经洞所出伪经《水月观音经》，据王惠民先生

① 萧好伦：《华严三大士图像研究——以菩萨与坐骑为中心》，中央美术学院博士学位论文，2015年5月，第53页。

研究，内容出自伽梵达摩译的《千手千眼观世音菩萨广大圆满无碍大悲心陀罗尼经》[①]，从这个层面上讲，水月观音也可视为密教观音。如此一来，辽宋时期的三大士造像则全面体现了密教观音与华严思想的融通，这是该时期显密圆融思潮的外在表现。具体而言，就是以观音大悲之用，结合文殊之智、普贤之行，成就华严毗卢遮那佛大体。

四、难陀童子所反映的吐鲁番与五台山之交流

柏孜克里克第34、39窟均有文殊变存世，内容大体相同。第34窟的文殊变在20世纪初被俄国探险家盗割，现存俄罗斯艾尔米塔什博物馆，近期由张惠明先生对其进行了研究[②]。第39窟的文殊变现留存于窟内，模糊几不可辨，幸有吐鲁番学研究院的徐东良先生进行了临摹，得以恢复其原貌。我们以徐先生的摹本，并结合第34窟同类题材，对文殊变中的核心，即新样文殊展开探讨。

第39窟的文殊变(图6)，中央部分是新样文殊，被一个巨大的云纹圆环所围绕。圆环的外围群山耸立，树木葱郁，并有芳草、小花点缀，梅花鹿自由徜徉其间。群山之中有10余座庙宇，朝山的香客或背包前行，或虔诚跪拜。这里需要指出的是，庙宇均集中在画面的四隅山内，朝山的香客行进方向也均朝着四隅。由此可见，东西南北四方的山，表现的是五台山中的四台，而中央的新样文殊诸尊，表现的是文殊化现于中台的场景。此外，画面的上方有佛足、佛手、佛首、圣钟、圆光等化现情节，因此，从严格意义上来讲，该文殊变应该叫五台山化现图。第34窟的文殊变与第39窟的不同之处为：(1)云纹圆环的表现手法。第34窟的新样文殊被一个椭圆形的云环围绕，右侧还拖着长长的“尾巴”，表

① 王惠民：《敦煌写本〈水月观音经〉研究》，《敦煌研究》1992年第3期，第93—98、31页。
② 张惠明：《俄藏柏孜克里克石窟的一幅高昌回鹘时期的五台山文殊图壁画研究》，《敦煌吐鲁番研究》第十五卷，上海古籍出版社，2015年，第157—179页。

示文殊从虚空乘云降落五台山；第 39 窟云环则为标准的圆环，没有“尾巴”，脱离写实，注重造型的美感。(2)山的绘画手法。第 34 窟的山挺拔突兀，棱角分明；第 39 窟的山山体圆润，挺拔中显俊秀。(3)化现情节。第 34 窟文殊头部接近画面的边缘，左侧有圆光、圣钟、佛足化现，右侧有佛首、佛手、圆光、圣钟、佛足化现；第 39 窟文殊头部与画面边缘有一定距离，化现情节集中在中部，只有一组。

图 6　柏孜克里克第 39 窟文殊变①

第 39 窟圆环内的新样文殊，中央主尊文殊头顶有华盖，具圆形头光与背光，冠饰不清，面左，颈佩项圈，手腕处有手环，披帛绕身，两手于胸前持一如意，结跏趺坐于一威猛的狮子背上。狮子四蹄踏莲花，作回首状，被一武士牵引着向左行进。武士怒目圆睁，身着戎装，两袖挽起，两手奋力执缰绳，足踏莲花，亦向左行进。武士与狮子的下方有二童子，盘腿坐在莲花上，裸身披帛环绕，左侧童子一手执香炉。文殊的右侧自上而下有持法器的天王、持杖的老人、双手合十的菩萨与僧人；左侧自上而下为双手合十的菩萨、二僧人、持剑天王、双手合十的菩萨、持幡的引路菩萨。第 34 窟新样文殊与第 39 窟的不同之处为：(1)文殊右手持如意，左手托花瓶，瓶内有花。(2)文殊左侧上方比第 39 窟缺一菩萨与一僧人。(3)文殊右侧僧人为中年僧人，而第 39 窟的僧人显得较为年轻。第 39 窟的文殊菩萨有 13 身眷属，第 34 窟的文殊菩萨有 11 身眷属，这

① 徐东良先生临摹，王征先生据其底稿线描。

些眷属的身份是何？这还要从新样文殊说起。

所谓新样文殊，是相对于旧样文殊而言。就敦煌石窟而言，隋末至初唐开始出现骑狮文殊图像[1]，文殊的眷属为驭狮的昆仑奴、善财童子和胁侍菩萨、天王等，此为旧样文殊。莫高窟第220窟甬道北壁有一幅文殊图，发愿文中出现“敬画新样大圣文殊师利菩萨”字样，由此可以判断，这幅壁画是为新样文殊。文殊的眷属有四身，二持花供养菩萨、一驭狮者、一童子（善财童子），其中驭狮者右上方榜题有“于阗国王”字样，可见此驭狮者为于阗王无疑，其形象与旧样文殊中的昆仑奴判然有别。学界对于新旧样文殊，提出不同的区别标准，一般来讲，驭狮者是否为于阗王，是一个重要的标准。发愿文中提到此幅新样文殊的绘制年代为“大唐同光三年”，即五代后唐同光三年（925），既然为新样，则此题材必出现不久。

莫高窟第220窟的文殊、善财童子与驭狮的于阗王被称之为新样文殊三尊。与三尊相对，又有新样文殊五尊，所谓五尊，是指三尊加上文殊化现的老人与僧人佛陀波利。现藏法国国家图书馆的一幅出自敦煌藏经洞的白描画稿（P.4049），为新样文殊五尊的典型。关于此幅白描画，根据画风判断时代应该在五代，荣新江先生认为是莫高窟第220窟新样文殊的底稿[2]，沙武田先生对此持否定态度，他认为法藏白描画不应视为第220窟新样文殊的底稿[3]，但未给出年代的判断。我们认为一个事物的发展和一个故事的丰富，一般情况下应该是逐步累加的过程，新样文殊三尊到五尊的变化也符合这个规律。总之，新样文殊三尊出现在925年或稍前的年代，而五尊的出现则在925年之后。

新样文殊三尊和五尊不仅在敦煌大量出现，也出现在全国其他地方，甚至远播到日本。那么，此种图像源自哪里呢？学界普遍认为来自五台山。五台山是文殊化现故事的始源地，是佛教徒特别是文殊信仰者的圣地，赴五台山朝圣

---

① 孙晓岗：《文殊菩萨图像学研究》，甘肃人民美术出版社，2006年，第69页。

② 荣新江：《从敦煌的五台山绘画和文献看五代宋初中原与河西于阗间的交往》，《文博》1987年第4期，第69页。

③ 沙武田：《敦煌P.4049“新样文殊”及相关问题研究》，《敦煌研究》2005年第3期，第28页。

者不绝如缕,周边诸民族更是心向往之。史载唐贞观十年(636),新罗僧慈藏赴五台山朝圣[①];唐长庆四年(824)九月,吐蕃遣使求《五台山图》[②];太和二年(828),渤海国僧贞素至五台山灵境寺[③];开成五年(840),日本慈觉大师圆仁巡礼五台山,获《五台山化现图》一铺[④];后唐同光年间(923—926),于阗僧人游历五台山[⑤]。那么,作为敦煌以西、于阗以东的一个重要的民族及政权高昌回鹘,他们的文殊信仰和五台山崇拜又是怎样一种情况呢?

19 世纪末 20 世纪初,国外探险家在吐鲁番获取大量的各语种文书,其中就有文殊菩萨类的回鹘文佛经,如《文殊所说最胜名义经》的回鹘文汉语注音本(9 件)和回鹘文木刻本(40 余件)、译自藏文的回鹘文《文殊师利成就法》(1 件)[⑥]。回鹘人对文殊的信仰不但体现在佛经的翻译上,还体现在敬造图像层面。现藏吐鲁番博物馆的一件回鹘文文书,记载了一位回鹘佛教信徒阿三·托合弥失请人制作七尊佛像的史实,这七尊佛像中即有文殊金绣像一幅[⑦]。

近来,德国著名回鹘文专家茨默先生释读了出自吐鲁番的三件回鹘文写本《五台山赞》。其中第一件为敦煌汉文本《五台山赞》前部第一、第二、第六赞之译文;第二件为《五台山赞》后部第十五至十八赞内容之译本;第三件为用回鹘文拼写的汉语《五台山赞》起首部分。回鹘文译本与敦煌汉文本《五台山赞》契合度极高,只是偶有因理解错误而导致的误译。回鹘文本《五台山赞》的底本当来自敦煌的汉文本[⑧]。回鹘人对五台山的崇拜不单单停留在对文本的赞叹

① [高丽]一然著,权锡焕、陈蒲清注译:《三国遗事》卷三,塔像第四"台山五万真身"条,岳麓书社,2009 年,第 320 页。

② [五代]刘昫等撰:《旧唐书》卷一九六下《吐蕃传》,中华书局,1975 年,第 5266 页。

③ 王重民、孙望、童养年辑:《全唐诗外编》(上),中华书局,1982 年,第 275 页。

④ [日]圆仁著,白化文等校注:《入唐求法巡礼行记校注》卷二、卷三,开成五年四月廿三日条至七月六日条,第 264—322 页,花山文艺出版社,1992 年。

⑤ [宋]欧阳修:《新五代史》卷一四《唐太祖家人传》,中华书局,1974 年,第 144 页。

⑥ 杨富学、张艳:《回鹘文〈五台山赞〉及相关问题考释》,《五台山研究》2014 年第 4 期,第 54 页。

⑦ [日]梅村坦著,杨富学译:《中华人民共和国藏回鹘文写本》,《西北民族研究》1993 年第 2 期,第 154 页。

⑧ [德]茨默著,杨富学、熊一玮译:《三件古突厥语〈五台山赞〉残片》,《吐鲁番学研究》2016 年第 1 期,第 122 页。

上，更有亲赴五台山朝谒者。北宋大中祥符二年(1009)十一月癸酉：

> 礼宾院言："回纥僧哈尚贡奉赴阙，乞赴五台山瞻礼。"上曰："戎羯之人，崇尚释教，亦中国之利。可给粮，听其请。"[①]

虽然，我们不能判别此回鹘僧是具体来自何地，但也不能排除他来自高昌的可能。《佛祖历代通载》记述了元仁宗时(1312—1320)高昌回鹘大德舍蓝蓝施舍资财在五台山建寺的史实：

> 舍蓝蓝，高昌人……仁宗之世，师以桑榆晚景，自谓出入宫掖数十余年，凡历四朝事三后，宠荣兼至，志愿足矣，数请静退居于宫外，求至道以酬罔极。太后弗听，力辞弗已，诏居妙善寺，以时入见，赐予之物不可胜纪。师以其物并寺于京师，曰妙善。又建寺于台山，曰普明，各置佛经一藏，恒业有差。[②]

此处的台山，即五台山之略称。舍蓝蓝"历四朝事三后"，可谓"宠荣兼至"，但她一心向佛，甚至在远离政治中心大都的五台山出资修建普明寺。由此可见，舍蓝蓝对文殊圣地五台山的向往与崇敬之心是多么的强烈。

以上事实，使我们相信宋元时期的高昌回鹘，五台山崇拜和文殊信仰是相当繁盛的。既有回鹘文《文殊所说最胜名义经》和《文殊师利成就法》的存世，又有回鹘文《五台山赞》的流传，尤有进者，回鹘僧人还亲赴五台山瞻礼，舍蓝蓝更于五台山修建寺院。透过史料，我们可知朝拜五台山者，除了瞻仰文殊圣迹外，另一个重要目的是要获得《五台山图》或《文殊图》。在他们看来，只有亲赴文殊圣地请得的图像才是神圣的，对于周边诸民族来说，这种愿望显得更为迫

---

① [宋]李焘：《续资治通鉴长编》卷 72，大中祥符二年(1009)十一月癸酉条，上海古籍出版社，1985年，第 638 页。

② [元]念常：《佛祖历代通载》卷二二，《大正新修大藏经》第四十九册史传部一，第 734 页 c 栏。

切,如吐蕃之求《五台山图》和日本僧人圆仁之请人画《五台山化现图》就是明证。因此,我们推测柏孜克里克石窟新样文殊的底稿,有可能是回鹘僧人朝拜五台山时获得的,而该新样文殊中多出来的一位童子形象,也能说明此点。

柏孜克里克石窟第34、39窟文殊右侧上方的持杖老人是文殊自身化现的,持杖老人下面的僧人是佛陀波利,文殊下方的驭狮者为于阗王,于阗王下方二童子中一位是善财童子,而另一位童子就是前段所说多出来的童子。之所以说是多出来的,是相对于其他新样文殊中只有一身善财童子而言。关于多出来的这位童子,据我们考证,应为难陀童子,典出日本天台宗僧承澄编撰的《阿娑缚抄》:

> 佛陀波利、善哉(财)童子、大圣老人、难陀童子、于阗国王,已(以)上文殊使者也。①

难陀童子是净饭王的儿子,释迦牟尼的弟弟,后随释迦牟尼出家,证阿罗汉果,在佛诸弟子中,被誉为调和诸根第一者。难陀童子作为释迦牟尼的弟弟,是何因缘而成为文殊菩萨的使者,不得其详。五台山胜迹故事多收集在《清凉三传》中,新样文殊中的文殊菩萨、于阗王、善财童子、佛陀波利和文殊老人均记载于《广清凉传》。难陀童子作为文殊的使者,既不见成书于宋嘉祐五年(1060)的《广清凉传》中,也不见成书于宋元丰三年(1080)的《续清凉传》中。直到《阿娑缚抄》问世才珊珊出现,而《阿娑缚抄》是承澄从日本建长三年(1251)起,经十数年,依经典仪轨及口传记录所整理而成的。由此可见,难陀童子跻身文殊菩萨的使者行列是比较晚的。

吾人固知,无论是于阗王、善财童子,还是持杖老人、僧人佛陀波利,都与文殊化现故事有关,且均发生在五台山。依理而论,难陀童子作为文殊的侍者,也应该与文殊化现故事有关,该故事的发生地也应该在五台山。新样文殊从三

① [日]承澄撰:《阿娑缚抄》卷九十九《文殊五字》,《大正新修大藏经》图像部九,第238页c栏。

尊发展到五尊,最后又增加了难陀童子,或可称为六尊。而此六尊目前只在柏孜克里克石窟发现,其他地区尚未发现,就连新样文殊集大成之地的敦煌也没有。这进一步证明前文推测之不虚,即柏孜克里克石窟发现的新样文殊底稿可能来源于五台山,这反映了高昌回鹘时期吐鲁番与中原五台山之间的佛教文化交流一直不曾间断。

五、天部像和于阗王像、及其与敦煌、黑水城之关联

(一)天部像与敦煌的关系

柏孜克里克第39窟左右两侧壁里端(靠近正壁)绘观音诸眷属,即表1之1—15与表2之1—15。这些眷属的身份大部分已被解读出来,但也有个别眷属由于保存不是太好,至今仍存疑问。下面,笔者仅就表1之6—9和表2之7—10这八组图像试作解读。

八组图像均被绘制于近似菱形的框内,四周饰以浪花形的云纹,极具动感,似在云海之上。每组图像内有三至四身不等的世俗人物,如图7(自左至右对应表1之1、2)左侧一组共四身人物,中间一身形体较大,头部及胸部残缺,身穿红色宽袖长袍,袖口镶以绿边,胡跪于云海之上,两侧的侍者穿同样的衣服,其中一身头部尚存,戴软脚幞头;右侧有三身人物,衣饰同左侧人物,从中心人物的面部来看,与中原帝王形象颇似。

此类图像在雅尔湖石窟第4窟后室左右两侧壁上部亦有表现。所不同者有二:其一,共有十组人物;其二,每组人物没有绘制在菱形框内。图8为雅尔湖石窟第4窟后室左侧壁上部的五组图像,所有人物均穿中原汉人服饰,胡跪于云雾飘绕的彩云之上,中心人物双手合十面向正壁的观音,表现乘云赴会的场景。所有人物的服饰与柏孜克里克第39窟相同,而他们的冠饰和发饰多不

图 7　柏孜克里克第 39 窟天部像①

图 8　雅尔湖石窟第 4 窟左侧壁天部像②

相同,富于变化。如自左至右(自外至里)第二组图像,中心人物为男性,头戴通天冠,气宇轩昂,具帝王气派,两侧侍者亦为男性,戴软脚幞头。又,图 9 为雅尔湖石窟第 4 窟后室右侧壁上部外端第一组图像,残存两身人物,均为女性,中心人物头梳飞仙髻,面型丰满圆润,身穿红色大袖裙襦,雍容华贵,右侧侍者亦

① 采自《中国新疆壁画艺术》编辑委员会编:《中国新疆壁画艺术》第六卷《柏孜克里克石窟》,新疆美术摄影出版社,2009 年,第 239 页。

② 笔者拍摄。

图 9 雅尔湖石窟第 4 窟右侧壁天部像[②]

梳同样的发式。

此类图像的人物虽穿着世俗服饰，但作为观音的眷属，显然非世俗人物。阎文儒先生指出雅尔湖石窟的十组人物应为天部形象，与莫高窟五代、宋初的十王图和供养人形象相同[①]。阎先生所论甚是，但与十王像还是有区别的，最明显的是十王像中没有女性形象。也有学者将两个石窟内的此类图像统称为《龙王礼佛图》，不妥。首先，现有石窟壁画或其他材质类绘画中的龙王形象无世俗人物装束的。其次，两石窟此类图像中的人物乘五彩祥云，面向主尊观音，表现的是赴会场景，而非礼佛。那么，此类图像中人物的身份究竟何指？敦煌藏经洞的一幅绢画（Ch.lvi.0019）为我们指明了方向。

该绢画现藏大英博物馆，为斯坦因从敦煌藏经洞所获，年代在 9 世纪前半叶，内容丰富，绘制精美。画面中部为站立的千手千眼观音，其上为日光菩萨和月光菩萨；其下为一水池，池的上部有两身龙女，头戴蛇冠，下部亦有五身龙女。画面的右侧自上而下分别为五身坐佛、散花天女、不空羂索观音、梵天、摩诃迦罗、孔雀王及其随从、二天王、饿鬼、功德天、火头金刚、频那勒伽等；左侧自上而下分别为五身坐佛、散花天女、如意轮观音、帝释天、摩醯首罗天、金翅鸟王及其

① 阎文儒：《新疆天山以南的石窟》，《文物》1962 年第 7—8 期合刊，第 59 页。
② 笔者拍摄。

随从、二天王、贫儿、婆娑仙、青面金刚、频那夜伽等。其中的梵天(图 10)和帝释天(图 11)身穿红色宽袖长袍，头束高髻，手托盘子，盘内盛放鲜花和水果；两侧的侍者，双手合十，梳丫髻。他们胡跪于五彩祥云之上，面向主尊观音。

图 10　敦煌藏经洞绢画中的梵天像

图 11　敦煌藏经洞绢画中的帝释天像

对比敦煌绢画中梵天和帝释天，我们会发现柏孜克里克石窟和雅尔湖石窟壁画中的天部像，在构图和人物服饰方面有不少相似的地方。其一，主尊居中，侍者分列两旁，胡跪于五彩祥云之上，表现自虚空而来赴会的场景，极具动感。其二，人物面部饱满圆润，服饰皆为宽袍大袖的汉装。

(二)于阗王像与黑水城的关系

新样文殊中于阗王形象的演变是佛教文化交流史上一个值得重视的现象，吐鲁番与黑水城所发现的 11 世纪中叶至 12 世纪的于阗王图像就是一个典型的例证。下面试分析之。

图 12 为柏孜克里克第 39 窟新样文殊中的于阗王，头戴尖状卷沿胡帽，尖

部向前翘起；怒目圆睁；上身穿 V 形领窄袖长袍，手执缰绳，袖子向上卷起；腰系腰带，腰带上挎短刀；小腿上有护腿的盔甲，脚蹬靴子。图 13 为柏孜克里克第 34 窟新样文殊中的于阗王，头戴尖状胡帽，帽子的边缘有羽毛状的装饰；怒目圆睁，高鼻梁，留红色络腮胡须；所穿衣服与图 12 相同。图 14 为西夏黑水城出土新样文殊绢画（X–2447）中的于阗王，头戴尖状卷沿胡帽，怒目圆睁，高鼻梁，留黑色络腮胡须，身着衣服与前二图相类，唯不同者，腰间佩蹀躞七事，脚蹬长筒靴，穿没有护腿的盔甲。

莫高窟第 220 窟甬道北壁新样文殊中的于阗王，头戴红色胡帽，帽子后面佩同色披风，其上饰以浅蓝色散花；面相丰圆，慈眉善目，留络腮胡；身穿窄袖圆领红色长袍，双手执缰绳；腰系腰带，其上缀圆形小荷包；下身穿白色裤子，脚蹬长筒靴站立于莲花之上（图 15）。除了第 220 窟壁画中的新样文殊外，敦煌

图 12　柏孜克里克第 39 窟于阗王像[①]

图 13　柏孜克里克第 34 窟于阗王像[②]

① 徐东良先生临摹，王征先生据其底稿线描。
② 现藏俄罗斯艾尔米塔什博物馆，刘韬先生提供。

藏经洞还发现有 50 幅新样文殊版画，P.4514 中就有 32 幅之多，图 16 即为其中的一幅（局部）。该幅版画上的于阗王，其冠饰与图 15 基本一致，唯无装饰性的散花；所穿衣服和身姿也与图 15 相同。又，P.4514 中有归义军节度使曹元忠的发愿题记，比图 15 年代晚，以此之故，沙武田先生认为："同光年间的第 220 窟'新样文殊'壁画对较晚二三十年的'新样文殊'版画的影响作用显而易见，后者完全是照搬了前者。"[①]此外，敦煌藏经洞还发现一幅新样文殊白描画（P.4049），年代为 10 世纪末至 11 世纪初。其中的于阗王，冠饰与前二图稍有区别，帽口以发际线为基准，帽子上的装饰比较繁复（图 17）。

图 14　黑水城出土于阗王像[②]

图 15　莫高窟第 220 窟于阗王像[③]

---

① 采自《丝路上消失的王国——西夏黑水城的佛教艺术》，台湾历史博物馆，1996 年，第 209 页。

② 沙武田：《敦煌 P.4049"新样文殊"画稿及相关问题研究》，《敦煌研究》2005 年第 3 期，第 27 页。

③ 沙武田先生提供。

以上所举吐鲁番、黑水城的三例于阗王图像与敦煌的三例于阗王图像有着明显的不同。其一,前者戴尖状卷沿的帽子,后者戴圆拱状带披风的帽子。其二,虽然均描绘了深目高鼻、浓密胡须的胡人形象,但前者怒目圆睁,竭力表现出奋力驭狮之状,后者则慈眉善目,神态悠闲。此外,吐鲁番、黑水城的于阗王图像,与宋元明时期中原及周边地区,甚或邻国日本的同类图像亦不相同。这一现象说明在11世纪中叶至12世纪,高昌回鹘境内和西夏的黑水城等地曾流行一种特殊的于阗王绘画传统。其特征为:(1)头戴高尖帽,怒目圆睁,高鼻梁,络腮胡须,体现出典型的胡人形象。(2)身材矮壮敦实,袖子高高挽起,双手

图16 敦煌藏经洞版画中的于阗王像①

图17 敦煌藏经洞白描画中的于阗王像②

① 采自上海古籍出版社、法国国家图书馆编:《法藏敦煌西域文献》第31册,上海古籍出版社,2005年,第232页。

② 采自上海古籍出版社、法国国家图书馆编:《法藏敦煌西域文献》第31册,第37页。

紧握缰绳,左腿前迈,右腿发力蹬地,表现出奋力驭狮之状。

这种特殊的于阗王绘画传统体现了高昌回鹘与西夏佛教文化交流的事实。那么,究竟是谁影响了谁,值得令人深思,笔者的初步意见为高昌回鹘影响了西夏。首先,吐鲁番新样文殊的绘画底稿可能来自五台山,但画师在创作时并没有严格遵循,无论是在构图,还是色彩运用等方面,都有鲜明的回鹘风格。如文殊菩萨及其眷属被绘制在云纹组成的大圆环内,虽人物众多,却安排得"错落有致",毫无拥挤之感,这种表现手法是其他地方所没有的,是当地画师的创新。这种创新也体现在于阗王形象的塑造上,如柏孜克里克第 34 窟于阗王的带羽毛状的冠饰,与第 20 窟一幅誓愿画中商人的冠饰是一样的。我们推测,画师在绘制新样文殊时,摒弃了底稿中于阗王形象,替换为他们熟悉的胡人形象。其次,黑水城出土的新样文殊绢画,女性化的文殊、戴东坡巾的持杖老人和小女孩形象的善财童子都具有浓厚的中原画风,但于阗王却显得刚猛有力,与同时期中原流行的于阗王形象迥异①,与西夏榆林窟中的于阗王形象亦不相同。由此透露出黑水城的于阗王图像可能也是被画师置换了的,即用吐鲁番流行的像式置换掉中原流行的像式。

六、结　语

以观音为主尊,文殊、普贤为胁侍的三大士组合,出现于唐代,宋辽时期逐渐发展并兴盛起来,高昌回鹘流行的三大士图像就是在此背景下产生的。本文以柏孜克里克第 39 窟的三大士图像为中心,结合窟内其他塑像与壁画展开探讨,得出如下结论:

第一,柏孜克里克第 39 窟的观音位居正壁,与两侧的文殊和普贤构成洞

① 如故宫博物院藏北宋李公麟创作的《维摩演教图》,文殊身旁的于阗王深目高鼻,胡须浓密,身材魁梧,从其形来看的确是胡人形象,但缺少胡人武士刚猛威武的神韵。

窟的主体，但中央佛坛的释迦牟尼佛塑像及其两侧的十大菩萨与四大天王，共同构成了宏大的说法、听法和护法场景，信徒礼拜三大士时宛若置身于庄严的华严海会之内。概言之，三大士图像统摄于华严信仰体系之下。

第二，难陀童子跻身文殊使者的行列，典出日本天台宗僧承澄编撰的《阿娑缚抄》，属于五台山文殊化现故事之范畴。作为一种图像，难陀童子只出现在柏孜克里克石窟第 34、39 窟的新样文殊中，其他地区尚未发现。结合回鹘时期五台山信仰的流行及回鹘人朝拜五台山的事例，我们认为难陀童子的突现反映了高昌回鹘时期吐鲁番与五台山之间的文化交流。

第三，柏孜克里克第 34、39 窟新样文殊中的于阗王头戴高尖帽，身材矮壮敦实，袖子高高挽起，双手紧握缰绳，左腿前迈，右腿发力蹬地，表现出奋力驭狮之状。这一特殊造型的于阗王形象，与黑水城发现的一幅新样文殊绢画中的于阗王形象如出一辙，反映了高昌回鹘对西夏佛教艺术的影响。

第四，柏孜克里克第 39 窟、雅尔湖石窟第 4 窟观音眷属中的天部形象，与敦煌藏经洞发现的一幅千手千眼观音绢画中梵天和帝释天的形象极为相似。这一现象反映了高昌回鹘时期画师在创作佛教绘画时，对敦煌绘画传统的承袭。

大桃儿沟第9窟八十四大成就者图像考释

一、序　言

大桃儿沟石窟位于吐鲁番市亚尔乡葡萄沟西约3千米，小桃儿沟西侧，沟为南北走向，山势较缓，地表为夹砂石土层。现存10个洞窟，建造技术为山崖内凿洞与崖前土坯垒砌两种。洞窟自南向北编号，其中：1—5窟为僧房窟，6、7窟同为方穹庐顶窟，存壁画少许，色彩已脱落；8—10窟为长方形纵券顶窟。第8窟壁画完全熏黑，两侧壁有3个禅窟；第9窟顶部和四壁残留一些壁画，色彩基本清楚；第10窟位于窟9东北约50米的山顶上，门南向，壁画保存较为完整，色彩清晰，按连环画方式排列。第10窟下面为1号佛寺遗址，中心残留一方形房基，两侧有甬道痕迹，后面似为一排僧房，仅存房基。沟对面东侧山坡上有两座佛寺遗址，靠南面的形制比较清晰，为2号佛寺遗址，为中心殿堂式建筑。2号佛寺北面有房址两间，规模甚小，为3号佛寺。3号佛寺东面20米处为2号佛塔，方形，穹窿顶，四壁中间各开有一拱形门。南沟口处的1号佛塔，方形，穹窿顶，北壁保存比较完整，余皆塌毁，从形制来看，门应开在北壁。

大桃儿沟石窟开凿于宋元时期，壁画保存较少，但内容尚称丰富，尤其是其中的藏传佛教风格的壁画尤为引人瞩目，第9窟即是很好的例证。

形制：平面略呈长方形（后室正壁稍带弧形），纵券顶。

现状：崖内开凿。窟门坍塌，形状不明，前壁也仅留左右两边上部一小角。洞窟经过两次改建。第一次改建时，在窟室后部封堵一土坯墙，后室弃之不用。第二次改建是20世纪，当地居民暂住时所为，前壁左边坍塌部分重新用土坯垒砌，角部开有一烟囱。正壁左右两边开有小门，通向后室，并在前室左右两侧壁上方开6个小龛，左壁1个，右壁5个。窟深7.00米（前后室总长），宽3.00米，券顶至地表堆积2.15米。正壁左窟门宽0.53米，高0.80米，右窟门宽0.66米，高1.05米。

内容：窟室正壁右下角残存一塔，三层塔结构，其上有覆钵，塔的上方有缠枝花卉；右上部分残存两个头光，疑为菩萨，左面一个头光后菩提树叶非常繁茂，周围饰以缠枝花卉；右面上方部分残存半个头光及五叶冠冠叶。门壁左上角有一动物（龙）形象，残存三只腿，每个腿三个爪，旁有缠枝花卉；动物腿的下部残留菩萨五叶冠冠叶；门壁右上方有一菩萨头光，其后有菩提树叶。左右两角也存有稍许，保存状况较差，顶部中心绘一大莲花，周圈绕以同样大小的莲花，惜已被烟熏，仅剩大致轮廓。左右侧壁有大幅壁画，下面详细叙述之。

二、八十四大成就者图像考释

左右侧壁以连环画形式绘制图像。现每个侧壁均残存上下两排，内容为八十四大成就者像，根据格伦威德尔《高昌故城及其周边地区的考古工作报告（1902—1903年冬季）》①一书的记述，我们得知，每个侧壁原来应为四排，上面两排因脱落已荡然无存，每排11幅，总88幅，其中4幅非大成就者图像。每幅像尺寸为0.33米×0.36米。每幅画间隔以红、白为底色，佛像间隔以白、红为底色。上

① 详见［德］格伦威德尔著，管平译：《高昌故城及其周边地区的考古工作报告（1902—1903年冬季）》，文物出版社，2015年12月。

下两排图像之间以莲花图案作为装饰，莲花造型较为独特。下部有红色边框，宽5厘米。图像保存不佳，大部分已经脱落，亦有盗割痕迹。两壁各现存两排。

表 1

本文序号	1	2	3	4	5	6	7	8	9	10	11
格伦维德尔序号	67	68	69	70	71	72	73	74	75	76	77
上	脱落	脱落	脱落	脱落	?	韦那巴	甘巴力巴	?	?	巴查巴	?
装饰	以莲花作为装饰，莲花造型较为独特。宽5厘米。										
格伦维德尔序号	78	79	80	81	82	83	84	85	86	87	88
下	脱落	脱落	?	?	甘大力	?	?	?	?	?	班德巴
边框	红色边框，宽5厘米。										

1. 左侧壁自外向里

左上5. 图像：尊者坐于兽皮垫上，腿上放一圆形鼓（？）。

考释：损毁严重，仅存兽皮垫与圆形鼓，且脱落不全，原有榜题无存，尊者身份无从考释。

左上6. 图像：尊者立于兽皮垫上，抱一琴（或琵琶），右手抚之，还可见两个大耳环，胳膊上有臂钏，脚踝处有脚环，腰间有飘带。

考释：

图1为一幅17世纪末拉萨鲁康壁画中所描绘的韦那巴大师形象①，头戴

① 白玛僧格著：《唐卡中的八十四大成就者》，紫金城出版社，2008年，第143页。

图1 拉萨鲁康壁画韦那巴大师

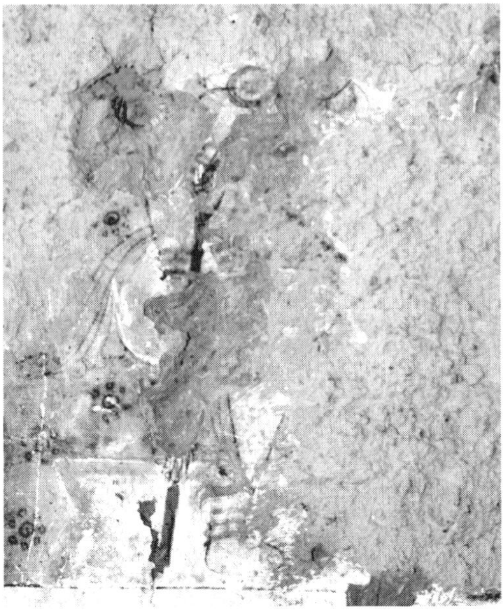

图2 大桃儿沟第9窟韦那巴大师

骨制首饰,身挂骨制项链,冥想带自肩上环绕至左腿之上。他双臂抬起,轻轻举起维那琴,身边的明妃与韦那巴双腿交缠,互相对视。考诸现代唐卡或绘画,韦那巴的典型特征是必携带乐器,或琴,或琵琶,或古筝,亦或是印度的维那琴。图2为大桃儿沟第9窟左上6大成就者图像,虽保存不甚完整,原有榜题无存,但其所抱琴尚可辨别。据此我们推测,此即为韦那巴大师,《八十四大成就者传》之第11位。

"韦那巴"即指弹六弦琴者。是印度北部嗄府拉国王室的独子。王子周围经常围绕着许多乐师演奏音乐,而由于往昔业习力量的影响,当王子内心完全专注在打鼓声时,仍能同时弹奏弦琴。对于世间的其他事物,王子则毫不关心。

一天,有一位博学的瑜伽士布达巴来到王子面前,并教授了他不用放弃手鼓,也能够来禅修佛法要诀。王子依此禅修了九年,心的染污得到了清净,生起了如灯火般的明光觉受,得到了大手印的成就。心中也产生了许多神通功德，瑜伽士韦那巴的声名也因此传扬至四方。他对嘎府拉地区的人民教授了无量的法教，最后大师说明了自己的证悟过程，等等，即身前往了法界空行净土。

左上7. 图像：尊者侧坐于兽皮垫上，具背光，宽肩细腰，上身赤裸，胳膊上有臂钏，着红色短裙，短裙上饰以联珠纹饰，腰后系红色飘带，双腿盘曲，右腿置于左腿上，兽皮垫前方卷起，其前置一长条形红色板状物（？）。

考释：图像保存不甚完整，头部损毁，原有榜题无存。格伦威德尔描述此尊者右手拿一把锤子（现已脱落），并推知其为甘巴力巴①，《八十四大成就者传》之第45位。

“甘巴力巴”的意思是铁匠。他住在沙里布札那地方，是属于铁匠阶级。为了家人的生活必须经常来从事铁匠的工作。有一天，他在打铁时，有一位瑜伽士经过他工作处，就问他：“你在做什么？”他回答：“我在从事铁匠的工作。”“你做这个行业快乐吗？”瑜伽士又问他。他回答：“我的身体常受到火花和高热的灼伤，但是为了生活，不得不从事此行业。”

瑜伽士向铁匠乞食，铁匠夫妇二人非常的讶异，二人忖思着：“我们福德微小，又是属于下层阶级，他竟肯接受我们的供养。”夫妻二人非常的高兴。

瑜伽士又问他们：“你们愿意修学佛法吗？”他们回答：“我们是属于下层阶级的贱民，谁会教我们呢？”瑜伽士说：“如果你们对佛法有信心，又能修持的话，我就教你们。”铁匠夫妇很高兴的向瑜伽士顶礼并献供养。

瑜伽士就给予他们加持灌顶，之后给予他们三脉的修持教授：“观想你的身体外在是风箱、炭火，以及炼铁等三者。左脉和右脉是风箱，中脉当火炉，心识是铁匠，以智慧之火来燃烧，妄念作木炭，来锤炼三毒之铁块，提炼

---

①［德］格伦维德尔著，赵崇民、巫新华译：《新疆古佛寺：1905—1907年考察成果》，中国人民大学出版社，2007年，第380—381、389页。

出法身无二大乐的果实。”并开示了口诀。

铁匠就依照上师的教授，一边工作一边来禅修。经过了六年，得到了大手印的究竟证悟。在他人毫无所觉下，能够在火炉中完成种种的工作。在沙里布札的人们都认为：“我们的铁匠必然是个成就者。”人们在惊讶之余，甘巴力巴大师的名声也就传遍各地。

左上 8. 图像：尊者坐于兽皮垫上，左腿贴于垫上，脚掌向上，右腿跷起，具头光与背光，胳膊上有臂钏。

考释：图像保存不甚完整，头部损毁，胸部以下至腰间有大片脱落，原有榜题无存，格伦威德尔描述此尊者右手拿着一个碗，旁边还立着一个陶罐（现已不存），尊者身份待考。

左上 9. 图像：尊者坐于兽皮垫上，瘦骨嶙峋，双臂弯曲，两手置于大腿上。右下角一小童立于兽皮垫上，骨瘦如柴，作舞蹈状（或戏弄状），尊者头部上方隐约可见一消瘦人形。

考释：图像保存不甚完整，唯尊者及小童形象保存较为完好，余皆损毁严重，原有榜题无存，尊者身份待考。

左上 10. 图像：尊者坐于兽皮垫上，有头光与背光。

考释：图像保存甚差，格伦威德尔描述此尊者左手拿一本书①，举在胸前（现已无存），由此我们可以推测，此即为巴查巴大师，《八十四大成就者传》之第 24 位。

在马尼达拉地方有一个婆罗门，他非常的富有，亲友仆从满堂，向来生活在享受迷乱中。

有一天，他的亲朋好友出去沐浴，只有他留在家里。有一个博学多闻的瑜伽士来到他这里，向他乞食。婆罗门说：“你是很不干净的，将会弄脏

① 详见［德］格伦威德尔：《高昌故城及其周边地区的考古工作报告（1902—1903 年冬季）》，第 169 页。

我的房子,我的亲友们回来看到会责怪我的。”瑜伽士就问他:“什么是不干净?”婆罗门回答:“身体不洗澡,不穿衣服,以人头骨作碗来吃食不洁净的东西,属于贱民等称为不干净。你赶快走吧。”瑜伽士回答说:“这不叫不干净。身口意造作了恶业才称为不干净。身体沐浴洗净并不能洗净心的染污,只有上师的教授才能清净心的染污,这是本来清净的。

瑜伽士说完后,婆罗门心中生起了信心,就向瑜伽士请求:“请您赐予我这样的教授。”瑜伽士回答:“如果你布施我食物,我就教你。”婆罗门说道:“如果你在这里传我佛法,我的家人朋友都是没有信心的,您住在哪里,我去您那里学法。”瑜伽士回答:“我住在尸陀林中,你必需带酒和猪肉来。”婆罗门说:“身为婆罗门是连酒和猪肉都不能说出口的,怎么能携带酒和猪肉呢?”瑜伽士说:“如果你想得到我的教授,就必须带酒和猪肉来。”婆罗门就说:“白天不方便,我将晚上来。”

婆罗门就更换了衣服,来到了市集买了酒和猪肉,来到尸陀林中供养瑜伽士。瑜伽士自己享用着,之后他也给予了婆罗门颇瓦的加持灌顶。并且叫婆罗门先献了一个曼达,为了先破除婆罗门对于阶级的执着傲慢,就叫婆罗门先打扫整理清洁,之后再对他开示佛法的见地。他让婆罗门擦净地面以开显他行为的见地,而擦净地面的颜色就是禅修生起的征兆,三种征兆合一就是果的征兆。

婆罗门了解了上师教授的意义,对于种种不净法错误等都能辨别,完全舍离了对种姓阶级的妄想执着,他依此禅修方法修持了六年,得到了大手印的成就。瑜伽士巴查巴的声名传遍了四方,利益了无量众生,最后携带了五百人即身前往卡雀空行净土。

左上11. 图像:尊者坐于兽皮垫上,有头光与背光,戴五叶冠(?),还可见两个大耳环,胳膊上有臂钏,左臂抱一女性,束发。

考释:图像保存不甚完整,腰部以下图像脱落,原有榜题无存,尊者身份待考。

左下3. 图像:尊者呈站立姿势,具头光,宽肩细腰,身体扭曲呈S形,上身赤裸,下身穿短裙,左手执一杨枝(?),膝盖并拢,其下腿部成八字分开。

考释:图像保存不甚完整,头部及脚部损毁,原有榜题无存,尊者身份待考。

左下4. 图像:尊者坐于兽皮垫上,头上隐约可见有冠饰,宽肩细腰,上身赤裸。左手扬起,右手置于胸前,两手似执一物,似为某种乐器。

考释:图像保存不甚完整,头、胸及腿部损毁,左上有回鹘文题记,有被盗割痕迹,内容待考。

左下5. 图像:尊者坐于兽皮垫上,有头光与背光,头上似有冠饰,上身赤裸,下身着短裙,腰间系飘带,两手置于胸前(稍向下),右手莲花指,似捻一细小物什,左手执一布条。

图3 莫高窟第465窟甘大力大师

图4 大桃儿沟第9窟甘大力大师

考释:

图3为莫高窟465窟西壁中部所绘甘大力大师[①],一尊者坐于小圆毯上,左手执布条,右手似捻一物。考诸画像,甘大力典型特征为一手拿布条,一手执

① 赵晓星考证为甘大力大师,极是。详见赵晓星:《莫高窟第465窟八十四大成就者图像考释》,《第四届西藏考古与艺术国际学术讨论会论文提要集》,2009年,第589页。

针线。图4为大桃儿沟左下5大成就者图像,保存不甚完整,头部及腿部损毁。从左手所执布条,右手似捻一细小物什,我们可以推测,此尊者为甘大力大师,《八十四大成就者传》之第69位。

> "甘大力"意思是裁缝师。居住在马尼达拉地区,他非常的贫穷,只能以零星的缝补和乞讨为生。有一次他在做裁缝时,针扎到自己的手臂,流出血来,他非常的疼痛,忍不住的在地上跳来跳去。
>
> 这时空行母贝达力化作一位女孩,给予他喜金刚的灌顶,并且开示了四无量心、上师瑜伽,以及生起次第瑜伽,等等。他依照上师所教授的来禅修,证悟了诸法本来,即空性。因此对未能明白此理的众生产生起大悲心,而由于空性与慈悲的双运,他得到了大手印的证悟。四方都称呼他为啦嘛甘大力。

左下6. 图像:尊者坐于兽皮垫上,有头光与背光,头上隐约可见有冠饰,上身赤裸,腰间有红色飘带,胳膊上有臂钏,右臂搭于右腿上,自然下垂,左手前伸。

考释:图像保存不甚完整,头部及腿部损毁。尊者身份待考。

左下7. 图像:尊者坐于兽皮垫上,有头光与背光,宽肩细腰,上身赤裸,胳膊上有臂钏。

考释:图像保存较差,头、胸及腿部损毁,尊者身份待考。

左下8. 图像:尊者坐于兽皮垫上,有头光与背光。

考释:图像保存较差,仅存头光、背光、腿部与兽皮垫,尊者身份待考。

左下9. 图像:尊者呈站立姿势,身体前倾,扭曲呈S形,有头光,黑发卷于脑后,戴有大耳环,胳膊上有臂钏,着短裙,腰间系有飘带。

考释:图像保存较差,脸部、前胸及腿部无存,尊者身份待考。

左下10. 图像:尊者坐于兽皮垫上,有头光与背光,束发偏右,宽肩细腰,上身赤裸,胳膊上有臂钏。

考释：图像保存较差，脸、胸及腿部无存，右上角有回鹘文题记，尊者身份待考。

左下 11. 图像：尊者立于兽皮垫上，有背光，着红色袒右袈裟，右手执锡杖（或天杖），左手托颅钵。

图 5 莫高窟第 465 窟班德巴大师

图 6 大桃儿沟第 9 窟班德巴大师

考释：

图 5 为莫高窟第 465 窟南壁东起第三铺所绘班德巴大师①，坐于鼓形高座之上，两脚自然垂下，踏于莲花之上。左手托钵，右手执锡杖，着袒右袈裟，面前有侍者，双手托人头钵供奉。图 6 为大桃儿沟第 9 窟左下 11 大成就者图像，虽保存不甚完整，头部无存。通过对比，两者不同之处仅在于成就师的坐与立，共同特征是手拿锡杖与钵。由此我们推测图 6 可能为班德巴大师。《八十四大成就者》中第 32 位。

① 赵晓星考证为班德巴大师，可从。详见赵晓星：《莫高窟第 465 窟八十四大成就者图像考释》，《第四届西藏考古与艺术国际学术讨论会论文提要集》，2009 年，第 584 页。

班德巴的名字意思是“财神中尊贵者”。他的家乡在年地,有一天,他看到有一位阿罗汉穿着僧伽衣,拿着乞钵和锡杖,身上发出光彩,穿越过天上。班德巴就心生仰慕,很想自己也能这样。

班德巴向纳波杰巴大师求法。纳波杰巴传给了他密迹金刚的灌顶,以及瑜伽守护法门的四无量心的教授,即慈心见地,喜乐禅修,大悲行,平等性的果报等观修方法。他依照上师所教来禅修,完全清净了错误的邪见偏执,得到了大手印的证悟,瑜伽士班德巴的声名远播四方。

2. 右侧壁自外向里

表2

本文序号	1	2	3	4	5	6	7	8	9	10	11
格伦维德尔序号	23	24	25	26	27	28	29	30	31	32	33
上	脱落	?	米那巴	?	扎巴力巴	龙树菩萨	?	?	?	?	阿津达
装饰	以莲花作为装饰,莲花造型较为独特。宽5厘米。										
格伦维德尔序号	34	35	36	37	38	39	40	41	42	43	44
下	脱落	脱落	脱落	脱落	脱落	脱落	嘎那巴	?	?	?	?
边框	红色边框,宽5厘米。										

右上2. 图像:尊者立于兽皮垫上,有背光,仅存衣饰飘带。

考释:图像保存甚差,尊者身份无从考释。

右上3. 图像:尊者坐于兽皮垫上,胳膊上有臂钏,脖子上戴有项链,菩萨头部及左右两边绕有7条鱼。

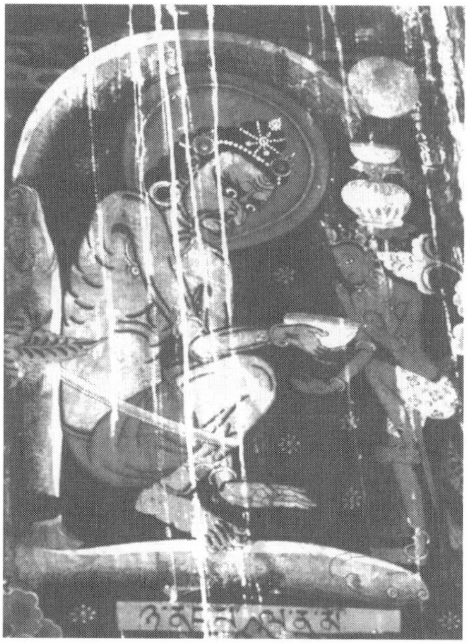

图 7 江孜白居寺米那巴大师

图 8 莫高窟第 465 窟米那巴大师

图 9 大桃儿沟第 9 窟米那巴大师

考释：

图 6 为 15 世纪初江孜白居寺壁画所绘米那巴大师①，瘦骨嶙峋，腰上缠一条瑜伽带，眼睛盯着手中的嘎巴拉，一空行母站在他的身边。米那巴周身环绕三条大鱼，象征其处身鱼腹中的经历。图 7 为莫高窟第 465 窟西壁南起第一铺所绘米那巴大师②，坐于大鱼之上，左手掌心向上平摊足上，右手置于胸前，有头光，绿色靠背，裸身仅着短裙。考诸画像，我们发现米那巴大师的典型特征

① 白玛僧格著：《唐卡中的八十四大成就者》，第 139 页。

② 赵晓星认为其为米那巴大师，可从。详见赵晓星：《莫高窟第 465 窟八十四大成就者图像考释》，第 587、第 588 页。

为坐于或站于一条鱼上,或者周身围绕几条鱼。图8为大桃儿沟第9窟右上6大成就者图像,图像保存较差,头部及腿部损毁。但围绕尊者的鱼尚清晰可见,据此我们推测,此即为米那巴大师。《八十四大成就者传》之第8位。

> 米那巴是印度东部人,以打鱼为生。一天他钓到一条大鱼,在收绳时,大鱼奋力挣扎,反将渔人拖入海中,渔人被大鱼吞入腹内,但由于往昔的业力,并没有死掉。
>
> 这个时候,女神乌玛向大天求取法教。大天告诉她:"我的这个法是非常秘密的,不是随随随便就可以传授,必须在大海中建造一房子来受法。"女神就依此造好了房子。就在这个房子中来教导乌玛女神密法。此时大鱼正好游到房子下面。在传法时,乌玛竟睡着了,大天问乌玛你听见没有?渔人就回答听见了,就这样渔人得到了密法。
>
> 密法传完后,乌玛醒了过来,再向大天请法。大天说:"我法已传完。"女神说:"我法听到一半,之后就进入睡眠昏乱中,未曾听到。""那是谁回答我听见了呢?"女神说她并没有回答听见了。大天就以神通力观察,看见在房子下面的一条大鱼腹中有一个人,是他听闻了密法。大天自忖:"他现在已经是我的弟子了,我俩之中已有三昧耶存在。"
>
> 米那巴在得到了灌顶教授后,就在大鱼腹中禅修了十二年,得到了世俗悉地成就。

右上4. 图像:尊者坐于兽皮垫上,有头光与背光,头戴三叶冠,冠内有宝珠,宽肩细腰,上身赤裸,胳膊上有臂钏。

考释:图像保存较差,头部及胸部损毁,内容待考。

右上5. 图像:尊者侧坐于兽皮垫上,有头光与背光,头光内有火焰装饰,脖子上有项链,胳膊上有臂钏,腰系红裙,腰后有飘带。右手拿锤,左手执凿,凿子已嵌入石块中。

图 10　莫高窟第 465 窟札巴力巴大师

考释：

图 10 为莫高窟第 465 窟北壁西侧所绘札巴力巴大师[①]，坐于小圆毯上，右腿平置，左腿屈起，面前上方有人头钵。面前置一石器，尊者左手持钎，右手举锤，正在凿石。有头光，裸身短裙，身饰瓔珞环钏。图 11 为大桃儿沟第 9 窟右上 5 大成就者图像，两者比较，如出一辙，据此我们推测，此即为尊者札巴力巴。《八十四大成就者传》之第 64 位。

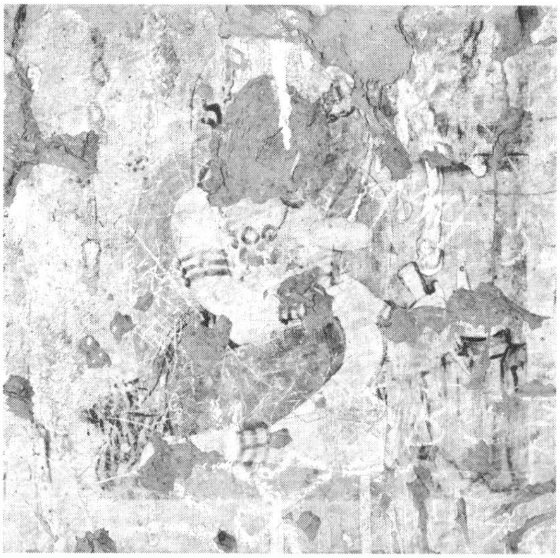

图 11　大桃儿沟第 9 窟札巴力巴大师

马加达市的某地有一位拥有许多牲畜的大商人。一次一个亲人去世时，他举行了盛大的宴席。当地的人民都来临，在许多天中供应大众各种的饮食等。众人这时都前往恒河去沐浴，他的妻子和三岁的女儿留在家中。

就在这时，札巴力巴大师不知道从何处出现，来到这里来乞食。札巴力巴就告

① 赵晓星认为其是札巴力巴大师，可从。详见赵晓星：《莫高窟第 465 窟八十四大成就者图像考释》，第 595 页。

诉女主人:"如果你丈夫或是他人向你发脾气的话,就来找我。"女主人听了大师的话,就安心的供养他饮食。有些人回到了家,看到女主人将饮食供养给大师,都很生气。女主人就带着女儿气愤地来到瑜伽士这里。札巴力巴告诉她很好,以咒水洒在母女二人身上,二人都变成了石头。

男主人闻讯急忙去追赶。札巴力巴也以咒水洒向他,男主人也变成了石像。结果一家三口都变成了石头,融进同一块石头中。之后,他们的亲戚朋友经过这里,同样都被变成了石头,全部共有三百多人。

这件事情传遍四方,在沾巴卡地方的国王马伊等人都亲自来察看。国王因此生出了信心,就为父母和女儿三人建造了一座寺庙。之后又为另外三百人盖了一所寺庙,名为杜马巴寺。在这座寺庙中,若有人心怀恶念,则会遭到石像的打骂修理,所以发心不正者是不敢来到这座寺庙的。

右上6. 图像:尊者交脚而坐,周身绕以大蟒蛇,头上残存一蛇头。

图12 莫高窟第465窟龙树菩萨

图13 江孜白居寺龙树菩萨

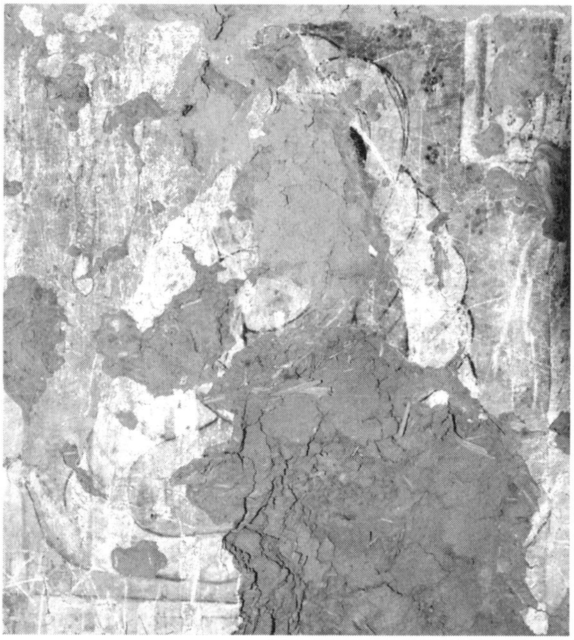

图 14　大桃儿沟第 9 窟龙树菩萨

考释：

图 12 为莫高窟第 465 窟西壁南起第一铺所绘龙树菩萨[①]，坐于两条交尾龙上，脚心朝上，双手结定印。面前有三种供器，上为山形供器，中为三足形供器，下为人头钵。头上有蛇头(似为五头)，无头光，着袒右袈裟。图 13 为 15 世纪初江孜白居寺壁画所绘龙树菩萨[②]，龙树菩萨身着僧衣，面带微笑，双手结说法印，头顶有肉髻，周身绕蛇，头后伸出 7 条蛇头，身侧一明妃，正为他递上一钵盂。图 14 为大桃儿沟第 9 窟右上 6 大成就者图像，保存较差，头部和胸部以下至左腿部损毁，但围绕尊者的蟒蛇尚清晰可见。考诸画像，龙树菩萨典型特征为周身绕蛇或坐于蛇(龙)上，头上有蛇头，这与龙尊王佛的形象是一样的。据此我们推测，图 14 为龙树菩萨。《八十四大成就者传》之第 16 位。

龙树菩萨是印度东方嘎尼札地区的人。他是属于婆罗门阶级，后在那烂陀寺出家，修学五明，结果通达一切，成为一位大学者。龙树自认为这样未能完成对众生的利益。为了想要获得功德来完成对众生的利益，他就云游四方。曾先后到达了京城、卡达希拉山、印度南方的圣山等地。

① 赵晓星认为是龙树菩萨，可从。详见赵晓星：《莫高窟第 465 窟八十四大成就者图像考释》，第 588 页。
② 白玛僧格著：《唐卡中的八十四大成就者》，第 37 页。

后来，大梵天就化现成一婆罗门，来向龙树求取人头，龙树答应了将头作布施。国王沙拉邦札不能忍受上师将入涅槃的痛苦，就以头顶礼碰触上师的莲足往生了。

众人都责怪这个婆罗门，这时龙树的头无论如何都切不断，只有用吉祥草才能把头切下来布施给大梵天。从此，树林都干枯掉，人们的福德都产生障碍，以前的八大女夜叉至今仍守护着菩萨的身体。龙树的舍利遗骸存在处，也有龙王菩萨守护着，有光芒射出如同月光般。而龙树菩萨的身体在弥勒菩萨来临时，将会再度起来以来利益众生。

右上7. 图像：尊者坐于兽皮垫上，有头光与背光，头上有冠饰，胳膊上有臂钏。

考释：图像保存甚差，仅存身体左半部分，无从考释。

右上8. 图像：尊者坐于兽皮垫上，有头光与背光。

考释：图像保存较差，脸、胸部以下至腰间皆损毁，无从考释。

右上9. 图像：主尊呈站立姿势，两臂上举，胳膊上有臂钏，上身赤裸，下身穿红裙，裙摆飞扬。主尊身前有一小像，左手托颅钵，腰系虎皮短裙，脚踝处各有一条小蛇盘绕，其姿势颇类大黑天。

考释：图像保存较差，主尊及侍者头部无存，内容待考。

右上10. 图像：尊者坐于兽皮垫上，有头光与背光，胳膊上有臂钏。

考释：图像保存较差，头、胸及左腿部均残失，内容待考。

右上11. 图像：尊者面向左呈站立姿势，有头光，可见两大耳环，腰间飘带自然下垂。尊者右腿前迈，左腿后撤，微向前弯曲，左脚踩在木头上，下横插一木作为支点，两手握斧头，用力向木头砍去。

考释：

图15为莫高窟第465窟北壁西起第一铺所绘阿津达大师[①]，作行走状，背

---

① 赵晓星认为其是阿津达大师，可从。详见赵晓星：《莫高窟第465窟八十四大成就者图像考释》，第595、596页。

图 15　莫高窟第 465 窟阿津达大师

图 16　江孜白居寺阿津达大师

后似背一捆木材，右腿向前，左腿在后，左手置胸前施无畏印，右手握长柄斧头，扛于肩上。面前有侍者，双手捧人头钵，正向后回头顾望尊者。图 16 为 15 世纪初江孜白居寺绘阿津达大师①，手持一根木杖，站在开满鲜花的树下，他身着紧身短裤，肩披长条布巾，头戴骨饰，挎着一条冥想带，眼睛直视着地面上象征财富的海螺。身边站着一个红色身的空行母，正恭敬地向他敬礼。

图 17 为大桃儿沟第 9 窟右上 11 大成就者图像，图像保存尚可，唯头、两臂及手部图像脱落。考诸画像，阿津达大师的表现形式有两种，其一为写实，手拿斧头，肩背木材，或正在做劈柴动作。其二为写意，阿津达执着于对财富的追求，面前象征财富的海螺是辨认其身份的重要标识。据此我们推知，图 17 为阿津达大师，《八十四大成就者传》之第 38 位。

“阿津达”的意思是“没有

① 白玛僧格著：《唐卡中的八十四大成就者》，第 173 页。

念头”。他是达尼入巴地方的人。他的工作是卖木材,因为家里非常贫穷,所以他整天都想着财富。他完全没有世俗的任何其他杂想,只是想着发财,因此他一个人居住着。

图17 大桃儿沟第9窟阿津达大师

一天,瑜伽士甘巴拉经过这里,看到他就问他:“你住在这里真静,没有别人也没有噪声,但是你心里都在想着什么呢?”他回答:“瑜伽士,我心里想的只有世间的财富,其他什么都不想的。但是虽然我心里想,却是什么也没有。”瑜伽士告诉他:“我有可以得到财富的方法,但是你可以来修持吗?”他回答:“我当然可以,请你教我吧。”

瑜伽士就给了他上乐金刚的灌顶,并且给了他基本的圆满次第的教授。他就依照瑜伽士所教授的来禅修,对于财富的妄念落入于星星中,而星星也融入于天空中,妄念消失了。了悟了上师教授的意义,得到了大手印的成就,阿津达大师的声名远播,他在三百年中教导心的本性来利益众生。最后,他带领了许多弟子即身前往卡雀空行净土。

右下7. 图像:尊者坐于兽皮垫上,有头光与背光,耳戴耳环,颈有项饰,胳膊上有臂钏,宽肩细腰,上身赤裸,下身着短裙。右手上举,其上悬浮一双面鼓,左手托颅钵于胸前。

考释:考诸画像,嘎那巴大师的典型特征是空中有七只宝伞与七只手鼓,这里的图像由于画面空间狭小,仅用一只手鼓代替,具有象征意义。据此我们推测,此即为嘎那巴大师,《八十四大成就者传》之第17位。

嘎那巴大师是印度索玛布利地方人，从上师札连达拉巴得到了灌顶以及喜金刚的教授，经过了十二年的禅修，有一天大地摇动，他同时看到了喜金刚坛城的所有本尊，心中就生起满意之心。又有一次在空中出现了七只宝伞，以及七只达玛入(手鼓)来回走动着。他声名大噪，以为自己已经得到了成就，就集合了众弟子，宣布自己已经成就了，为了要来利益众生，决定出发前往罗刹国兰卡布里山。

嘎那巴带领了弟子众三千多人出发。众人来到了海边。嘎那巴走入大海中，毫不下沉。他心中就自以为即使是自己的上师也比不上他，他能拥有这种大威力，心中又生出了傲慢自大，就失去了神通力，沉入大海中。潮水把他推向岸边，他看到天空中又出现了自己的上师札连达拉。上师问他："嘎那巴赶快上岸，你有没有受伤？"

嘎那巴心中充满了羞愧，向上师表白："我为了众生的利益，想去罗刹国兰卡布利，我自以为神通力胜过上师，变得傲慢自大，神通力消失，所以就沉到水中了。"上师告诉他："现在这里是没有利益的。在我的家乡沙拉布札，有一位法王名叫达玛帕拉，也有一位我的弟子裁缝匠。你去见我的弟子，他怎么说，你就怎么做。"嘎那巴就决定遵照上师的吩咐，结果他心中马上能记起上师的教授，而且神通力也恢复了，走路时脚不触地，天空中出现了宝伞和达玛入，来往时双足陷入石头中，等等，又再得到了以前的神通力。

右下 8. 图像：一尊者，衣饰繁复华丽，具头光。

考释：图像保存甚差，模糊不可辨，尊者身份无从考释。

右下 9. 图像：尊者坐于兽皮垫上，具头光与背光。

考释：图像保存甚差，模糊不可辨，尊者身份无从考释。

右下 10. 图像：一尊者，有头光与背光，戴耳环。

考释：图像保存甚差，模糊不可辨，尊者身份无从考释。

右下 11. 图像：尊者坐于兽皮垫上，有头光与背光，着袒右袈裟。

考释：图像保存尚可，脸及手部损毁。左上角残存回鹘文题记，尊者身份待考。

三、结　语

从现场调查情况来看，此洞窟的八十四大成就者图像有被切割的痕迹。对此格伦威德尔也供认不讳①，此外俄国探险队也曾来此，并盗走大批壁画、塑像及文书，但他们的考察成果多未公诸于世，我们只能根据格伦威德尔的报告复原现在已缺失的八十四大成就者图像。如格氏编号第 4 号人物为一个坐在虎皮兽垫上的尊者，手执一面镜子。此图像在《八十四大成就者传》中尚未找到对应者，但可喜的是，我们在莫高窟第 465 窟中发现了同样的图像，位于东壁门南，伯希和记为“□□□□巴此云执镜师”。“执镜师坐于小花圆毯上，前有三足供器。左腿前伸，盘右腿，左手执镜自照，右手置于胸侧。无头光，戴尖顶僧帽，耳珰裸身，仅着短裙，项、臂、腿均有瓔珞腕钏等装饰。”②在第 52 号图像中，我们可以看到遮掩在云中的太阳，其表达的内容显然是毕鲁巴大师的故事。第 66 号人物的肤色为棕褐色，有一只狗伴随着他，此即为古古力巴大师。第 79 号人物描绘的是手拿洗衣板的多毕巴大师③。

通过上文的叙述，我们可以确定大桃儿沟第 9 窟两侧壁确为印度八十四位大成就者图像。通过与西藏江孜白居寺以及莫高窟第 465 窟四壁下部的大成就者图像对比可知，大桃儿沟第 9 窟的图像与莫高窟第 465 窟更加接近。首先用色上均偏淡，为冷色调，不像江孜白居寺的红色那么浓烈。其次，大成就者多上身赤裸，宽肩细腰，腰系短裙，人物造型多为本土风格，而江孜白居寺的大成就者更接近印度风格，如佩瑜伽带或冥想带，印度的维那琴等。再次，构图简

---

① ［德］格伦维德尔著，赵崇民、巫新华译：《新疆古佛寺：1905—1907 年考察成果》，第 381 页。

② 赵晓星：《莫高窟第 465 窟八十四大成就者图像考释》，第 572 页。

③ ［德］格伦维德尔著，赵崇民、巫新华译：《新疆古佛寺：1905—1907 年考察成果》，第 380—381 页。

单，画面具有写实特点，不及江孜白居寺那么华丽。此外，莫高窟第465窟与大桃儿沟第9窟中均出现了“执镜师”的图像，而此图像未见于江孜白居寺，也无法与《八十四大成就者传》相对应。这隐约表明它们的绘画底本为同一个版本。由此我们推测，莫高窟第465窟八十四大成就者图像是大桃儿沟第9窟八十四大成就者图像的源头，此为宋元时期藏传佛教向西传播的一个鲜明例证。当西域佛教渐趋衰落之时，唯有高昌仍在延续，恰时，藏传佛教的传入，为高昌佛教注入了新鲜血液，使得曙光再现。

大桃儿沟第 9 窟八十四大成就者图像补考

吐鲁番大桃儿沟第 9 窟券顶及两侧壁绘有印度八十四大成就者图像，笔者曾就部分图像进行考释，但当时由于材料所限，只考证出 10 位成就师名号[①]。今在实地调查的基础上，利用国外探险家的考察报告和他们盗割的壁画，以及回鹘文榜题，对其余大成就者图像做一补充考证。

一、图像考析

八十四大成就者图像绘制于洞窟券顶及南北两侧壁，共有 8 排，每排 11 幅图像。券顶 4 排图像现已不存，或脱落，或被外国探险家盗割；侧壁 4 排图像，靠门一侧由于常年暴露在阳光下，大部分已模糊不清，里侧保存差强人意。这些图像的位置分布如下表 1：

① 陈玉珍、陈爱峰：《大桃儿沟第 9 窟八十四大成就者图像考释》，《敦煌研究》2014 年第 6 期，第 36—47 页。

表 1　八十四大成就者图像位置分布示意

<table>
<tr><td rowspan="2">北侧壁(东,靠门侧)</td><td>34</td><td>35</td><td>36</td><td>37</td><td>38</td><td>39</td><td>40</td><td>41</td><td>42</td><td>43</td><td>44</td><td rowspan="2">北侧壁(西,靠正壁侧)</td></tr>
<tr><td>23</td><td>24</td><td>25</td><td>26</td><td>27</td><td>28</td><td>29</td><td>30</td><td>31</td><td>32</td><td>33</td></tr>
<tr><td rowspan="5">券顶</td><td>12</td><td>13</td><td>14</td><td>15</td><td>16</td><td>17</td><td>18</td><td>19</td><td>20</td><td>21</td><td>22</td><td rowspan="5">券顶</td></tr>
<tr><td>1</td><td>2</td><td>3</td><td>4</td><td>5</td><td>6</td><td>7</td><td>8</td><td>9</td><td>10</td><td>11</td></tr>
<tr><td colspan="11">莲花图案</td></tr>
<tr><td>45</td><td>46</td><td>47</td><td>48</td><td>49</td><td>50</td><td>51</td><td>52</td><td>53</td><td>54</td><td>55</td></tr>
<tr><td>56</td><td>57</td><td>58</td><td>59</td><td>60</td><td>61</td><td>62</td><td>63</td><td>64</td><td>65</td><td>66</td></tr>
<tr><td rowspan="2">南侧壁(东,靠门侧)</td><td>67</td><td>68</td><td>69</td><td>70</td><td>71</td><td>72</td><td>73</td><td>74</td><td>75</td><td>76</td><td>77</td><td rowspan="2">南侧壁(西,靠正壁侧)</td></tr>
<tr><td>78</td><td>79</td><td>80</td><td>81</td><td>82</td><td>83</td><td>84</td><td>85</td><td>86</td><td>87</td><td>88</td></tr>
</table>

(一)北侧壁与券顶

1. 第一排(第 1—11 幅图像)

第 1 幅图像,现已不存。

第 2 幅图像,现已不存。据格伦威德尔(以下简称格氏)记述:该图像描绘的是一个乘船的男人形象,但已被严重涂抹[①]。

考释:此为沙母达大师,《八十四大成就者传》之第 83 位。该书记载沙母达为印度沙哇底拉地区的贱民,从海中取宝贩卖来维持生活,在阿津达上师的指点下,修行三年获得证悟[②]。现在流传的大成就者像中沙母达多为乘船从海中取宝的形象,莫高窟第 465 窟有此成就师图像可资参考[③]。

第 3 幅图像,现已不存。格氏记述:该图像描绘了一个身穿蓝色印度式服饰

① [德]格伦威德尔著:《高昌故城及其周边地区的考古工作报告(1902—1903 年冬季)》,第 166 页。以下对现已不存,或模糊不清图像的描述,除特殊交代,均参考该书第 166—168 页,不一一注释。

② 参见明吉·金贝班智达口授传承,蒋扬·钦哲·汪波等编纂《八十四大成就者传》,善慧讲堂电子印经院。以下对八十四大成就者的描述,除特殊交代,均来自此书,不一一标明。

③ 赵晓星:《莫高窟第 465 窟八十四大成就者图像考释》,载《第四届西藏考古与艺术国际学术讨论会论文提要集》,2009 年,第 590 页。以下对莫高窟第 465 窟成就师的记述,均引自该书第 570—602 页,不一一赘述。

的男人,在加工皮具。

考释:可能为札马力巴大师,《八十四大成就者传》之第12位。该书记载札马力巴传大师是一位鞋匠,是印度东部比努那卡拉城的人,后来一位上师向其传法,获得大手印的证悟。概因其所加工的鞋质地为皮革,又称皮匠师,莫高窟第465窟有此成就师图像,榜题记作:拶玛哩巴此云皮匠师。

第4幅图像,现已不存。格氏记述:该图像描绘了一个手持镜子坐在虎皮上的苦修者形象。

考释:此为执镜师,莫高窟第465窟有此成就师图像,榜题记作:木奈□□□□巴此云执镜师。该成就师不见于《八十四大成就者传》。

第5幅图像,现已不存。格氏记述:该图像只残存一个蓝色的锅。

第6幅图像,现已不存。格氏记述:该图像描绘了一个持剑跳舞的男人形象,他的肤色是蓝色的。

考释:此为嘎卡巴大师,意思为持宝剑者,《八十四大成就者传》第十五位。

第7幅图像,现已不存。格氏记述:该图像描绘了一个右手持金刚杵,左手拿犍椎(ghaṇṭā)的人物形象,他的肤色是浅蓝色的。

考释:可能是甘帝巴大师,《八十四大成就者传》第五十二位。金刚杵代表甘帝巴的小孩,犍椎(ghaṇṭā)在此指的是金刚铃,代表甘帝巴的酒葫芦。

第8幅图像,现已不存。格氏记述:该图像描绘了一个于胸前做着一种手印的男人形象,他的肤色是绿色的。后来,格氏又更正该男子在吹笛子①。

考释:此为吹笛师,莫高窟465窟成就师榜题中有“吹笛巴”,可资参考。该成就师不见于《八十四大成就者传》,但《大乘要道密集》之《成就八十五师祷祝》中列有。

第9幅图像,现已不存。格氏记述:该图像描绘了一个做阿弥陀佛手印的男人形象,他的肤色是红色的。

---

① [德]格伦威德尔著,赵崇民、巫新华译:《新疆古佛寺—1905—1907年考察成果》,中国人民大学出版社,2007年,第380页。

第10幅图像,现已不存。格氏记述:该图像描绘了一个洗衣的男人形象,他的肤色是白色的。

考释:可能为多毕巴大师,《八十四大成就者传》第二十八位。

第11幅图像,现已不存。格氏记述:该图像描绘了一个骑虎的男人形象,他的肤色是蓝色的。

考释:此为宗比巴大师,《八十四大成就者传》第四位。宗比巴是古代印度的一个国王,特征是骑虎。

2. 第2排(第12—22幅图像)

第12—13幅图像,现已不存。

第14幅图像,现已不存。格氏记述:该图像描绘了一个坐着的男人形象,手的姿势与第7幅图像一样,只是手中没有东西,他的肤色是白色的。

第15幅图像,现已不存。格氏记述:该图像描绘了一个手持一张人皮作为披巾的裸体男人形象,他的肤色是深棕色。

第16幅图像,现已不存。格氏记述:该图像模糊不可辨识,只能看清成就师的肤色是蓝色的。

第17幅图像,现已不存。格氏记述:该图像描绘了一个靠在圆枕头垂向左边的男人形象,他的肤色是蓝色的。

考释:可能为布苏固巴大师,意思是"吃睡享受者",又名寂天,《八十四大成就者传》之第四十一位。

第18幅图像,现已不存。格氏记述:该图像描绘了一个面向右坐着的男人形象,肤色是白色的,身旁站着一只虎。

考释:此为养虎师,莫高窟第465窟有此成就师图像,榜题为"觅啰哩巴此云养虎师"。该成就师不见于《八十四大成就者传》。

第19幅图像,现已不存。格氏记述:该图像描绘了一个右手持一只鸟的男人形象,他的肤色是绿色的。

考释:此为葛鲁拉大师,意思是猎鸟者。《八十四大成就者传》第五十五位。

第20幅图像,现已不存。格氏记述:该图像描绘了一个面向前方坐着的,双手作触地印的男人形象，他的肤色是红色的。

第 21 幅图像，现已不存。格氏记述：该图像描绘了一个双手分别持犍椎和金刚杵的男人形象，他的肤色是蓝色的。

考释：可能是甘帝巴大师，《八十四大成就者传》第五十二位。

第 22 幅图像，现已不存。格氏记述：该图像与第 9 幅图像中人物形象相同，只是他的肤色是绿色的。

3. 第 3 排（第 23—33 幅图像）

此排图像，笔者已对其保存状况做过描述，并考证出四位成就师名号：米那巴大师、札巴力巴大师、龙树菩萨和阿津达大师①。现仅就第 28 幅图像，即龙树菩萨的回鹘文榜题做一补充：

表 2

<table>
<tr><td>1</td><td>(b)ir (·)[ ] o[nunč]</td><td>第[七/八]十一，</td></tr>
<tr><td>2</td><td>[nagarč]uni?</td><td rowspan="2">是[……龙树(?)]师的肖像</td></tr>
<tr><td>3</td><td>[baxšï-nïng] kö[r]ki ol</td></tr>
</table>

*1. 可以复原释读为*bir s[äkiz] onunč*“第七十一”，或*bir t[oquz] onunč*“第八十一”。

4. 第 4 排（第 34—44 幅图像）

此排图像，笔者亦对其保存状况做过描述，并考证出一位成就师名号：嘎那巴大师②。现就第 43、44 幅图像中的回鹘文榜题做一补充。

第 43 幅图像之回鹘文榜题释读为：

表 3

1	säkiz säkiz onunč	第七十八，
2	ča(m)[arip]ab[axš]ï	是札马力巴师的肖像
3	[-nïng] kö[rk]i [ol]	

*2. 结合图像，成就师名号可以复原为ča(m)[arip]a<札马力巴 Camaripa。

① 陈玉珍、陈爱峰：《大桃儿沟第 9 窟八十四大成就者图像考释》，《敦煌研究》2014 年第 6 期，第 41—42 页。

② 陈玉珍、陈爱峰：《大桃儿沟第 9 窟八十四大成就者图像考释》，第 41—42 页。

考释：由图像和榜题可知，此为札马力巴大师，《八十四大成就者传》之第十四位。

第 44 幅图像之回鹘文榜题释读为：

表 4

1	[ ]onunč	第[七/八十□]……
2	[ ]baxšï	……师

(二)南侧壁与券顶

1. 第 1 排(第 45—55 幅图像)

第 45—48 幅图像，现已不存。

第 49 幅图像，现已不存。格氏记述：该图像描绘了一个右腿站立，左腿高抬，左脚在左肘间，双手举过头顶，两个大拇指在前额上的男人形象，他的肤色是棕灰色的。回鹘文榜题为“Tšiluk-pa bakši”，与藏文成就师列表中的“Tsi-lu—ki”是一致的。

考释：根据回鹘文榜题，可知该成就师为提洛巴，《八十四大成就者传》之第二十二位。

第 50 幅图像，现已不存。格氏记述：该图像描绘了一个以半卧姿势坐在地毯上，右手在头后，头靠在一个飘浮于空中的圆枕上的男人形象，他的肤色与前一个相同。

考释：可能是布苏固巴大师，意思是“吃睡享受者”，又名寂天，《八十四大成就者传》之第四十一位。

第 51 幅图像，现已不存。格氏记述：该图像描绘了一个右手持鼓，左手持剑跳舞的男人形象，他的肤色是浅红色的。后来，格氏更正该成就师手持的不是宝剑，而是一个盘子。

考释：可能是嘎那巴大师，《八十四大成就者传》之第十七位。

第52幅图像，现已不存。格氏记述：成就师为藏文中的dBan-p'yug-rgyal，因该图像描绘了遮掩在云中的太阳，表达的内容是约束太阳。

考释：此为毕鲁巴大师，《八十四大成就者传》之第三位。

第53幅图像，现已不存。格氏记述：该图像描绘了一个面向左，坐姿，全身罩一件长袍的男人形象，他的肤色是浅红色的。

第54幅图像，现已不存。格氏记述：该图像描绘了一个正面坐姿，手作触地印的男人形象，他的肤色是浅蓝色的。

第55幅图像，现已不存。格氏记述：该图像描绘了一个双手在胸前作手印的男人形象，他的肤色是绿色的。后来，格氏又补充记述该成就师横骑在大象上①。

考释：根据成就者骑象这个特征，我们判断可能为葛辣蓝嘎(Kalaka)师。此成就者不见于《八十四大成就者》，但《大乘要道密集》之《成就八十五师祷祝》中列有。

2. 第2排(第56—66幅图像)

第56—59幅图像，现已不存。

第60幅图像，现已不存。格氏记述：该图像描绘了一个右手托钵，一个蓝肤色女子坐在其左腿上，呈坐姿的男人形象。

第61幅图像，现已不存。格氏记述：该图像描绘了一个右手持金刚杵，左手持鼓跳舞的男人形象，他的肤色是白色的。

第62幅图像，现已不存。格氏记述：该图像描绘了一个面左跪在树下的男人形象，他的肤色是白色。

第63幅图像，现已不存。格氏记述：该图像描绘了一个与阿弥陀佛一样双手作禅定印的男人形象，他的肤色是白色的。

第64幅图像，现已不存。格氏记述：该图像描绘了一个面左呈坐姿的男人形象，他的肤色是棕灰色的。

---

① [德]格伦威德尔著，赵崇民、巫新华译：《新疆古佛寺—1905—1907年考察成果》，第380页。

第 65 幅图像，现已不存。格氏记述：该图像描绘了一个以不动明王姿势向前行走的男人形象，右手所持物品不清楚，左手是空的，他的肤色是白色的。

第 66 幅图像，现已不存。格氏记述：该图像描绘了一个舞姿的男人形象，他的肤色是灰色的。后来，又订正该成就师肤色是棕褐色，而不是灰色，有一只狗伴随着他①。

考释：此为古古力巴大师，《八十四大成就者传》之第三十四位。

3. 第 3 排（第 67—77 幅图像）

此排图像，笔者已对其保存状况做过描述，并考证出三位成就师名号：韦那巴大师、甘巴力巴大师和巴查巴大师②。现结合国外探险家考察报告与回鹘文榜题，就第 72、76 幅图像做一订正与补充。

第 72 幅图像，笔者曾推测其为韦那巴大师，主要依据是画面中有琴的存在。格氏记述该图像描绘的是一个左腿站立，右腿高抬，双臂抱着右膝，身体和脸朝向内室的男人形象，肤色是浅棕色的。奥氏记述该成就师盘腿，一手放于腿上，一手放在胸口。格氏的记述并未提到琴，奥氏记述显然有错，但也没有提到琴，因此笔者之前的观察有误，此图像中的人物可能不是韦那巴大师。

第 76 幅图像，笔者曾考证为巴查巴大师，其回鹘文榜题如下表：

表 5

1	[ ]WNČ	第……
2	[baxš]ï-nïng kör(ki)[ ]	师的肖像

4. 第 4 排（第 78—88 幅图像）

此排图像，笔者亦对其保存状况做过描述，并考证出两位成就师名号：甘大力和班德巴大师③。现结合国外探险家考察报告与回鹘文榜题，对部分图像做一补充与订正。

① [德]格伦威德尔著，赵崇民、巫新华译：《新疆古佛寺-1905-1907 年考察成果》，第 380 页。
② 陈玉珍、陈爱峰：《大桃儿沟第 9 窟八十四大成就者图像考释》，第 38—39 页。
③ 陈玉珍、陈爱峰：《大桃儿沟第 9 窟八十四大成就者图像考释》，第 40—41 页。

第 78 幅图像，现已不存。格氏记述：该图像描绘了一个手持锡杖的僧侣形象。

第 79 幅图像，现已不存。格氏记述：该图像描绘的人物形象像是在刨或在磨某样东西，因为在他身后有一块石头和一截棍子。后来，格氏认为该人物是手拿洗衣板的道比（Dhobi）[①]。

考释：格氏所认为的道比（Dhobi），即多毕巴大师，《八十四大成就者传》第二十八位，与第 10 幅图像中的人物形象相同。

第 81 幅图像保存较差，隐约可见成就师双手似抱一乐器。其回鹘文榜题释读如下表：

表 6

1	[b]ir äliginč v(i)[na]pa?	第四十一，韦那巴（Vinapa）（？）
2	[baxš]ï-nïng kör(ki) ol	[师]的肖像

考释：图像与榜题结合考虑，该图像描绘的是韦那巴大师，《八十四大成就者传》第十一位。

第 82 幅图像，笔者曾考证为甘大力大师，有误。成就者手中所持物不是布条，而是鱼肠，符合此特征者为卢伊巴大师，又称“食鱼肠师”“食鱼内脏者”，《八十四大成就者传》第一位。

第 83 幅图像保存较差，描绘了一个手托红色书写板的男人形象，其肤色是肉色的。

考释：此为札查巴大师，意为“持书乞食者”，《八十四大成就者传》第二十三位。

第 84 幅图像保存较差，描绘了一个面向右呈坐姿的男人形象，他的肤色是白色的。回鹘文榜题释读如下表：

① [德]格伦威德尔著，赵崇民、巫新华译：《新疆古佛寺——1905—1907 年考察成果》，第 381 页。

表 7

1	(s)äki[z q]ïrqïnč	第三十八
2	(⋯)[ ]pa baxšï	是……巴师的肖像
3	-nï[ng körk]i ol	

第 86 幅图像保存较差，描绘了一个具头光，上身赤裸，双手前伸，下身穿裙，面左而立的男人形象。回鹘文榜题释读如下表：

表 8

1	altï (q)[ï]rq(ïnč)	第三十六
2	(⋯)(⋯⋯)[	……
3	(baxšï)-nïng k[ör(ki)]	师的肖像
4*	nagarčune baxšï	龙树师

*4. 位于榜题框之外。*Nagarčune*<(*Toch.*<)*Skt.Nāgārjuna*龙树。

考释："龙树师"非原始榜题，系后人所写。从人物形象来看，明显不是龙树大师。

第 87 幅图像保存较差，描绘了一个呈坐姿、双手作禅定印的男人形象，其肤色是肉色的。回鹘文榜题释读如下表：

表 9

1	(beš) qïrq-ïnč k(oki)lipa	第三十五，郭卡力巴(Kokilipa)(?)
2	(baxšï-nïng) [kör](ki) ol	师的肖像

*1. *k(oki)lipa*<郭卡力巴*Kokilipa*，也可能复原为*k(oda)lipa*<郭札利 *Kotalipa*。

考释：根据回鹘文榜题可知，此为郭卡力巴大师，《八十四大成就者传》之第八十位。

5. 德国探险家割取成就师图像

Ⅲ804 图像保存甚差，残存成就师身体轮廓，面左坐于毯子上。回鹘文榜题释读如下表：

表 10

<table>
<tr><td>1</td><td>[ ](·)ygrminč</td><td>第十□,</td></tr>
<tr><td>2</td><td>[ ] (b)axšï</td><td rowspan="2">是……师的肖像</td></tr>
<tr><td>3</td><td>[-nïng k](ö)rki ol</td></tr>
</table>

Ⅲ805 图像保存甚差,头部损毁,正面坐于毯子上。

Ⅲ806 图像保存较差,头部损毁,面左而立,双手握一不明器物,前面有两个(或三个)陶器(图 1)。回鹘文榜题释读如下表:

表 11

<table>
<tr><td>1</td><td>bir (q)ïrq(ïnč)</td><td>第三十一</td></tr>
<tr><td>2</td><td>[k](u)mbaripa</td><td rowspan="2">是古马力巴(Kumbharipa)师</td></tr>
<tr><td>3</td><td>[b]axšïol</td></tr>
</table>

图 1　古马力巴大师

考释:图像与榜题结合考虑,此为古马力巴大师,职业为陶匠,《八十四大成就者传》之第六十三位。

Ⅲ807 图像保存较差，面部损毁，双手前伸，面左坐于毯子上。

Ⅲ808 图像保存甚差，依稀可辨成就师身体轮廓，面部损毁，正面坐于毯子上。回鹘文榜题释读如下表：

表 12

1	toquz yetmi[š]	第六十九
2	-inč(s)y(ali)pa?	是夏力巴(Syalipa)(?)师的[肖像]
3	[b]ax[šï-nï]ng	
4	[körki ol]	

考释：由回鹘文榜题可知，可能为夏力巴大师，《八十四大成就者传》之第二十一位。

Ⅲ809 图像保存甚差，成就师头部损毁，右手前伸，下身穿裙，面左而立。回鹘文榜题释读如下表：

表 13

1	Säkizäl[iginč]	第四十八(?)
2	qantip[aba]x[šï]	甘帝巴(Ghaṇṭāpa)师的肖像
3	-nïng kö[r]kiol	

考释：由回鹘文榜题可知，此为甘帝巴大师，《八十四大成就者传》之第七位。

Ⅲ810 图像保存较差，成就师具头光，面部损毁，右手上举作某种手印，上身赤裸，面右而坐(图 2)。回鹘文榜题释读如下表：

表 14

1	(……)[ ]	
2	baxšï[-nïng?]	师的

Ⅲ811 图像保存较差，具头光与背光，面部损毁，右手于腹前作禅定印，左手于胸前托钵，正面坐于毯子上。

图 2 成就师

Ⅲ812 图像保存较差，具头光与背光，面部损毁，面右坐于兽皮毯子上。回鹘文榜题较清晰，释读如下表：

表 15

1	iki ygrminč kukuripa	第十二，古古力巴(Kukkuripa)[师]的肖像
2	[baxšï]-nïng körki	

考释：由回鹘文榜题可知，此为古古力巴大师，《八十四大成就者传》之第三十四位。

Ⅲ813 图像保存较差，成就师具头光，面部损毁，左手上举，指向上方的一轮红日，面左坐于兽皮毯子上(图 3)。回鹘文榜题释读如下表：

表 16

1	[vi]rupa	……毕鲁巴 (Virūpa)
2	[bax](šï)-nïng körki	[师]的肖像

*1. *Virupa* 之释读由图像推测而来。

考释:此为毕鲁巴大师,《八十四大成就者传》之第三位。

Ⅲ814 图像保存较差,成就师具头光,面部损毁,上身赤裸,左手于腹前结禅定印,面右坐于莲花座上(图 4)。回鹘文榜题释读如下表:

表 17

1	bešygrminč nilapa?	第十五,黎拉巴(Lilapa)(?)
2	baxš[ï-nïn]g körki (ol)	[师]的肖像

图 3 毕鲁巴大师

图 4 黎拉巴大师

考释:由回鹘文榜题可知,此为黎拉巴大师,《八十四大成就者传》之第二位。

Ⅲ815 图像保存较差,成就师面部损毁,左手向前伸向一棵树,右手前伸扶着某样器物,上身赤裸,下身穿连珠条纹裙,面左而立(图 5)。回鹘文榜题释读如下表:

表 18

1	altï y[…]	第□六
2	badirapa [baxšï]	是巴札巴 (Bhadrapa)[师]
3	-nïngkör[kiol]	的肖像

考释:由回鹘文榜题可知,此为巴札巴大师,《八十四大成就者传》之第二十四位。

Ⅲ816 图像保存较差,成就师具头光与身光,面部损毁,上身赤裸,肤色为红色,双手于胸前结某种手印,下身穿条纹裙,正面而坐。

Ⅲ817 图像保存甚差,成就师具头光,面部损毁,面左而坐。

Ⅲ818 图像保存较差,成就师具头光与背光,面部损毁,右手握手鼓,左手托钵,正面坐于兽皮毯子上(图 6)。回鹘文榜题释读如下表:

表 19

1	(……)nč ka[nxa]pa?	第……嘎那巴(Kanhapa)(?)
2	baxš[ï-nïn]g körki (ol)	师[的]肖像

*1:*ka*[*nxa*]*pa* 之释读由图像推测而来。

图 5　巴札巴大师

图 6　嘎那巴大师

考释:由图像可知,此为嘎那巴大师,《八十四大成就者传》之第十七位。

Ⅲ819 图像保存尚可,唯头部损毁。成就师具头光与背光,上身赤裸,肤色为红色,左手搭在右臂上,右手拈一针线(?),下身穿条纹裙,坐于兽皮毯子上

（图 7）。回鹘文榜题释读如下表：

表 20

1	yeti altmïšïnč	第五十七
2	[ka](n)dalip[a] baxšï-	是甘大力巴（Kantalipa）师的肖像
3	-nïng kö[r]ki ol	

考释：由图像和榜题可知，此为甘大力巴大师，《八十四大成就者传》之第六十九位。

Ⅲ820 图像保存较差，成就师具头光，面部损毁，上身赤裸，下身穿红色条纹裙（图 8）。回鹘文榜题释读如下表：

表 21

1	[a]lti altmïšïnč	第五十六
2	[ ](…)[du](kan)dipa?	……杜甘帝巴（Dukhandipa）（?）
3	baxšï-nïng kör[ki] ol	师的肖像

图 7 甘大力巴大师

图 8 杜甘帝巴大师

考释:由回鹘文榜题可知,此为杜甘帝巴大师,《八十四大成就者传》之第二十五位。

Ⅲ821 图像保存尚可,唯头部损毁。成就师穿红色袒右袈裟,结跏趺而坐,周身被三条蛇(龙)所环绕(图9)。回鹘文榜题释读如下表:

表 22

1	[ ](nag)abodi	……纳卡波笛 Nāgabodhi

考释:由回鹘文榜题可知,此为纳卡波笛大师,《八十四大成就者传》之第七十六位。

Ⅲ822 图像保存较差,成就师面部损毁,双手于头顶结某种手印,上身被一筒形物(网子?)笼罩,下身穿红色条纹裙(图10)。回鹘文榜题释读如下表:

表 23

1	[ye]tinč čalantari[p]a	第七[位],札连达拉巴 (Jalandharipa)
2	baxšï-nïng kör(ki)	师的肖像

图9 纳卡波笛大师

图10 札连达拉巴大师

考释:由图像和榜题可知,此为札连达拉巴师,意为“持网子者”,《八十四大成就者传》之第四十六位。

二、图像位置复原

上面,我们依据蒋扬·钦哲·汪波等编纂的《八十四大成就者传》[①],对大桃儿沟第9窟的八十四大成就者图像进行的考释,与回鹘文榜题出现的成就者的序次比较,发现二者不能对应。此外,我们也比较了《大乘要道密集》中《成就八十五师祷祝》[②]和《松巴佛教史》中的"八十四大成就者获得悉地情况"[③],二书所载成就者的序次也无法与第9窟成就者的序次相对应。可喜的是,莫高窟北区出土元代回鹘文《八十四大成就者传》所载成就者序次与名号,可与大桃儿沟第9窟成就者对应。该文书出自莫高窟第77窟,存两页,一页略残,正反两面草体书写[④]。内容为大成就者的传记,先写成就者的序次,再写其名号,最后是其成道事迹。现仅将成就者的序次及名号释读如下:

B77:24—1V

06) aldï šandidiw-a "[第]六[位],香底德瓦(Shantideva)"

14) yedi čalandar-a "[第]七[位],札连达拉巴".

21) säkiz kanpadi? "[第]八[位],kanpadi?"

31) toquz tirgakipa? "[第]九[位],tirgakipa?"

B77:24-1R

02) on šavaripa "[第]十[位],沙瓦力巴"

10) bir tandipa böz toqïγuČï "[第十]一[位],登底巴,织工"

---

① 该书是蒋扬·钦哲·汪波等依据无畏施(即明吉·金贝班智达)口授传承,弥药僧人孟智昔日藏译《成就八十四师史》(见于藏文大藏经中)重新编纂而成。

② 《大乘要道密集》中的《成就八十五师祷祝》是依据金刚座师著,毗啰遮那、捌思吉葛剌思巴(即夏日曲吉扎巴)藏译的《成就八十四师祷祝》(见于藏文大藏经中)编纂而成。

③ 松巴益希班觉著,蒲文成、才让译:《松巴佛教史》,甘肃民族出版社,2013年,第132—141页。

④ 彭金章等编:《敦煌莫高窟北区石窟》(第一卷),文物出版社,2000年,第281页,图版109、110。

19）iki küküripa “[第十]二[位]，古古力巴”

28）üČ umarapa? “[第十]三[位]，umarapa?（也可能是 numarapa? ）”

35）tört kamalapa “[第十]四[位]，甘巴拉 （Kambala）? ”

B77:24-2R

08）beš nilapa “[第十]五[位]，黎拉巴”

B77:24-2V

29）üč padm-a vačir-a “[第二十]三[位]，莲花金刚(Padmavajra)[①]”

上件回鹘文文书所载之“第七位，札连达拉巴”“第十二位，古古力巴”“第十五位，黎拉巴”可与大桃儿沟第 9 窟之Ⅲ822、Ⅱ812、Ⅲ814 图像所描绘的成就者序次、名号完全对应，结合第 9 窟其他图像之回鹘文榜题成就者的序次，经过一番推演，复原出成就者图像在洞窟中的位置(即榜题所记序次)。成就者图像始于南侧壁上部券顶第一排里侧(即靠近正壁一侧)，终于北侧壁下部之第四排外侧(即靠近前壁一侧)，示意如下：

南侧壁上部券顶第一排(自外向里)

11 10 09 08 07 06 05 04 03 02 01

南侧壁上部券顶第二排(自外向里)

22 21 20 19 18 17 16 15 14 13 12

南侧壁第三排(自外向里)

33 32 31 30 29 28 27 26 25 24 23

南侧壁第四排(自外向里)

? 43 42 41 40 39 38 37 36 35 34

北侧壁上部券顶第一排(自外向里)

54 53 52 51 50 49 48 47 46 45 44

① 该成就者不见于《八十四大成就者传》，但《大乘要道密集》之《成就八十五师祷祝》中列有。

北侧壁上部券顶第二排(自外向里)

65 64 63 62 61 60 59 58 57 56 55

北侧壁第三排(自外向里)

76 75 74 73 72 71 70 69 68 67 66

北侧壁第四排(自外向里)

87 86 85 84 83 82 81 80 79 78 77

这里有一点尚存疑惑,成就者图像共有 88 幅,然而右侧壁第四排最外侧一幅却没有序次,是何原因,暂不知晓。下面,我们依据复原出来的成就者序次,首先对前面释读的回鹘文榜题做一修正。

第 28 幅图像,回鹘文榜题第 1 行,现仅存(b)ir (.)[ ] o[nunč]"第[七/八]十一";应该补充为(b)ir (s)[äkiz] o[nunč]"第[七]十一"。

第 44 幅图像,回鹘文榜题第 1 行,现仅存[ ]onunč,第七/八十□;应该补充为[yeti säkiz] onunč"第七十七"。

第 76 幅图像,回鹘文榜题第 1 行,现仅存[ ]WNČ YD(..)"第……";应该补充为[tört otuz]unä yana"第二十四"。

Ⅱ806 图像,回鹘文榜题第 1 行,现存 bir(q)ïrq(ïnč)(?)"第三十一";应该是 *birotuzunč*(~ *oduzunč*)"第二十一"的误笔。

Ⅲ808 图像,回鹘文榜题第 1 行,现存 toquzyetmi[š]"第六十九";应该修正为 toquzygrm-inč"第十九"。

Ⅲ815 图像,回鹘文榜题第 1 行,现存 altï y[...] "第□六";应该补充为 altï y[grminč],"第十六"。

此外,第 49 幅图像,现已不存。我们依据格氏所给出的回鹘文榜题,考释为提洛巴。但根据推演出来的成就者图像序次,第 49 幅图像对应的应该是被盗割的Ⅲ822 图像,即札连达拉巴。因此,我们认为格氏对回鹘文榜题释读有误。又据格氏对成就者的描述和留下的线描图,断定第 49 幅图像即为被盗割的Ⅲ822 图像,格氏线描时忽略或者省略了罩在成就者身上的圆筒状网子。

Ⅲ820 图像保存较差，残存回鹘文榜题有[du](kan)dipa 字样，即杜甘帝巴，其序次为第五十六，正好对应格氏编号的第 21 幅图像，如此看来，Ⅲ820 图像正是被盗割的第 21 幅图像。但是，据格氏记述第 21 幅图像之成就者一手持金刚杵，一手拿犍椎，与此特征最接近的人物是甘帝巴。为何图像与成就者身份不相符合，我们推测：杜甘帝巴与甘帝巴，书写相近，发音相似，画师可能误将甘帝巴的特征套用在了杜甘帝巴身上。缘此，我们将原来考释为甘帝巴的第 21 幅图像（即被盗割的Ⅲ820 图像）修正为杜甘帝巴。

其次，依据复原出来的成就者图像序次，我们可以将被盗割的部分图像还原到洞窟中原来的位置。Ⅲ813 图像毕鲁巴，回鹘文榜题序次第 4，对应格氏编号第 52；Ⅲ818 图像噶那巴，回鹘文榜题序次第 5，对应格氏编号第 51；Ⅲ822 图像札连达拉，回鹘文榜题序次第 7，对应格氏编号第 51；Ⅲ812 图像古古力巴，回鹘文榜题序次第 12，对应格氏编号第 66；Ⅲ804 图像甘巴拉，回鹘文榜题序次第 14，对应格氏编号第 64；Ⅲ814 图像黎拉巴，回鹘文榜题序次第 15，对应格氏编号第 63；Ⅲ815 图像巴札巴，回鹘文榜题序次第 16，对应格氏编号第 62；Ⅲ808 图像夏力巴，回鹘文榜题序次第 19，对应格氏编号第 59；Ⅲ806 图像古马力巴，回鹘文榜题序次第 21，对应格氏编号第 57；Ⅲ809 图像甘帝巴，回鹘文榜题序次第 48，对应格氏编号第 7；Ⅲ820 图像杜甘帝巴，回鹘文榜题序次第 56，对应格氏编号第 21；Ⅲ819 图像甘大力，回鹘文榜题序次第 57，对应格氏编号第 20。

再次，依据复原出来的成就者图像序次，我们还可以利用莫高窟北区出土回鹘文《八十四大成就者传》中的成就者序次及名字，补充大桃儿沟第 9 窟所缺的成就者。“[第]八[位]，kanpadi？”对应格氏编号第 48 之成就者；“[第]九[位]，tirgakipa？”对应格氏编号第 47 之成就者；“[第]十[位]，沙瓦力巴”对应格氏编号第 45 之成就者；“[第十]一[位]，登底巴”对应格氏编号第 46 之成就者；“[第十]三[位]，umarapa”对应格氏编号第 65 之成就者；“[第二十]三[位]，Padmavajra”对应格氏编号第 77 之成就者。

通过以上辨析与考证，我们将释读出来的成就者序次与名号，复原到洞窟中原本的位置，详见下表：

表 24　大桃儿沟第 9 窟成就者图像位置(即序次)复原

北侧壁	第四排	格氏编号	34	35	36	37	38	39	40	41	42	43	44
		名号							嘎那巴(？)			札马力巴	
		序次	87	86	85	84	83	82	81	80	79	78	77
	第三排	格氏编号	23	24	25	26	27	28	29	30	31	32	33
		名号			米那巴		札巴力巴	龙树菩萨					阿津达
		序次	76	75	74	73	72	71	70	69	68	67	66
	第二排	格氏编号	12	13	14	15	16	17	18	19	20	21	22
		名号						布苏固巴(？)	养虎师	葛鲁拉	甘大力 Ⅲ819	杜甘帝巴(？) Ⅲ820	
		序次	65	64	63	62	61	60	59	58	57	56	55
	第一排	格氏编号	1	2	3	4	5	6	7	8	9	10	11
		名号		沙母达	札马力巴(？)	执镜师		嘎卡巴	甘帝巴(？) Ⅲ809	吹笛师		多毕巴(？)	宗比巴
		序次	54	53	52	51	50	49	48	47	46	45	44

续表

券顶(莲花图案)													
南侧壁	第一排	格氏编号	45	46	47	48	49	50	51	52	53	54	55
		名号	登底巴	沙瓦力巴	Tirgakipa?	Kanpadi?	札连达拉 Ⅲ822	布苏固巴	嘎那巴? Ⅲ818	毕鲁巴 Ⅲ813			葛辣蓝嘎
		序次	11	10	9	8	7	6	5	4	3	2	1
	第二排	格氏编号	56	57	58	59	60	61	62	63	64	65	66
		名号		古马力巴 Ⅲ806		夏力巴? Ⅲ808			巴札巴 Ⅲ815	黎拉巴 Ⅲ814	甘巴拉 Ⅲ804	(n)umarapa?	古古力巴 Ⅲ812
		序次	22	21	20	19	18	17	16	15	14	13	12
	第三排	格氏编号	67	68	69	70	71	72	73	74	75	76	77
		名号						韦那巴(?)	甘巴力巴			巴查巴	莲花金刚
		序次	33	32	31	30	29	28	27	26	25	24	23
	第四排	格氏编号	78	79	80	81	82	83	84	85	86	87	88
		名号		多毕巴		韦那巴	卢伊巴	札查巴				郭卡力巴	班德巴
		序次	?	43	42	41	40	39	38	37	36	35	34

由上表24可以看出,除了III821图像的成就者纳卡波笛无法复原其位置外,其余45幅图像皆已复原到洞窟中原本的位置上。但是,有些壁画所描绘的成就者形象是大致相同的,有些壁画现在已经损毁,国外探险家留下的对每个成就者的文字描述,颇有雷同之处,由此导致考释出的成就者名字有些是重复的,计有10位。这种情况下,我们需要结合回鹘文题记进行甄别,图像与题记互证,做出比较合理的推测。

第3、43幅图像,均考释为札马力巴,但第3幅图像现已不存,判断的依据是格氏的记述;第43幅图像有回鹘文榜题ča(m)[arip]a为证,缘此,后者是札马力巴的可能性更大。

第10、79幅图像,现已不存。格氏记述两幅图像均描绘了一个洗衣的人物形象,但第79幅图像保存得稍好,成就师似乎在刨或在磨某样东西,且其身后有一块石头和一截棍子。因此,第79幅图像更有可能是洗衣匠多毕巴。

第17、50幅图像,现已不存。据格氏记述:两幅图像均为男人形象,共同特征是头靠在圆形的枕头上。与其特征相符的是布苏固巴,意思是"吃睡享受者",又名寂天。又,莫高窟北区出土回鹘文《八十四大成就者传》中的香底德瓦(意译寂天),其序次第六,正好对应格氏编号之第50幅图像。缘此,第50幅图像可以确定为布苏固巴无疑。

第40幅图像与第51幅图像(即被盗割的Ⅲ818图像),成就者均一手握手鼓,另一手托钵,此特征与成就者嘎那巴相符。又,第51幅图像回鹘文榜题有"ka[nxa]pa"字样,则其为嘎那巴几无疑义。

第72幅图像,笔者曾考释为韦那巴,前文结合国外探险家的报告,认为可能不是该成就者,为谨慎起见,暂且存疑。第81幅图像,隐约可见成就者胸前有一乐器,而且有回鹘文榜题v(i)[na]pa,缘此,该图像为韦那巴殆无疑义。

三、结　语

通过对大桃儿沟第9窟大成就者图像名号和序次的考证，并与莫高窟北区出土回鹘文文书比对，可以得出如下两点结论：

第一，该窟成就者图像的绘制，所依文本为回鹘文《八十四大成就者传》，此文本在莫高窟北区曾有出土。根据复原出来的成就者图像序次，亦可反过来证明此结论之不虚。

第二，元代，回鹘人曾将某一版本的藏文《八十四大成就者传》翻译为回鹘文，甚或翻译成汉文①，在敦煌和吐鲁番等地流传。该窟大成就者图像与莫高窟北区回鹘文《八十四大成就者传》的一致性，表明吐鲁番与敦煌两地在大成就者信仰流派②上也是一致的。

此外，大桃儿沟第9窟共有88幅大成就者图像，其中部分图像所描绘的成就者形象雷同，造成释读上的困难。这里存在两种可能：其一，该窟描绘的是八十八大成就者，只是图像残缺无法将形象类同者区分开来；其二，该窟描绘的八十四大成就者，图像类同者为同一成就者的重复，这在文本与图像上是有例证的。在没有找到完整的藏文底本之前，我们暂将该窟之成就者图像视之为八十四大成就者。

① 例证为莫高窟第465窟的大成就者图像，每个成就者旁侧均有汉文榜题，其中的"执镜师"在大桃儿沟第9窟亦有出现，而不见于其他地区，表明此版本的《八十四大成就者传》也曾翻译为汉文。

② 具体何种流派，尚不知晓。吉美先生将印度佛教大成就者划分为九派，以"八十四大成就者"派最为闻名（详见氏著《印度大成就者流派划分及"八十四大成就者"闻名于世之原因探析》，《青海民族大学学报（藏文版）》2019年第2期，第76页）；而"八十四大成就者"派又可大体分为五派（敦煌研究院万玛项杰先生告知）。

大桃儿沟石窟第 10 窟观无量寿经变考释

大桃儿沟石窟位于吐鲁番盆地火焰山西段的大桃儿沟内，沟为南北走向，山势较缓，地表为夹砂石土层。东距吐鲁番市亚尔乡葡萄沟约 3 千米，与小桃儿沟相邻，地理坐标为：北纬 42°59′45.6″，东经 89°12′28.8″，海拔 185.5 米。

1902—1903 年和 1905—1907 年，德国探险家格伦威德尔率领的吐鲁番考察队先后两次调查了大桃儿沟石窟①。1909—1910 年，以奥登堡为首的俄国考察队也曾到达大桃儿沟石窟，并做了调查②。1928 年，黄文弼率队考察吐鲁番时曾行经大桃儿沟石窟，在其著《吐鲁番考古记》中有简短的叙述③。2003 年，中国社会科学院曾对大桃儿沟石窟进行了测绘，吐鲁番学研究院资料信息中心现保存有测绘图的复印件。2009 年，第三次全国文物普查也做过简单的调查与测绘。此外，在《中国新疆壁画艺术》第六卷《柏孜克里克石窟》④也曾录有若干图片，并配有简略的图说。

---

① 详见[德]格伦维德尔著，管平译：《高昌故城及其周边地区的考古工作报告(1902—1903 年冬季)》，文物出版社，2015 年。[德]格伦维德尔著，赵崇民、巫新华译：《新疆古佛寺：1905—1907 年考察成果》，中国人民大学出版社，2007 年。

② 奥登堡：《俄国探险家在新疆的考察报告(1909—1910 年)》，圣彼登堡，1914 年，第 31—37 页；[俄]C. M.杜丁著，何文津、方久忠译：《中国新疆的建筑遗址》，中华书局，2006 年，第 47—57 页。

③ 黄文弼：《吐鲁番考古记》，中国科学院印行，1954 年，第 7 页。

④《中国壁画全集》编辑委员会编：《中国壁画全集：新疆(6)吐鲁番》，辽宁美术出版社、新疆人民出版社，1990 年；《中国新疆壁画全集(6)：吐峪沟 柏孜克里克》，天津人民美术出版社，1995 年；《中国新疆壁画艺术》编辑委员会编：《中国新疆壁画艺术》第六卷《柏孜克里克石窟》，新疆美术摄影出版社，2009 年。

2011 年 5 月 7 日至 16 日，吐鲁番学研究院、吐鲁番地区文物局组织专业人员对大桃儿沟石窟进行了全面的调查，笔者全程参与。根据我们的调查，大桃儿沟现存 10 个洞窟、3 个地面佛寺和 2 个佛塔[①]。其中，有 3 个洞窟保存壁画的内容尚能辨析一二。第 6 窟穹窿顶部绘一大莲花，莲花内有五个圆环，一个圆环在穹顶中心，余绕其四周分布。每个圆环内绘有一坐佛，仅留头光与身光，穹顶圆环周围的四个圆环间隔部分绘有五身站立的菩萨，脚踩莲花台，残留头光与身光。据我们初步分析，穹顶圆环内坐佛为大日如来，其余四个圆环内坐佛为四方佛，四个菩萨为四波罗蜜菩萨。第 9 窟两侧壁主要绘制八十四大成就者，目前能够辨认出身份的有 10 位，分别是：韦那巴、甘巴力巴、巴查巴、甘大力、班德巴、米那巴、扎巴力巴、龙树菩萨、阿津达、嘎那巴。第 10 窟左侧壁绘制的壁画，根据其规矩的十六观图像，我们可以认定为观无量寿经变（以下简称观经变）；在净土庄严相中，构图及绘制风格上比较独特，有明显的藏传佛教风格，时代为元朝统治下的高昌回鹘时期。下面，我们针对此幅观经变壁画，试做考释。

一、大桃儿沟第 10 窟简况

位置：位于沟西区，第 9 窟东北约 50 米的山顶上，窟口方向 184°。

形制：平面长方形，纵券顶。

现状：窟门拱形，下宽 0.80 米，高 1.70 米，墙厚约 0.70 米。窟长 1.90 米，宽1.65 米，券顶至地面 1.80 米。

整个窟室虽然不大，但壁画基本完好，可以看清整体布局。可惜满壁凿痕、刮痕，间有处处小块脱落痕迹，右侧壁靠近正壁处有大片被雨水打湿过的痕

---

① 吐鲁番地区文物局、吐鲁番学研究院：《大桃儿沟石窟调查简报》，《吐鲁番学研究》2012 年第 1 期，第 1—17 页。

迹。正壁有一巨型身光几乎占满全壁，从残存痕迹看，似有一立佛塑像。门壁壁画无存。券顶绘制两排坐佛，相向而对，每排8身，总16身，每个坐佛均具覆钵形头光与身光，其外再罩一覆钵形背光。券顶下部绘制帷幔，造型别致。右侧壁中部绘有一砖（？）结构塔，每层均有卷檐。塔下有一个大波浪纹作为支撑。第1层绘一佛二菩萨，第二层绘二佛并坐，第三层绘制一佛，塔顶模糊不清。与每层对应，左右两侧均有9至10身不等的伎乐菩萨，有头光，立于回廊之内。

左侧壁绘制观无量寿经变，此为本文重点讨论的画面，详述如下。

二、观无量寿经变壁画内容分析

判断这幅壁画所依经典，首先可以从此幅壁画周边所绘的十六格图像说起。如表1所示，十六格图像从右上方开始沿顺时针方向依次编号1—16，方格内均有一人与一物（或一个场景），这很自然让人联想起观经变中的“十六观”。下面针对每一幅画逐一考释。

表1 第10窟观无量寿经变示意

<table>
<tr><td>中辈观
15</td><td>下辈观
16</td><td colspan="5">一佛二菩萨 17</td><td>日想观 1</td><td>水想观 2</td></tr>
<tr><td>上辈观
14</td><td>高僧
(疑是
上师)
18</td><td>弟
子
19</td><td>弟
子
20</td><td>阿弥陀佛(坐资)21</td><td>弟
子
22</td><td>弟
子
23</td><td>高僧
(疑是
上师)
24</td><td>地想观 3</td></tr>
<tr><td>杂想观
13</td><td>观世音
25</td><td>胁
侍
菩
萨
26</td><td>胁
侍
菩
萨
27</td><td>赴会佛 31</td><td>胁
侍
菩
萨
28</td><td>胁
侍
菩
萨
29</td><td>大势
至 30</td><td>宝树观 4</td></tr>
<tr><td>普观 12</td><td colspan="7"></td><td>宝池观 5</td></tr>
<tr><td>势至观
11</td><td>观音观
10</td><td colspan="3">佛身观 9</td><td colspan="2">像观 8</td><td>华座观 7</td><td>宝楼观 6</td></tr>
</table>

(一)十六观

1. 表 1–1,画面三分之一脱落,且有现代涂抹痕迹,右下方一人物具头光,面部脱落,上身穿黑色(氧化)衣服,肩披红色披帛,下身画面脱落。此人头部微向上仰,其斜上方有一团黑色(氧化)云彩,缓缓从远方飘来,云彩的中间有一圆形物体,惜画面脱落。《佛说观无量寿佛经》(以下简称《观经》)记载,佛告韦提希:"正坐西向,谛观于日,令心坚住,专想不移。见日欲没,状如悬鼓,既见日已,开目闭目皆令明了。"可见,画面描绘的正是"日想观",画中人是韦提希夫人,脱落的圆形物体为落日(图 1)。

2. 表 1—2,三分之一画面脱落,右下方一人坐在一长方形毯子上,穿黑色上衣,肩披红色披帛,头部及下身画面脱落。此人对面另有一人,模糊几不可辨。由于画面残损严重,无法与佛经对照,但此幅图像有两个人物出现,让人联想起榆林窟第 25 窟南壁十六观中的水想观,也有两个人物,表现的是韦提希夫人"水想"与"冰想"的画境。《观经》云:"见水澄清,亦令明了,无分散意;既见水已,当起冰想;见冰映彻,作琉璃想。"可见表 1—2 当为"水想观",画面中的人物为韦提希夫人,画面上方原来应由描绘水与冰的两个画境(图 2)。

图 1　日想观

图 2　水想观

3. 表1–3,二分之一画面脱落,仅见一人物坐在一方形毯子上,穿着长裙,头部与上身画面脱落(图3)。

4. 表1–4,画面右下方图像脱落,左半部分描绘一棵树,绿色树叶间点缀黑色宝物。《观经》云:“观宝树者,一一观之,作七重行树想。一一树,高八千由旬,其诸宝树,七宝华叶,无不具足。”可见,此幅图像描绘的是“宝树观”,画面脱落部分原有韦提希夫人图像(图4)。

图3　地想观

图4　宝树观

5. 表1–5,画面右半部分靠下有一人。具头光,肩披红色披帛,穿着大袖襦裙。左边靠下部分描绘一圆形水池,池中有莲花朵朵。《观经》云:“极乐国土,有八池水;一一池水,七宝所成,其宝柔软,如意珠王生,分为十四支。一一支,作七宝妙色,黄金为渠,渠下皆以杂色金刚,以为底沙;一一水中,有六十亿七宝莲华,一一莲华,团圆正等十二由旬。其摩尼水,流注华间,寻树上下。”可见,表1–5描绘的是“宝池观”,又作八功德水想观(图5)。

6. 表1–6,二分之一画面脱落,画面正中靠右部分有一人,仅残留裙襦的一角,左侧残留楼阁的二层屋檐。《观经》云:“众宝国土,一一界上,有五百亿宝楼,其楼阁中,有无量诸天,作天伎乐;又有乐器,悬处虚空,如天宝幢,不鼓自鸣。”莫高窟十六观之宝楼观一般讲宝楼描绘成二层楼阁,可见,表1—6表现的是宝楼观(图6)。

图5 宝池观

图6 宝楼观

7. 表1–7，三分之一的画面已经脱落，右下部分是一人跪于地，头部画面脱落，肩披红色披带，穿着裙襦。左侧一佛（脱落）坐于大大的莲花座上，乘彩云飘忽而来。《观经》云："欲观彼佛者，当起想念，於七宝地上，作莲华想……随意变现，施作佛事。是为华座想。"可见，表1—7描绘的正是华座观（图7）。

8. 表1–8，三分之一画面脱落，右下方一人，具头光，面部画面脱落，肩披红色披带，穿着黑色裙襦；左上方一白衣佛，二菩萨伴随左右。《观经》云："想彼佛者，先当想像。闭目开目，见一宝相，如阎浮檀金色，坐彼华上。见像坐已，心眼得开，了了分明，见极乐国七宝庄严，宝地宝池，宝树行列，诸天宝幔，弥覆其上，众宝罗网，满虚空中，见如此事，极令明了，如观掌中。见此事已，复当更作一大莲华，在佛左边，如前莲华，等无有异，复作一大莲华，在佛右边。想一观世音菩萨像，坐左华座，亦作金色，如前无异，想一大势至菩萨像，坐右华座。此想成时，佛菩萨像，皆放光明，其光金色，照诸宝树，一一树下，亦有三莲华，诸莲华上，各有一佛二菩萨像，偏满彼国。"可见，表1—8描绘的正是"像观"（图8）。

9. 表1–9，二分之一画面脱落，右下方可见一人具头光，胸部以下画面脱落，左上方一佛，头部画面脱落，坐于莲花座上（？）乘云而来。《观经》云："作是观者，名观一切佛身，以观佛身故，亦见佛心。佛心者，大慈悲是。以无缘慈，摄护众生。作此观者，舍身他世，生诸佛前，得无生忍；是故智者，应当系心，谛观

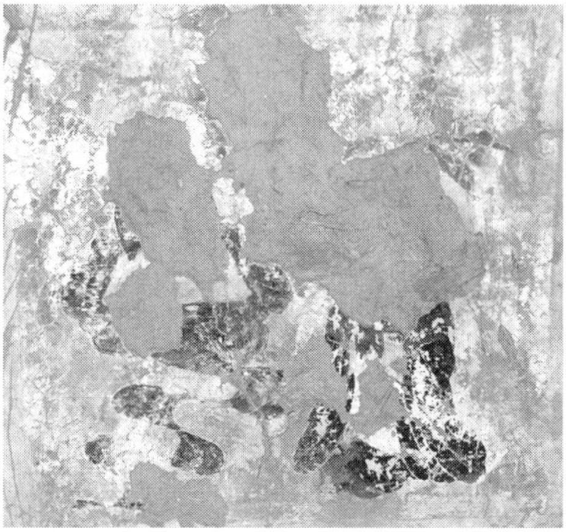

图 7　华座观

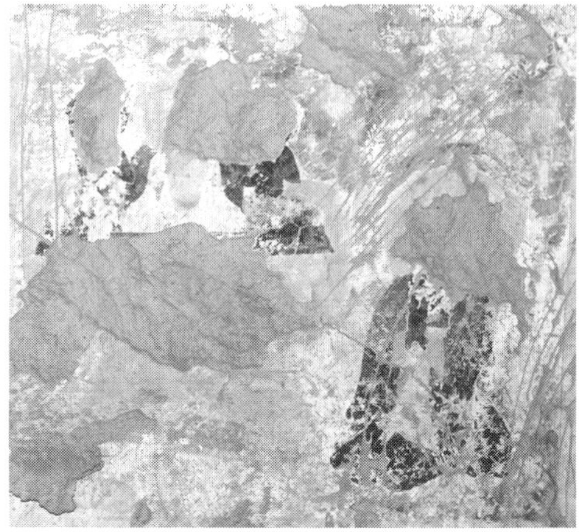

图 8　像观

无量寿佛。观无量寿佛者,从一相好入,但观眉间白毫,极令明了。见眉间白毫相者,八万四千相好,自然当现;见无量寿佛者,即见十方无量诸佛,得见无量诸佛故,诸佛现前授记。”可见,表 1—9 画面表现的是“佛身观”(图 9)。

10. 表 1–10,壁画几乎全部脱落,画面内容不可考辨(图 10)。

11. 表 1–11,壁画全部脱落,画面内容不可考辨(图 11)。

12. 表 1–12,壁画几乎全部脱落,画面内容不可考辨(图 12)。

图 9　佛身观

图 10　观音观

13. 表1-13,三分之一画面脱落,左侧靠下部分一人具头光,穿裙襦,坐于地。右半部分一团云从远方飘来,云中所绘图像脱落(图13)。

14. 表1-14,三分之一画面脱落,左下部分一人,头部及上身画面脱落,下身穿着裙子;右半部分绘有一个圆形的水池,池中之物不可辨认(图14)。

15. 表1-15,三分之二画面脱落,左下方仅见一人穿长裙,头部及上身画面已经脱落(图15)。

16. 表1-16,二分之一画面脱落,左下方有一人,具头光,残存肩部红色披

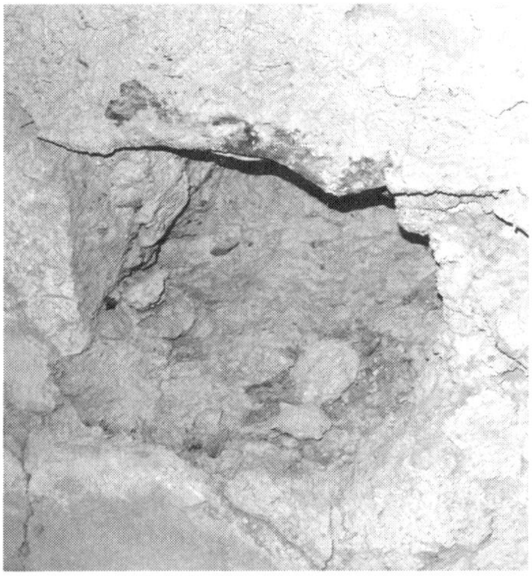

图11　势至观

图12　普观

图13　杂想观

图14　上辈观

帛及衣服边缘部分；右半部分靠下绘有半圆形水池，池中之物不可辨认（图16）。

图 15　中辈观

图 16　下辈观

上面 16 幅画面,可以辨认的有 8 幅,即表 1–1:日想观、表 1–2:水想观、表 1–4:宝树观、表 1–5:宝池观、表 1–6:宝楼观、表 1–7:华座观、表 1–8:像观、表 1–9:佛身观。从上面的顺序来看,已辨认出来的壁画内容,与《观经》中十六观顺序完全一样,由此可知,未辨认出来的壁画内容分别如下,表 1–3:地想观、表 1–10:观音观、表 1–11:势至观、表 1–12:普观、表 1–13:杂想观、表 1–14:上辈观、表 1–15:中辈观、表 1–16:下辈观。以此观之,则表 1–13 彩云内所缺图像尽可明了,即阿弥陀佛。表 1–14 所描绘的上辈观也极有特色,用莲花化生表现上辈观中的上中下三品,表 1–16 也用同样的手法表现下辈观中的上中下三品,以此推知,表 1–15 韦提希夫人前面应该绘有一个水池,水池内长有莲花,莲花内有化生童子。

(二)净土庄严相

大桃儿沟第 10 窟观经变的主体部分"净土庄严相"具有浓厚的藏传佛教风格,表画内容较为复杂,下面逐一分析之。

1–21位于整个经变画的中心，为阿弥陀佛，因画面损毁严重，仅存小部分头光及佛身轮廓，以及硕大的覆钵形身光。表1–19、20、22、23为双手合十的四弟子形象，有圆形头光。表1–26、27、28、29为四位站立的菩萨，有圆形头光，衣饰华丽。在莫高窟唐代《观无量寿经》中，主尊周围或绘四胁侍菩萨，或绘诸多眷属，或与观音、大势至菩萨共用胁侍菩萨和眷属。细审之，并无与表1–21~29相合者。莫高窟第285窟东壁一副“无量寿佛说法图”，时代为西魏，为一佛四弟子四菩萨造型，四弟子为舍利佛、阿难、摩诃迦叶、目连，四菩萨为无尽意菩萨、观世音菩萨、文殊师利菩萨、大势至菩萨。表1–26、27、28、29中是否有观世音和大势至菩萨呢？根据比较成形的观经变壁画来看，观世音和大势至菩萨位置比较突出，仅次于阿弥陀佛，并有自己的眷属。表1–26、27、28、29四位菩萨大小、位置一样，没有高低之分，因此，他们只是作为阿弥陀佛普通的胁侍菩萨出现。通过比对，我们认为表1–25、30为观世音和大势至菩萨，首先从位置上看，两幅图像分列阿弥陀佛左右靠下部分；其次，从衣饰上看，不是佛装，应为菩萨装饰。但令人称奇的是，两幅图像造像风格迥异，表1–25为汉传佛教风格，表1–30为藏传佛教风格。表1–18、24壁画内容有两种推测：其一为高僧或上师，其二为与会佛。表1–18壁画保存相比表1–24要好一些，可以看出一佛或僧结跏趺而坐，内穿黑色（因氧化）袈裟，外披披单。有圆形头光，覆钵形背光和身光。如果说这两幅图像是与会佛，则他们所处的位置与莫高窟传统的与会佛位置是有所不同的。在莫高窟观经变中，弥陀三尊处于比较重要的位置，而这两幅图像位于观音、大势至菩萨之上，让人不得不怀疑他们的身份。根据这两幅图像中的衣饰，即袈裟之外另有披单包裹，笔者怀疑是否有可能为上师。

表1–31描绘的是一个长方形的水池，周边有栏杆围绕，水池中央突出一多边形平台，上坐一佛，有头光，双手合十赞叹，应为赴会佛。水池内朵朵莲花，有的已经盛开，上有化生童子，这是表现九品往生的场面。此外，水池的右侧还有一孔雀在翩翩起舞。表1–17为一佛二菩萨，佛结跏趺坐于方毯之上，有圆形头光和覆钵形身光，着袒右袈裟。两侧菩萨有圆形头光和舟形身光，双手合十，右侧菩萨面向前方，左侧菩萨面向佛，左腿向前迈，膝盖弯曲，着衣甚少，为典

型的藏式风格。对于此一佛二菩萨,笔者有两种推测,其一,代表十方赞叹从虚空而来的赴会佛;其二,表现《观经》中序分里的"佛在耆阇崛山说法"的场景。

三、与敦煌石窟《观无量寿经变》之比较

敦煌石窟是观经变集大成之处,据敦煌研究院的学者统计,在莫高窟、榆林窟、西千佛洞共有此种壁画 89 铺[①],这是其他地区的石窟所不能比拟的。同时,我们要考究观经变的源流、布局、画风等,都要溯之于敦煌石窟。

在敦煌石窟中,观经变的布局有长卷式、向心式和屏风式三种。其中向心式构图指的是观经变以"净土庄严像"为中心,"未生怨"和"十六观"等其他内容围绕中心而绘。向心式构图可分为对称式和不对称式,对称式构图又可细分为山字式、中堂式、无未生怨的中堂式、加入因缘故事的中堂式、格子式和棋格式六种[②]。大桃儿沟第 10 窟观经变布局总体上属于山字式布局,以净土庄严像为中心,十六观分列四周;同时,在局部构图上,十六观又以方框隔开,形成格子式构图。总而言之,本文讨论的观经变,从布局上看,完全因循了敦煌石窟。

大桃儿沟第 10 窟韦提希夫人的服饰与敦煌石窟中的韦提希夫人服饰基本相同,均穿着大袖襦裙。如中唐榆林窟第 25 窟南壁十六观中的水想观,绘有两位韦提希夫人,膝跪于地,头发束成坠马髻,穿坦胸交领大袖裙襦,右上方韦提希夫人衣服的颜色红绿相间,左下方韦提希夫人衣服的颜色红白相间。大桃儿沟第 10 窟韦提希夫人膝跪于方毯之上,有圆形头光。从残留壁画来看,其发髻可能也为坠马髻,肩披红色披帛,穿黑色大袖裙襦,袖边为白色。

由上面分析我们初步推断,大桃儿沟第 10 窟观经变的创作者对敦煌石窟相当熟悉,很可能来自敦煌。值得一提的是,本文讨论的观经变绘制年代在元

---

① 敦煌研究院主编:《敦煌石窟全集 5 阿弥陀经画卷》,商务印书馆(香港),2002 年,第 88 页。
② 敦煌研究院主编:《敦煌石窟全集 5 阿弥陀经画卷》,商务印书馆(香港),2002 年,第 261 页。

朝统治的高昌回鹘时期,即1206年之后,直到1383年,黑的儿火者占领吐鲁番。这一段时间,由于元朝统治者信奉藏传佛教,大部分回鹘人开始转信藏传佛教,有出土文书证明,此时敦煌与吐鲁番佛教往来比较密切。敦煌莫高窟北区出土的一件编号为B163:42的蒙古文写本,书写于14世纪后期,为西域察合台宗王发往河西走廊的令旨,是下达给哈喇火州、八儿思阔和别失八里等地军民,优抚往来其地的"和林国师"一行人的官方文件①。正是在这样的背景下,由敦煌来到吐鲁番的画师,带着他们对唐代观经变的记忆,绘制了这幅观经变。当然,大桃儿沟第10窟观经变壁画面积非常"玲珑",无法与唐代莫高窟同类观经变相媲美。十六观的每一幅场景都比较简略,如宝楼观只描绘一幢楼,宝树观也只描绘一棵树,以一代表多数。在净土庄严像中,也没有重重楼阁与优雅的亭榭;赴会佛身边缺少菩萨,观音、大势至孤孤零零,没有了眷属。但这并不表明大桃儿沟第10窟的观经变没有自己的艺术价值,它深含了高昌当地佛教造像传统和浓厚的藏传佛教风格。下面详述之。

第一,十六观中韦提希夫人的服饰继承了敦煌壁画中唐代女性的特点,这一点是肯定的;与此同时,画家还赋予了韦提希夫人圆形的头光,这一点又是敦煌石窟中韦提希夫人所没有的。我们知道,韦提希夫人在聆听释迦摩尼佛讲经时,包括她在观想日落、水与冰、宝树和宝池等十六观时,是作为一个凡夫俗子出现的,缘何她的头上具有了圆形的头光?我们认为这就是高昌当地包括西域地区的造像传统,如小桃儿沟第6窟左侧壁的两位高僧,头部都环绕有硕大的圆形头光。

第二,大桃儿沟第10窟的日想观与敦煌石窟的也不尽相同。日想观中的太阳在敦煌莫高窟有三种表现形式:(1)初唐莫高窟第431窟中的日想观,只描绘了韦提希夫人跪坐于方毯之上,周围群山绿草,唯独没有画太阳,这是取材于《观经》中"谛观日没之处"。(2)最常见的画法是日落的太阳,太阳光芒四

---

① 敖特根:《回鹘蒙古文客都门拔阿秃儿台旨残片》,《敦煌莫高窟北区出土蒙古文文献研究》,民族出版社,2010年,第59—70页。

射。(3)中唐莫高窟第129窟,太阳中有三足乌。大桃儿沟第10窟日想观中的太阳,画在一团云彩中,云彩为黑色(变色),拖着长长的尾巴,表现的是从上而下落日的景象,极具动感;而莫高窟日想观中的太阳,是一个静物。安西榆林窟第3窟日想观中的太阳,云彩烘托着太阳,静谧如诗。

第三,敦煌石窟十六观中的水池一般画作方形,无论是水想观、八功德水想观、宝池观都是如此。在大桃儿沟第10窟十六观中,现存壁画有水池的有三观,即宝池观、上辈观、下辈观,无一例外,均用圆形描绘水池。一方一圆,或许只是画家一念之间的改变,但敦煌石窟一直恪守着方形水池的传统,到了吐鲁番却有了新的突破。

第四,敦煌石窟中,观经变最繁华的时代在唐朝,到了五代、宋时期,已经在走下坡路。在这些观经变中,我们看到的是汉传佛教的造像风格,包括榆林窟第3窟西夏时期的观经变,虽然在绘画风格、布局和构图方面有了新的面貌,但其画风还是汉传佛教的风格。大桃儿沟第10窟观经变的中心部分,即净土庄严像,显露出了大量的藏传佛教风格。如佛的覆钵形身光(表1–17、18、21、24),菩萨的身姿(表1–17、30)等,特别是表1–18、24,如果我们说他是赴会佛也可以,有身光、背光、头光,但袈裟之外的披单,与上师的服饰极为相似。不管其身份如何,这两幅图像的藏式风格是比较浓厚的。

四、大桃儿沟第10窟观无量寿经变构图试析

大桃儿沟第10窟观经变绘制于13世纪初至14世纪末,有浓厚的藏传佛教风格。虽然因循了敦煌石窟观经变的造像传统,但在净土庄严像中,其布局及构图与敦煌石窟有着诸多迥异之处。下面从三个方面试做分析。

(一)是赴会佛还是释迦摩尼佛

表1–17为一佛二菩萨，藏式造像风格。由于其处于观经变的虚空段位置，很容易让人联想为从虚空飞来的十方赞叹诸佛。这样的联想也有其存在的合理性，从整个净土庄严像来看，表1–17、18、24、31分别处于上下左右(或东南西北)四个方向，如果表1–18、24为佛的话，那么这四个方向的佛，可以象征十方诸佛均来赴会赞叹西方净土之圣境。问题的出现在于，表1–17如果是十方赞叹诸佛，完全可以描绘成从虚空飞来的乘坐彩云的一个场景，而且，这样的场景内，赴会佛及身边的菩萨形象都比较小。实际的情况是，表1–17佛与两边的菩萨体形较大，占据净土庄严像的最上方位置，鉴于此，我们推测表1–17表现的应该为佛在耆阇崛山说法的场景，即观经中的“序分”部分。壁画的创作者用这样一个简单的场景代替整个“未生怨”的场面。

(二)是赴会佛还是上师

表1–18、24所处的位置通常是观世音和大势至，但两幅图像描绘的显然不是菩萨的形象，所以我们认为表1–25、30才是观世音和大势至菩萨。这两幅图像所指示的则“另有其人”，如果我们把他们当做赴会佛，自然属于上节讨论的十方赞叹诸佛的组成部分。通过仔细观察图像，会发现他们也不是佛的形象，首先，大桃儿沟观经变中表1–17、21、31佛的形象与表1–18、24是不一样的，表1–17、31中佛均穿袒右袈裟，表1–21图像模糊不清，不知道阿弥陀佛是否穿的是袒右袈裟。诚然，我们虽然也不清楚表1–18、24中的“人物”是否穿袒右袈裟，但袈裟之外的披单是佛所没有的。其次，这种披单在藏传佛教造像里，是上师所经常具备的，如小桃儿沟第6窟左侧壁右边的一位上师，红色袈裟之外又披了一件黄色披单。有鉴于此，我们认为，表1–18、24应该为藏传佛教中的上师，如果进一步推测的话，这两位上师，很可能就是出资修建这个石窟施

主的上师。

(三)汉藏两种风格的观音和大势至

大桃儿沟第10窟观经变是藏汉两种风格的合璧,在十六观中我们看到的是唐代敦煌石窟十六观的影子,在净土庄严像中有浓厚的藏传佛教风格,但同时也有汉传佛教的造像传统,如阿弥陀佛身边的胁侍菩萨,其身上的华丽衣饰,让我们能依稀看到盛唐时期敦煌石窟中菩萨样子。最令人称奇的是,表1–25、30的观世音与大势至菩萨风格迥异,由于图像模糊不清,无法观察到两位菩萨头上的化佛和宝瓶,但按照佛教造像传统,阿弥陀佛的左侧是观世音菩萨,右侧是大势至菩萨,由此,我们推测表1–25为观世音菩萨,表1–30为大势至菩萨。两位菩萨均坐于方毯之上,面向阿弥陀佛,如果再仔细观察,发现观世音菩萨衣饰比较华丽繁复,是汉式风格,大势至菩萨除去能看到一些缨络和一件白色的短裙,其余地方均无衣饰,是典型的藏式风格。观世音菩萨在汉传佛教中比大势至菩萨更加受人们欢迎的菩萨,所以画家在创作这幅壁画时,把观世音打造成汉式风格,将大势至打造成藏式风格。

五、结　语

柏孜克里克第17窟有一幅观经变,绘制年代为唐代,这是吐鲁番石窟第一幅观经变,第二幅即本文讨论的大桃儿沟的观经变,我们通过图像对比,尚看不出两者在绘画技艺、布局以及构图方面有明显的联系。这里提及柏孜克里克第17窟的观经变,意在说明自唐代观经变从中原兴起之时,也迅速传播到了西州地区,柏孜克里克千佛洞曾出土写本《佛说观无量寿佛经》若干片。自此,阿弥陀信仰在吐鲁番弥久不衰,一直持续到元朝。据格伦威德尔的研究,在柏孜克里克千佛洞,第3、27、28、30、31、32、33等窟产生时期较晚,并且肯定是源于藏传佛教的[①]。第 3 窟正壁描绘有阿弥陀佛西方净土图的背景,据格氏推断,壁画前边塑像底座上的尊像,肯定就是阿弥陀佛的坐姿像,此窟内还绘有穿蒙古服装的供养人[②]。第 28 窟右侧壁有一幅阿弥陀佛净土图,两边的观音菩萨和大势至菩萨头冠上的阿弥陀佛和宝瓶(格氏误以为佛塔)还可辨认,宝池中生长有莲花,栏杆上有童子在攀缘[③]。第 30 窟左侧壁中部宝座上的佛陀,格氏怀疑为阿弥陀佛[④]。第 32 窟正壁有一幅小型阿弥陀佛像[⑤]。第 33 窟正壁前有一坐佛塑像底座,正壁水池,水池内长着莲花,栏杆上有几个孩子在爬跨,格氏认为这是阿弥陀佛极乐世界的表现[⑥]。除此之外,乌江布拉克石窟 G 窟右侧壁描绘阿弥陀佛坐在一朵很高的莲花上,他周围有一些天神和两个金刚,前边是栏杆,几个童子在栏杆上爬跨[⑦]。由此可见,元代吐鲁番的阿弥陀信仰一片繁荣,大桃儿沟第 10 窟发现的观经变,又为这片繁荣增添了一处新的景致,也为我们以后发现与研究同类布局与构图的观经变提供了可资参考的材料。

---

① [德] 格伦维德尔著,赵崇民、巫新华译:《新疆古佛寺:1905—1907 年考察成果》,中国人民大学出版社,2007 年,第 413 页。

② [德] 格伦维德尔著,赵崇民、巫新华译:《新疆古佛寺:1905—1907 年考察成果》,第 423 页。

③ [德] 格伦维德尔著,赵崇民、巫新华译:《新疆古佛寺:1905—1907 年考察成果》,第 514 页。

④ [德] 格伦维德尔著,赵崇民、巫新华译:《新疆古佛寺:1905—1907 年考察成果》,第 518 页。

⑤ [德] 格伦维德尔著,赵崇民、巫新华译:《新疆古佛寺:1905—1907 年考察成果》,第 521 页。

⑥ [德] 格伦维德尔著,赵崇民、巫新华译:《新疆古佛寺:1905—1907 年考察成果》,第 522 页。

⑦ [德] 格伦维德尔著,赵崇民、巫新华译:《新疆古佛寺:1905—1907 年考察成果》,第 562 页。

高昌故城东南佛寺与藏传佛教

一、调查与研究小史

在新疆吐鲁番高昌故城东南角隅，有一处佛教建筑遗存，为一佛塔与一佛殿的组合，我们常称之为东南佛寺。1902年至1903年，德国人组织吐鲁番探险队在格伦威德尔的带领下，考察了吐鲁番诸多遗址，其中以高昌故城为重点，并绘制了高昌故城平面示意图，图中所标示的Z号遗址，即为今日之东南佛寺。他们考察并详细记录了东南佛寺的存在状态，留下了一张佛塔照片（图1）和一幅佛寺平面示意图（图2）。1907年，俄国探险队亦考察了此遗址，并从佛殿内获得了许多壁画残片，探险队成员杜金拍摄下了一些珍贵的照片（图3）。1979年，吐鲁番文物保护管理所对高昌故城内面临坍塌危险的遗址，进行了抢险加固，其中就包括东南佛寺。2005年，国家启动丝绸之路（新疆段）重点文物保护工程，新疆文物考古研究所承担了对高昌故城维修前期的文物考古调查勘探和发掘工作。迄今为止，共进行了5次考古发掘，在2008年第3次考古发掘时，发掘清理了东南佛寺，并做了进一步的维修加固。

引起笔者极大兴趣的是佛殿内的壁画及佛塔别样的形制，表现的主题是藏传佛教的五方佛。佛塔残高约7米，气势宏伟，塔身平面为20个角的多边形，类似佛塔在吐鲁番还有几例都是藏传佛教传入后所建。下面我们将逐一详述。

图 1　东南佛寺外景(德国探险家拍摄)

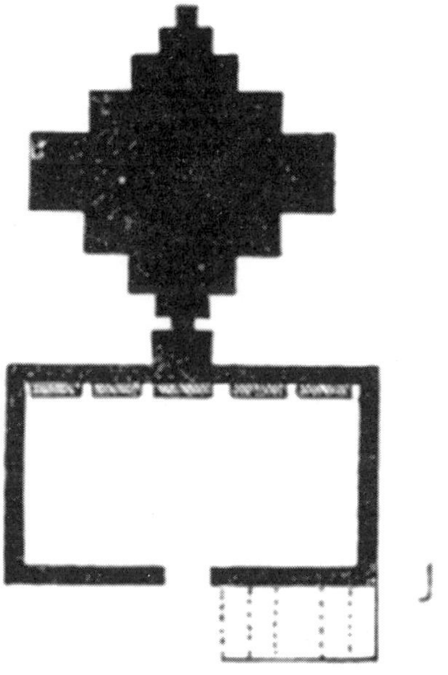

图 2　东南佛寺平面图(德国探险家绘制)

图 3　东南佛寺内景(俄国探险家拍摄)

二、东南佛寺佛殿内藏传佛教壁画

佛殿用土坯垒砌而成，平面为矩形，东西长7.85米，南北宽4.00米；横券顶，高3.55 米，殿门朝南，拱形，高2.20米，宽1.90米。佛殿四壁残存20平方米左右的壁画，保存甚差，较为清晰的是门壁右侧左上角留下的壁画，拥有极为浓厚的藏传佛教风格(图4)。正壁前残留一台座，长7.85米，宽1.45米，从杜金所拍摄的照片(图3)可以看出，台座之上有五个佛座，一字横向排列，所塑佛像已荡然无存。正壁上残存的壁画为四身佛的背光与头光，左边一身脱落，中间一身规模最大。由此我们可以明了，佛殿内所表现的主题为塑绘结合的五方佛。

五佛思想由来已久，北凉时期，天竺三藏昙无谶所翻译的《悲华经》即提出"五佛世界"这一概念[①]，但这时的五佛含义可能与后世的五方佛还有一定的距离。本文所及五佛，是指密教中以大日如来为主尊的五尊佛，常称作五方佛，又称五智如来、五智佛、五圣及五禅定佛。五方佛有金刚界五佛和胎藏界五佛，金刚界五佛指毗卢遮那佛、阿閦佛、宝生佛、阿弥陀佛、不空成就佛；胎藏界五佛指大日如来、宝幢佛、开敷华王佛、无量寿佛、天鼓雷音佛。无论是汉传佛教还是藏传佛教，都是以金刚界五佛居多。

图4 东南佛寺佛殿前壁藏式风格壁画

① 《大正新修大藏经》《悲华经》卷第七 0212a16。

五佛组合图像基本有两种排列方式，一为传统的以曼陀罗为中心五佛环形构图，一为五佛成排横列，其中横列构图为：宝生佛—阿閦佛—大日如来—阿弥陀佛—不空成就佛。五佛图像的艺术形式有建筑、雕塑、绘画三大类，横列构图主要见于绘画、雕塑(泥塑、木雕五佛冠、经书版)，汉传佛教中较早的如不空三藏于770年左右在五台山修造的两组五方佛雕像①及辽代善化寺大雄宝殿中的彩塑五方佛②；藏传佛教中较早的如8至9世纪间拉达克"协"(Shey)的五佛摩崖石刻(图5)，及时代稍晚一些的(14世纪)夏鲁寺南配殿、北配殿的两组壁画五方佛图像。环形构图是金刚乘五佛庙宇观的形象表现，其性质属于曼陀罗，其实际表现中有立体曼陀罗(五佛组合佛塔及雕塑构成的曼陀罗)和平面曼陀罗(主要是绘画)。

图5　五方佛摩崖石刻

高昌故城东南佛殿五方佛的构图即为横向排列，五佛共置一坛，中间主佛大日如来最为突出。前面已经谈到横列式构图的五方佛在汉传佛教与藏传佛教皆有，此处之五方佛是汉是藏呢？让我们回过头来再观察一下正壁上壁画的

① 此佛像今已不存，见于[日]圆仁：《入唐求法巡礼行记》卷第三。

② 详见张明远：《善化寺五方佛塑像的创建年代及其相关问题研究》，《敦煌研究》2009年第4期，第55—56页。

细部特征:佛的两边各有一个狮羊,站在一个大象身上,狮羊上方是一个摩羯鱼,此即为佛座之拏具。大象、狮羊与摩羯鱼均背对佛,两个相邻佛之间的狮羊相对而立,二方连续后得到了极佳的视觉印象。这里的拏具是塑在墙壁上的,脱落后留下了残存的痕迹,从现存痕迹来看至少出现了六拏具中的三种。

佛座拏具在印度出现的很早，如迦梨石窟安度罗王朝晚期佛说法像中佛的左右肩上方的位置,各有一摩羯鱼;现存萨特拿考古博物馆中有一5世纪笈多样式佛说法像,可见狮羊和摩羯鱼。国内现存最早的佛座拏具出现在敦煌莫高窟第405窟北壁中央隋代的弥勒说法图中,有摩羯鱼与狮羊。李翎先生通过研究认为,源自印度的佛座拏具样式,大约在8世纪开始流行起来,主要地区为东北印度的早期波罗样式,纹样有:狮羊、象和摩羯鱼。到了10世纪,这种样式在中国广泛流行起来，只是其组合更加自由，在工匠手中有了进一步的发挥,狮羊下面的象多被省略,还出现了迦林频迦或孔雀,这种情况在西夏时期的黑水城绘画中得到了淋漓尽致的发挥[①]。高昌故城东南佛殿出现的佛座拏具,是为10世纪开始流行的传统样式,虽然从这种样式本身我们无法判断是否为藏传佛教佛教风格，但从佛的覆钵形背光及门壁右侧左上角出现的藏传佛教风格的绘画综合分析,这里的佛座拏具应为藏式风格。

三、十字形佛塔

我们现在看到的佛塔是2008年维修过的,残高7米,只留下塔座与塔身,上部的塔刹已不见踪影(图8)。塔座分三层,第一层平面为正方形,其上第二层亦为正方形,第三层为圆形。塔身三层,其平面为多边形,层层内收,第三层上每个方向有一个佛龛,现龛内空无一物。对比1979年维修过的塔(图9)的图片可以看出,新近的维修更加逼真,宏大的塔座似乎衬托出当年塔之雄伟,先前

① 李翎:《杂木寺石刻——兼谈佛座拏具的演变》,《中国历史文物》2006年第5期,第52—59页。

的维修虽然显得笨拙，但其维修的痕迹一望便知，使我们很容易辨认出整个塔座大部分都是维修过的。德国探险队留下的照片也显示了塔座毁坏的情况，但格伦维德尔绘制的佛塔平面示意图失真，这使得我们很难推断塔座原来的形状，所幸还有俄国人杜丁拍摄的佛塔照片(图 6)及所绘平面图(图 7)，能为我们提供真实的答案。如图 6 所示：塔座共两层，第一层为正方形，第二层为圆形，由此可见，新近维修过的三层塔基值得商榷。

图 6　东南佛寺外景(俄国探险家拍摄)

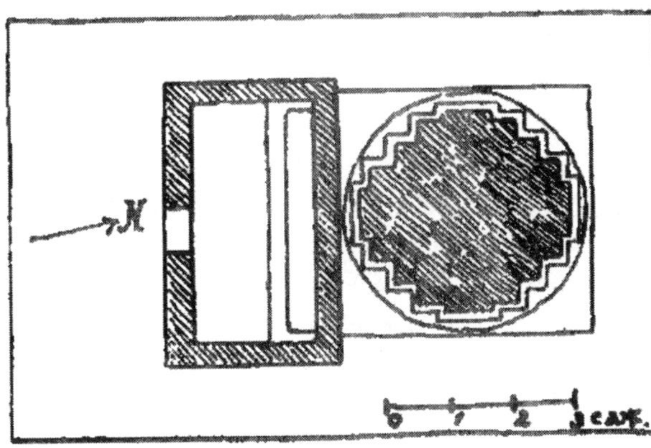

图 7　东南佛寺平面图(俄国探险家绘制)

回过头来，我们再来关注佛塔的塔身，会发现其平面呈多角形，每层有 20 个凸出来的角，如果仔细察看格伦威德尔的那个走了形的平面示意图，很像一个十字形，在国外有学者称这种佛塔为十字形佛塔，我们也暂且遵

图 8　2008 年维修后的佛塔

图 9 1979 年维修后的佛塔

循他们的叫法。印度原始风格的佛塔，塔基是圆形的，随着时间的推移，从圆形演变成正方形，后来添加一个阶梯，后增加为两个阶梯，最后增加到四个阶梯[①]，由此，就形成了十字形塔基，如位于阿富汗贾拉拉巴德（Jalal-abad）地区的阿欣（Ahin Posh）佛塔[②]，以及在巴基斯坦白沙瓦（Peshawar）地区的塔希卡（Tahkal Bala）佛塔[③]，这两座佛塔均建于公元 2 世纪。在其他古老的十字形塔基中，我们也发现了建立于 2 至 3 世纪的乌什图尔·穆洛（Ushtur Mullo）[④]佛塔，5 世纪之后局部重建；公元 5 至 8 世纪建立于巴基斯坦呾叉始罗（塔克希拉 Taxila）地区的巴哈姆拉（Bhamala）佛塔[⑤]（图 10），以及建立于 2 世纪末期巴尔克（Balkh）地区的托普鲁斯坦姆（Top-i-Rustam）佛塔[⑥]（图 11），在 6 世纪中期重修。

对比巴哈姆拉佛塔、托普鲁斯坦姆佛塔与高昌故城的东南佛塔，我们会发现前两个佛塔的塔基每层有 20 个凸出来的角（暂称之为 A 类十字形佛塔），后

① ［澳大利亚］费兹西蒙斯（T.Fitzsimmons）：《呾叉始罗（塔克西拉）之佛塔设计（Stupa Designs at Taxila）》，东京，2001 年，第 20—27 页。

② ［法国］富歇尔（A.Foucher）：《印度至大夏呾叉始罗的古丝路（La vieille Route de l'Inde de Bactres à Taxila）》第 1 卷，巴黎（法国考古队阿富汗考古回忆录之一），1942 年，第 152 页。

③ ［英国］埃林顿（E.Errington）：《塔希卡：19 世纪发现的犍陀罗遗址（Tahkāl：the Nineteenth-century Recorded Two Lost Gandhāra Sites）》，《东方与非洲研究学院通报（BSOAS）》，第 2 期，1987 年，第 311 页。

④ ［法国］拉皮埃尔（N.Lapierre）：《由考古资料看粟特佛教（Le bouddhisme en Sogdiane d'après les données de l'archéologie）（4—9 世纪）》，巴黎，1998 年，第 29 页。

⑤ ［美国］贝伦特（K.A.Behrendt）：《犍陀罗佛教建筑（The Buddhist Architecture of Gandhāra）》，莱顿，2004 年，第 267 页。

⑥ ［法国］富歇尔：《印度至大夏呾叉始罗的古丝路》，第 1 卷，巴黎（法国考古队阿富汗考古回忆录之一），1942 年，第 94—96 页。

者的塔身每层也有 20 个凸出来的角(暂称之为 B 类十字形佛塔)。A 类十字形佛塔，曾风靡于印度、中亚乃至中国新疆等地,从 2 世纪一直延续到 8 世纪末 9 世纪初；而 B 类十字形佛塔遗存不多，笔者曾常常迷惑于其中，百思不得其解。当发现上述规律后,才猛然发现两类佛塔实为处于同一类佛塔的不同发展阶段,那么 B 类十字形佛塔曾盛行于何时，分布于何地呢？有学者研究认为,其时代均为元代,特别高昌故城的东南佛塔、小阿萨佛塔以及胜金口 9 号寺院（格伦威德尔编号)附近的佛塔。这些佛塔大体上都属于高昌回鹘时期，与 A 类十字形佛塔相比，有着明显的区别①。

图 10　巴哈姆拉佛塔

图 11　托普鲁斯坦姆佛塔平面图

① [法国]美拉德:《中亚石窟与古迹》,巴黎,1983 年,第 170—171 页。

四、东南佛寺的年代与性质

吐鲁番市鄯善县达浪坎乡拜什塔木村西南约 8 千米处的小阿萨佛教遗址，此遗址内有 7 组互不相连的土坯建筑，其中一组保存相对较好，为一塔一佛殿的组合。佛殿形制为方形穹窿顶，佛塔残高 5.3 米（图 12），塔基被沙土淹没，无法辨识，塔身有三层，上部残毁。另有一组建筑与此相同，毁坏严重（图 13），从残留的一层塔身来看，这个塔亦属于 B 类十字形佛塔。

图 12　小阿萨藏传佛教寺院之一

图 13　小阿萨藏传佛教寺院之二

柏孜克里克千佛洞平台参观区下面、台阶北边残存一佛塔（图 14），2009 至 2010 年，新疆文物考古研究所发掘清理了此塔，经过发掘，显露出正方形塔基，塔基四周用土坯垒砌起一圈低矮的墙体，塔身三层，每层有 20 个角，塔刹不存。以上两处的佛塔与高昌故城东南佛塔最大的缺憾是塔身之上部分均已残毁。19 世纪末 20 世纪初的国外探险家格伦威德尔、奥登堡、斯坦因等都

图 14　柏孜克里克藏式佛塔

曾关注过这类佛塔，特别是俄国探险队的成员杜金曾苦苦追寻这类佛塔是怎么样收顶的，他首先注意到胜金口 9 号寺院附近的那个佛塔，塔身之上的覆钵式塔瓶(图 15)尚清晰可见，只可惜我们如今只能在画面上领略一番，实塔早已不见踪迹。

图 15　胜金口藏式佛塔

后来杜氏又找到了敦煌莫高窟前的这一类佛塔(图 16)，这类佛塔保存相对比较完整，塔身三层，平面为十字折角形，塔瓶为钟形，相轮清晰可见。学界对此类佛塔研究相对匮乏，只是毫无疑问地称为“喇嘛塔”，这种称呼绝非信口开河之言。在莫高窟第 285 窟内，有一类被称为“半塔”的佛塔(图 17)，修建在原西魏的禅窟口，据禅窟内西夏文题记、元代壁画及造型特点判断，约为西夏至元代。这些半塔的特点是：一是半圆形，只有半边塔，刚把禅窟口堵住。约 1 米高后即由半塔变为 1/4 塔，于是露出 1/4 禅窟的缺口，塔刹也只有半边，贴在禅窟顶部的壁画上，现已脱落。这样建造主要是为了方便人们由此口把脱佛、脱塔放置于内。二是在塔的基座上建覆钵形塔瓶，上面安设塔刹。其造型与

图 16 莫高窟前藏式佛塔

西夏王国黑水城遗址的废塔相同，在该废塔中也出土了大量的脱佛、脱塔。第 285 窟内的半塔与莫高窟前的喇嘛塔，塔的基座均为十字折角多边形，且塔瓶上的装饰纹样也一样。

在西藏地区，此类佛塔颇为多见。如西藏萨迦北寺，为 13 世纪晚期修建的寺院，其西部建有一尊胜佛母塔(图 18)，"塔下部砌十字折角基座三层，其上建扁圆覆钵，覆钵上设檐，檐上向外叠涩三层作十字折角式，再上施束腰上承仰莲，仰莲之上即置向上急剧收缩的相轮柱，柱顶置宝盖、宝瓶和宝珠。"①位于西藏自治区阿里地区札达县县城北边约 40 公里处东嘎皮央遗址，是一处由寺院、城堡、石窟和塔林组成的大型遗址，为古格王朝仁钦桑布时期所建的八大寺之一，建于 10 世纪。其中皮央遗址 IV 区第 16 号塔(图 19)，形制与胜金口佛塔颇有类似之处，塔基为十字折角的多边形，塔身三层，特别是覆钵形的塔瓶，虽然残破，观之几乎一模一样。皮央遗址的上述佛塔可能是我们所要讨论的 B 类十字形佛塔的原始形态。

图 17 莫高窟第 285 窟藏式佛塔

① 宿白:《藏传佛教寺院考古》，文物出版社，1996 年，第 103 页。

至此，我们可以肯定上述敦煌、吐鲁番的 B 类十字形佛塔，属藏式佛塔，这类佛塔是在 A 类十字形佛塔的基础上演变而来，为藏传佛教所独爱，先流行于西藏，后传播到敦煌，最后传至于吐鲁番等地，时代在西夏后期至元代。

图 18 萨迦北寺尊胜佛母塔

图 19 皮央遗址Ⅳ区第 16 号塔

高昌故城东南佛寺的佛塔与佛殿是一个小型寺院的组合，这种组合在吐鲁番普遍存在，在小阿萨的七组建筑内，至少有两个是这样的。此外，2011 年，我们在调查小桃儿沟石窟时，发现山顶有一个小佛殿，横券顶，可惜没有壁画存留下来，在佛殿的南面十余米处，有一废址，颇疑先前为一佛塔。东南佛殿表现的主题是以大日如来为主尊的五方佛，而且这个主题很可能是建造佛殿之前已经设计好的，若非如此，完全可以设计成如小阿萨方形穹窿顶佛殿，这样的建筑形式在高昌回鹘时期是非常流行的。同时，我们还需注意这样一个细节，即东南佛塔的塔身，每面均有一个佛龛，龛内原来应该都有佛塑像，多数情况下被妆以各自的标志性色彩，代表四方佛，塔身就代表四蕴之总、中央的大日如来[①]。以此观之，佛塔与佛殿表现同一主题，即藏传佛教的五方佛，属于同一时期修建而成。

五、结　语

由上面的论述可知，东南佛寺是一所藏传佛教寺院，时代为西夏后期至元代。这样的结论主要是根据佛殿内壁画内容和佛塔的建筑风格而推断出来的。同时，若我们仔细翻检历史文献，亦可以找出不少的佐证。西夏建立政权前后，多次延请回鹘高僧讲经说法，在高昌回鹘高僧白法信与白智光的主持下，历时53年，将汉文《大藏经》译成西夏文[②]。在吐鲁番出土西夏文佛经残片有10余件，而且出土地点遍布吐鲁番的多处遗址，如柏孜克里克千佛洞、吐峪沟、胜金口、交河故城与高昌故城等地。这说明西夏与高昌回鹘的佛教联系密切，互相交流频繁。西夏晚期，引入藏传佛教，有多位藏族高僧甚至成为西夏国的帝师，藏传佛教建筑及壁画盛行一时，特别是在敦煌、黑水城等地，留下了不少这一时期的艺术精品。

1211年，高昌回鹘王巴而术阿尔忒的斤归顺成吉思汗，由于元朝统治者尊崇藏传佛教，回鹘人也随之皈依。于是，回鹘中出现了一大批以信仰与弘传藏传佛教而闻名的高僧大德，如阿鲁浑萨理、迦鲁纳答思、舍蓝蓝、必兰纳识里等都是著称于世的喇嘛。他们将大批藏文佛经译为回鹘文，从我们现已甄别出的回鹘文译经及其题记来看，下列这些作品应是以藏文本为底本的，如《佛说胜军王问经》《文殊师利成就法》《吉祥轮律仪》《金刚手菩萨赞》《法华经观音成就法》《十方平安经》《四天王赞》《转轮王曼荼罗》《身轮因明经》《大乘无量寿经》

① 杨清凡：《五方佛及其图像考察》，《西藏研究》2007年第2期，第34页。

② 参见杨富学：《回鹘僧与〈西夏文大藏经〉的翻译》，《敦煌吐鲁番研究》第七卷，中华书局，2004年，第338—344页。

《吉祥胜乐轮曼陀罗》《供物仪轨》，涉及那若巴的文书数件和一部由萨迦班智达撰写的《师事瑜伽》，另外《大白伞盖总持陀罗尼经》《佛顶尊胜陀罗尼经》《圣救度佛母二十一种礼赞经》《文殊所说最胜名义经》或《八大圣地制多赞》等也具有译自藏文的某些特征，其用语有不少应借自藏语，至少说明回鹘文译者曾经参考过藏文本。藏文佛经被翻译成回鹘文，这大大加快了普通僧俗民众信仰藏传佛教的步伐。在回鹘故地——高昌出现了新一轮的造寺建塔、开凿石窟、雕塑佛像、绘制壁画的高潮。

藏式佛塔被引入高昌地区，遍及高昌故城、柏孜克里克千佛洞、小阿萨、胜金口、大小桃儿沟等地，尤其是高昌故城东南佛塔，其规模和气势是莫高窟窟前同类佛塔所无法比拟的。这一时期开凿的石窟最值得一提的是大、小桃儿沟石窟，所绘壁画皆为藏传佛教风格，绘画题材出现了印度的八十四大成就者、藏传佛教上师及藏式如来八塔，这些都是藏传佛教所独有的。德国探险家勒柯克曾将吐鲁番的佛教艺术风格分为了三大类：印度——希腊风格、汉传风格、藏传风格，这说明藏传佛教的确是吐鲁番佛教的一大派别。另一位德国探险家，也是著名的佛教美术史家——格伦威德尔，在其著作中多处提到藏式风格的壁画。格氏指出，在柏孜克里克千佛洞，第3、II、30、31、32、33、27、28窟（格氏编号）源于藏传佛教，出现了藏传佛教神的造型①。在木头沟第3号建筑群（即乌江布拉克佛寺遗址），格氏描述了一个行将死亡的喇嘛以及池塘里生长着西藏风格的莲花、鸟类等②。在吐峪沟千佛洞克雷门茨编号第36窟（实为一个寺院，由多个石窟及佛殿组成），有“一个斜坡型的喇嘛佛殿”③，在这个寺院中，斯坦因还发现了藏文文书残片。除此之外，格氏还描述其他地方的具有藏式风格的壁画与塑像，在此不一一列举。

① ［德］格伦维德尔著，赵崇民、巫新华译：《新疆古佛寺：1905—1907年考察成果》，中国人民大学出版社，2007年，第413页。

② ［德］格伦维德尔著，赵崇民、巫新华译：《新疆古佛寺：1905—1907年考察成果》，第562—563页。

③ ［德］格伦维德尔著，赵崇民、巫新华译：《新疆古佛寺：1905—1907年考察成果》，第585页。

二十世纪初俄国探险家对吐鲁番大、小桃儿沟石窟的考察

1898年，俄国考察队在克雷门茨（Klemenc，D.A.）的率领下，首次调查了吐鲁番的石窟及古城遗址，归国后，用德文撰写了《1898年俄罗斯皇家科学院吐鲁番探险考察报告》[①]。1909年，俄国考察队在奥登堡（Oldenburg，S.F.）的领导下，又一次来到吐鲁番进行调查，并于1914年发表了《1909—1910俄国第一次西域考察探险初步简报》[②]，此外，参加过奥登堡考察队的一位主要成员C.M.杜丁（1863—1929）在圣彼得堡《建筑艺术周刊》上连续发表了《中国新疆的建筑遗址》一文[③]。目前，由克雷门茨和奥登堡撰写的考察报告还没有被翻译成中文，我们对俄国探险队在吐鲁番的考察的认识，也仅限于张惠明先生的《1898至1909年俄国考察队在吐鲁番的两次考查概述》[④]，俄罗斯艾尔米塔什博物馆所藏的大量的吐鲁番艺术品也深藏馆中，对于大多数中国学者来说，是难窥其

① Klementz，A. Д. Nachrichten über die von der Kaiserlichen Akademie der Wissenschaften zu St.Petersburg im Jahre1898.Ausgerüstete Expedition nach Turfan，St.2 Pétersbourg，1899.

② С.Ф.Олденбург，РусскаяТуркестанскаяЭкспедицiя1909—1910：Кратiй ПредварительныйОтчетъ，Санктпете 2 рбург，Изданiе Императорской Академiй Наукъ，1914，С.Петербург.

③ [俄]C.M.杜丁著，何文津、方久忠译：《中国新疆的建筑遗址》，中华书局，2006年，第47—57页。

④ 张惠明：《1898至1909年俄国考察队在吐鲁番的两次考查概述》，《敦煌研究》2010年第1期，第86—91页。

真容的[①]，这不能不说是一种遗憾。

2011年以来，我们组织的石窟调查小组首先对吐鲁番的大、小桃儿沟石窟进行了调查。由于石窟损坏严重，在撰写调查简报[②]的过程中，我们深深地感觉到有必要结合国外探险家的考察报告，进行全方位的对比研究。对大、小桃儿沟石窟的调查主要集中于德、俄两家，而格伦威德尔第二次来吐鲁番的考察报告已经有中文译本，比对起来比较容易，难度大的是比对俄国探险队的考察资料。有鉴于此，我们又邀请了懂俄语的研究人员，专门翻译奥登堡考察简报中关于大、小桃儿沟石窟的章节，并结合张惠明先生的相关文章，配以实地调查资料，草成此文，以飨同好诸君。

一、大桃儿沟石窟

在俄国探险队的考察报告中，大桃儿沟石窟被称作塔雷克布拉克（“柳树泉子”之意）石窟，小桃儿沟被称作撒绥克布拉克（潮湿的地方、沼泽地）石窟。据张惠明先生文章介绍，克雷门茨曾考察过大、小桃儿沟石窟，但停留时间很短，在克雷门茨考察队所拍摄的照片中，由于当时摄影技术条件的限制，有相当多的照片因拍摄得不太好而被弃置一边。因此，出版时只是挑选了有限的一小部分。此外，考察队所拍摄的照片、建筑测量草图、壁画线描图、考察队路线图和地图以及克雷门茨的考察旅行日记，等等，所有这些资料均登记入册，现绝大部分藏于俄罗斯艾尔米塔什博物馆，其中有少部分照片资料保存在俄罗斯科学院东方写本研究所。因此，有关克雷门茨的考察资料只能寄希望于俄罗斯方面将之早些公布于众。前面提到，塔雷克布拉克的意思是柳树泉子，奥登

① 张惠明先生曾在《敦煌吐鲁番研究》第十卷撰写论文《俄罗斯艾尔米塔什博物馆的吐鲁番收藏品》与《艾尔米塔什博物馆所藏俄国吐鲁番考察队收集品简目》，但没有彩色图版。

② 吐鲁番学研究院、吐鲁番地区文物局：《大桃儿沟石窟调查简报》《小桃儿沟石窟调查简报》，《吐鲁番学研究》2012年第1期。

堡很惊讶于此,说这里既没有一棵树,也没有任何泉水。这充分说明了早在一百多年前,这里已经从一处树木成荫、溪水潺潺的静雅之地,变为草木难生的戈壁。

在大桃儿沟石窟的入口处右侧,现在还残存着一座佛塔(图1),平面方形,穹窿顶,残高2.53米,边长3.56米,墙厚0.52米。北墙壁保存比较完整,东墙壁和西墙壁仅保留与北墙壁连接的部分,穹窿也仅保留起券部分,佛塔其他部分皆塌毁,从形制来看,门应开在北壁。佛塔上方四角残留有很小的圆柱体,很可能是金刚宝座塔。此外,奥登堡的考察简报中还提到一个塔位于石窟的入口处(图2),对比德国探险家留下来的照片(图3),可知该塔在入口处的左侧,现已不存。这座佛塔在当时保存相对完好,四周墙体完整无缺,塔门清晰可辨。更为重要的是,佛塔上面还保留三层平面为多边形的塔身,这样的塔身在高昌故城、柏孜克里克千佛洞、乌江布拉克、小阿萨古城均有留存,是典型的藏式佛塔。

图1 大桃儿沟佛塔(沟东)

图2 大桃儿沟佛塔(沟西)

对于大桃儿沟石窟,奥登堡考察队的成员斯米尔诺夫对这个山谷拍过照,并用俄丈绘制了地形图。同时,奥登堡特别说明,坐落于山谷与山丘上面的许多石窟和建筑物,由于破坏严重,很难辨别原来的形制；这与现在的状况是比较相似的。虽然如此，奥氏还是兢兢业业地绘制了石窟平面图，并对保存相对完好的壁画，包括毁坏掉的壁画进行拍照。

图 3 大桃儿沟入口的两座佛塔

大桃儿沟石窟第 9 窟是最有特色的一个石窟，其壁画内容表现的是印度的八十四大成就者，为藏式风格。奥登堡较为详细地描述了这个石窟，并且拍摄了几幅照片，对我们复原这个洞窟，有着极高的参考价值。首先，从奥登堡考察队拍摄的石窟内景(图 4)来看，除了壁画本身因年久脱落之外，另有大面积被割取的痕迹，这说明在奥登堡到来之前，克雷门茨或者格伦威德尔已经割取了大量的壁画。其次，在奥登堡离开的几十年后，因当地人在此居住生火，烟熏比较严重，尤其是正壁有半部分、券定部分、门壁左侧部分(图 5)。奥登堡考察简报给我们留下了弥足珍贵的原始资料。如正壁，现仅残存右下角的塔和几身菩萨和佛的头光，而简报中给出了一个示意图(图 6)：1 为佛或菩萨，有头光，没有塑像；2 为佛的三个身躯；3 为树及树下面的白色身躯(菩萨？)；4 为树及树下面的四个红色的手；5 为基座上面的火焰，火焰中间坐着如意轮观音；6 为两个蓝色的支提塔；7

图 4 大桃儿沟第 9 窟内景

图 5　大桃儿沟第 9 窟内景(现状)

为蟒蛇。又如前壁左侧现今已被烟熏得不可辨认,简报中的图片(图 7)可以看出有水涡文、缠枝花卉、摩尼宝珠及树下的菩萨(?)等。此外,简报还对八十四大成就师中的二十四位作了详略不等的描述。

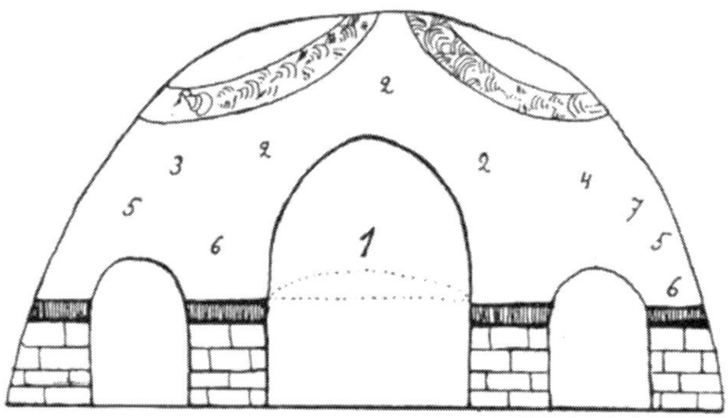

图 6　大桃儿沟第 9 窟正壁壁画分布示意图

二、小桃儿沟石窟

我们在调查小桃儿沟石窟时,共编了 6 个洞窟,其中第 2 至 6 窟在一个平面上,第 1 窟在下面一层,可能奥登堡调查时下面的一个洞窟还被砂土掩埋着,所以奥氏共编了 5 个窟号。奥氏简报中涉及了 3 个洞窟,分别是第 3、4、5 窟,分别对应我们调查编号的第 4、5、6 窟(下面的叙述仍以奥氏编号为准)。奥氏简报中,第 3 窟正壁还残存有佛

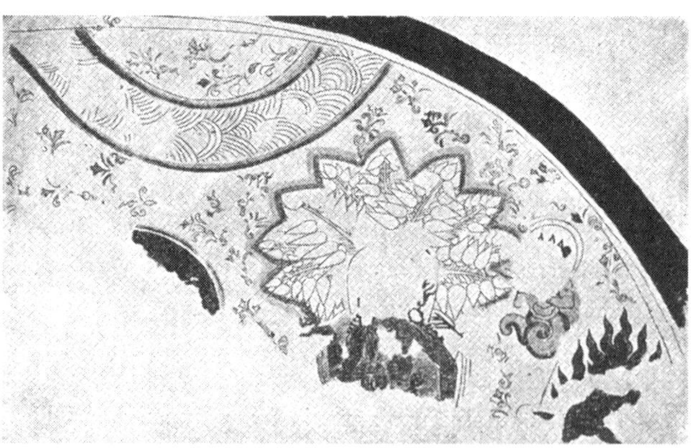

图 7　大桃儿沟第 9 窟前壁左侧壁画

像基座,其侧面有两个摩羯鱼和叼着蛇的金翅鸟的靠背。头光是典型的藏式风格,并特别明说这个头光不是圆的也不是椭圆形的。可惜的是,如今的这个洞窟,壁画已经全部不复存在。奥氏认为第4窟也很有意思,并取走了几块壁画。在第5窟,奥氏将注意力放在了正壁与侧壁交合部的成组的僧人壁画,并认为这是汉式风格(图8、图9)。于此我们表示认同,因为这些僧人图像下方就有汉文题记,而奥氏将这些壁画认定为阿罗汉图像,我们则认为这些图像是学僧图,同样类型的图像在胜金口石窟也有发现,格伦威德尔亦将其定名为学僧图。此外,通过图8和图9的对比,我们不仅能够清楚地看到壁画在一百多年内破坏的情况,同时也为我们深入解读这幅壁画提供了第一手资料。

图8　小桃儿沟第5窟壁画(俄国探险家拍摄)

图9　小桃儿沟第5窟壁画

值得一提的是,在第3窟奥登堡还发现了几片西夏文文书,这个信息非常重要,对于我们深入研究大、小桃儿沟石窟始建的年代有很大的参考价值。以前,我们在吐鲁番发现了11件(片)西夏文文书,它们分别发现于柏孜克里克千佛洞、吐峪沟千佛洞、高昌故城、交河故城、胜金口遗址,这些文书都是佛教文书。现在又在小桃儿沟石窟发现了西夏文文书,可以推测,它们也应该是佛

图 10 小桃儿沟佛寺遗址

教文书。如此多的西夏文佛教文书在吐鲁番发现，而且几乎遍布了吐鲁番的主要佛教遗址，由此可以想见,在西夏时期会有不少的僧人来到吐鲁番。同时，在这些被发现的文书中，有 3 件与藏传佛教有着密切联系,吾人固知,藏传佛教的向西、向北传播是通过西夏人完成的。在西夏中后期,西夏人接受了藏传佛教,这无论在黑水城文献里,还是在敦煌石窟壁画里都能找到大量的证据,而大、小桃儿沟石窟又是两处藏传佛教风格极为浓厚的石窟，它们的修造可能与西夏僧人也有一定关系。

在小桃儿沟石窟的东北面一块宽敞的平地上,有一处佛寺遗址,但仅存部分房屋的墙基。在没有正式考古发掘清理的情况下,我们很难搞清楚它的形制与布局。但奥登堡的考察简报的图片(图 10)却多少弥补了这个缺憾,从图中我们可以清晰地看到三间房屋,均由土坯垒砌而成。中间是宽敞的主殿,两边分别有配房,尤其是北面的配房还高高耸立。

三、艾尔米塔什博物馆所藏大、小桃儿沟石窟壁画及塑像

奥登堡亲口承认他在大、小桃儿沟石窟割取过壁画,至于克雷门茨是否割取过这里的壁画,尚不得而知。根据奥登堡在文章中谴责克雷门茨毫无头绪地大肆割取壁画的语句来看,克雷门茨是完全有可能在此割取壁画的。虽然奥登堡提及割取壁画的事,但究竟割取了多少在简报中并未透漏,幸而张惠明先生

在艾尔米塔什博物馆做过一次统计，使我们大致明了了大、小桃儿沟石窟壁画在俄罗斯的存在现状。现誊录如下表[①]：

表 1

馆藏编号	种类	内容	尺寸（厘米）	材料	收集地点	入存时间	旧编号	保存现状
Ty-78	泥塑	佛头残片	17	黄土	小桃儿沟第 4 窟	14/11/1931	1722-5	存
Ty-79	泥塑	菩萨头像	6.2	黄土	小桃儿沟第 4 窟	14/11/1931	1722-6	存
Ty-80	泥塑	右手残片	10.5	黄土	小桃儿沟第 4 窟	14/11/1931	1722-7	存
Ty-81	泥塑	菩萨头像	5.5	黄土	小桃儿沟第 4 窟	14/11/1931	1722-8	存
Ty-82	泥塑	小神像	5.5	黄土	小桃儿沟第 4 窟	14/11/1931	1722-9	存
Ty-83	泥塑	小神像	5.5	黄土	小桃儿沟第 4 窟	14/11/1931	1722-10	遗失
Ty-84	泥塑	小神像	5.5	黄土	小桃儿沟第 4 窟	14/11/1931	1722-11	遗失
Ty-85	泥塑	小神像	5.5	黄土	小桃儿沟第 4 窟	14/11/1931	1722-19	遗失
Ty-86	泥塑	头盖骨	4.5	黄土	小桃儿沟第 4 窟	14/11/1931	1722-17	存
Ty-87	泥塑	莲花瓣	10	黄土	小桃儿沟第 4 窟	14/11/1931	1722-15	存
Ty-88	泥塑	莲花瓣	9	黄土	小桃儿沟第 4 窟	14/11/1931	1722-16	存
Ty-90	其他	钱币	2.5	黄土[②]	大桃儿沟石窟	14/11/1931	1722-24	存

① 采自张惠明、鲁多瓦、普切林：《艾尔米塔什博物馆所藏俄国吐鲁番考察队所藏收集品简目》，《敦煌吐鲁番研究》第十卷，上海古籍出版社，2007 年，第 245—294 页。

② 钱币材质为黄土，恐有误。

续表

馆藏编号	种类	内容	尺寸（厘米）	材料	收集地点	入存时间	旧编号	保存现状
Ty-101	浮雕	残片-坐佛及卷草纹	19	黄土	大桃儿沟第 4 窟	14/11/1931	1725-18	存
Ty-102	浮雕	装饰性残片	6.5	黄土	大桃儿沟第 4 窟	14/11/1931	1725-12	存
Ty-103	泥塑	浮雕残片	14.5	黄土	大桃儿沟第 4 窟	14/11/1931	1725-20?	
Ty-104	装饰	雕塑残片	6	黄土	大桃儿沟第 4 窟	14/11/1931	1725-13	存
Ty-105	泥塑	莲花花瓣残片	10	黄土	大桃儿沟第 4 窟	14/11/1931	1725-14	存
Ty-106	泥塑	手	11	黄土	大桃儿沟第 4 窟	14/11/1931	1725-4	存
Ty-409	壁画	莲花	13.5×15.5	黄土	小桃儿沟第 4 窟	12/07/1930	1722-43-6	存
Ty-410	壁画	手	18×9.5	黄土	小桃儿沟第 4 窟	12/07/1930	1722-37	存
Ty-411	壁画	衣服等	22×18	黄土	小桃儿沟第 4 窟	12/07/1930	1722-37	存
Ty-412	壁画	带形边饰	17×16.5	黄土	小桃儿沟第 4 窟	12/07/1930	1722-38?	存
Ty-413	壁画	右半身像	12.5×5	黄土	小桃儿沟石窟	12/07/1930	1722-?	存
Ty-414	壁画	手	17×12	黄土	小桃儿沟石窟	12/07/1930	1722-?	存
Ty-415	壁画	线条与涡形纹边饰	13.5×6.5	黄土	小桃儿沟第 4 窟	12/07/1930	1722-?	存
Ty-416	壁画	腿部	13.5×13	黄土	小桃儿沟第 3 窟?	12/07/1930	1722-?	存

续表

馆藏编号	种类	内容	尺寸（厘米）	材料	收集地点	入存时间	旧编号	保存现状
Ty–417	壁画	骑在怪兽身上的人	38×21	黄土	小桃儿沟第 3 窟	12/07/1930	1722–39?	存
Ty–418	壁画	菩萨的躯干部分	25×11.5	黄土	小桃儿沟第 4 窟	12/07/1930	1722–39?	存
Ty–419	壁画	菩萨的肩和头发部分	13×19	黄土	小桃儿沟第 3 窟	12/07/1930	1722–39?	存
Ty–420	壁画	莲花和珠宝	58.5×37	黄土	小桃儿沟第 4 窟	12/07/1930	1722–37	存
Ty–703	壁画	佛和佛本生构图	107×243	黄土	小桃儿沟第 4 窟	12/07/1930	1722–36	存
Ty–704	壁画	残片	180×10	黄土	小桃儿沟第 4 窟	12/07/1930	1722–31?	存
Ty–705	壁画	佛和菩萨残片	85×49	黄土	小桃儿沟第 4 窟	12/07/1930	1722–31?	存
Ty–706	壁画	人体躯干部分残片	68×79	黄土	小桃儿沟第 4 窟	12/07/1930	1722–32	存
Ty–707	壁画	佛残片	22×22	黄土	小桃儿沟第 4 窟	12/07/1930	1722–37/12	存
Ty–766	壁画	建筑（局部）	22×19	黄土	小桃儿沟第 4 窟	12/07/1930	1722–37,3	存
Ty–767	壁画	佛	41.5×46	黄土	小桃儿沟第 4 窟	12/07/1930	1722–д	存
Ty–768	壁画	那伽人形象	23×16	黄土	小桃儿沟第 4 窟	12/07/1930	1722–37,5	存
Ty–769	壁画	喇嘛	22×19	黄土	小桃儿沟第 4 窟	12/07/1930	1722–39	存

续表

馆藏编号	种类	内容	尺寸（厘米）	材料	收集地点	入存时间	旧编号	保存现状
Ty-770	壁画	佛和佛传故事构图	a.65×42 6.70×48 b.44×38	黄土	小桃儿沟第 4 窟	12/07/1930	1722-1,2,3	存
Ty-771	壁画	带有众人物形象的构图	a.71×31 b.105×45 c.98×46	黄土	小桃儿沟第 4 窟	12/07/1930	1722-35	存
Ty-772	壁画	佛	43×25	黄土	小桃儿沟第 4 窟	12/07/1930	1722-?	存
Ty-773	壁画	带白底色的佛	19×40	黄土	小桃儿沟第 4 窟？	12/07/1930	1722-a?	存

由上表可见，俄国吐鲁番考察队在大、小桃儿沟石窟割取了不少壁画，如果把这些壁画和现存格伦威德尔割取的壁画放在一起综合研究的话，将有助于我们全面解读这两个石窟的壁画内容。如 2008 年，在由俄罗斯艾尔米塔什博物馆主编的一本画册中，公布了 4 幅非常珍贵的小桃儿沟石窟壁画（图 11—图 14）[①]，有菩萨、佛及佛传故事，画面呈现出浓厚的藏传佛教风格。它们究竟与上表所列壁画的哪一个相对应，这是我们下一步所要解决的问题；比较容易对应的是图 1 与表 1—Ty-703，这是因为画册中壁画与上表所列壁画的尺寸一样，但张惠明等将这幅壁画的内容定为佛本生是有欠周全的。我们仔细看图一的左侧下方应为金刚手，又名秘密主，梵名 Vajrapā，藏名恰那多杰，属金刚部，因手持金刚杵而得名，为大势至菩萨的忿怒化现，司大能力，亦称大力尊[②]。金刚手双臂三目，周身绕以飘带，左手作期克印，上举的右手持金刚杵，金刚手上面的图像也可能是金刚手，因看不到右手的姿态，故不能确知。金刚手右侧有

① Издательство Государственного Эрмитажа.ПЕЩЕРЫ ТЫСЯЧИ БУДД РОССИЙСКИЕ ЭКСПЕДИЦИИ НА ШЕЛКОВОМ ПУТИК 190—ЛЕТИЮ АЗИАТСКОГО МУЗЕЯ（КАТАЛОГ ВЫСТАВКИ）, Санкт-Петербург, 2008, С.232—233.

② 金刚手的右上方有回鹘文题记，据吐鲁番学研究院李刚博士告知，意思为“力之子”。

图 11　俄罗斯艾尔米塔什博物馆藏小桃儿沟石窟壁画之一

三幅图像，描绘的是佛传故事，左起第一幅为太子逾城出家，太子骑马，四天王托举四条马腿；第二幅为太子下马，劝两位仆人返回宫中，图像中没有描绘太子，只留下了马与两位仆人；第三幅是太子为彻底与尘世断绝，用自己的利剑削去满头乌发。图 12[①]的图像风格，谢继盛先生觉得有晚唐绘画的某些特征，认为其年代在 10 世纪前后[②]，而俄罗斯艾尔米塔什博物馆所编的画册中认为其年代在 11—12 世纪。可以说，他们对壁画年代的断定都是值得商榷的。根据我们的现场调查，结合德国探险家所掠走的穿着蒙古服

图 12　俄罗斯艾尔米塔什博物馆藏小桃儿沟石窟壁画之二

① 此图亦出现在 С.Ф.Олденбург.РусскаяТуркестанскаяЭкспедиція1909—1910，Санкт—Петербург，1914，С.27.

② 谢继盛：《西夏藏传绘画：黑水城出土西夏唐卡研究》，河北教育出版社，2001 年，第 413—414 页。另，谢先生在书中误将此幅壁画认为胜金口所出，这点需要研究者注意。

图 13 俄罗斯艾尔米塔什博物馆藏小桃儿沟石窟壁画之三

装的供养人像判断，小桃儿沟包括大桃儿沟石窟修建的年代应该在元朝统治的高昌回鹘时期，也有学者认为石窟内的壁画时代可能更晚至元末明初[①]。

四、结 语

图 14 俄罗斯艾尔米塔什博物馆藏小桃儿沟石窟壁画之四

要言之，学术界现在对吐鲁番的藏传佛教认识，特别是大、小桃儿沟石窟的藏传佛教壁画还处于一个陌生的阶段。如上文所述，诸家在壁画年代的断定上产生了几个世纪的差异，愚以为其中缘由，一方面是现存石窟壁画公布较晚，直到 2012 年石窟的调查简报才公之于众；另一方面即为文章开头所述，国外探险家的材料虽然已经发表了一个世纪之久，但至今没有全部翻译成汉文，使得学者们无法了解石窟的全部面

① 详见李翎：《密教双身图像研究——以丹丹乌里克木板画为引子》，《中国国家博物馆馆刊》2013 年第 1 期，第 105 页。

目，从而也影响了我们深入认识藏传佛教在新疆的传播与发展。

下一步，我们将结合格伦威德尔的相关吐鲁番的考察报告，对石窟壁画进行全面解读并复原，如大桃儿沟第9窟的八十四大成就师，格伦威德尔和奥登堡定名时，并未参考画面上的回鹘文题记，这就影响了定名的准确性；此外，据龟兹研究院的赵莉老师见告，德国柏林亚洲艺术博物馆藏有当年格伦威德尔割去的成就师壁画，如能综合现存的壁画就可以部分复原壁画原貌。又如小桃儿沟石窟第4、5窟（格伦威德尔编号第3、4窟），特别是第4窟，现在已经坍塌，残存壁画均被埋在土层下面，在没有正式考古发掘之前，可以结合外国探险家考察报告和他们割去的壁画进行复原。在壁画解读和复原的前提下，结合传世文献及敦煌吐鲁番出土的汉文、回鹘文、西夏文、藏文、蒙古文文书，在一个大的历史背景下，对石窟修建和壁画绘制进行断代。

后　记

自 2007 年来到吐鲁番学研究院工作后，我便一发不可收拾地喜欢上了石窟壁画。是年 7 月，我与新来的同事安世佳、任志新一起被单位分配到交河故城实习，故城旁边的雅尔湖石窟深深的吸引了我，尤其是第 4 窟券顶的千佛，均有汉文榜题。于是，我现场做了笔记并进行拍照，但初次接触壁画，感觉无从下手，此事便暂告一段落。这年春节，我在苏公塔文管所值班，由于没什么游客，便拾起在交河实习时的笔记，与爱人对着电脑看壁画照片，将千佛榜题逐一录文。这段日子虽然清苦，却是具有“里程碑”意义的，随着千佛榜题的释读，我算是正式迈入高昌石窟壁画学习和研究的新阶段。

由于硕士阶段学习的是西夏史，来到吐鲁番后，我便尝试着梳理西夏与回鹘的关系。史籍记载：西夏建立政权后，统治者曾宴请回鹘僧人翻译佛经，这说明回鹘佛教对西夏是有影响的。那么，反映在石窟壁画上，回鹘是否也影响了西夏呢？于是我就阅读相关著作，以此为线索写了篇《高昌回鹘与西夏佛教艺术关系考》的小文。后来再看此文，觉得不成熟，一些观点也很牵强，故未收入本书。究其缘由，主要是对高昌石窟壁画没有进行实地调查，只是“纸上谈兵”。于是，我便萌生了全面调查吐鲁番石窟的想法。

自 2011 年开始，在单位领导的支持下，我组织相关专业人员首先对小石窟展开调查。通过调查，可谓收获良多。比如大、小桃儿沟石窟，学界对此知之甚少，调查成果表明：这是两处极其珍贵的藏传佛教石窟寺，在整个新疆是独一无二的，对于我们深入研究元朝时期藏传佛教在吐鲁番的传播有着重要的意义。就这样，我边调查、边思考、边写作，十年下来，便形成了这本习作。习作中的论文大部分是我本人所写，也有和同事合写的，少部分是在我指导下所写，为不掠人之美，特将著者、篇名和原发表处罗列如下：

1. 吐鲁番地区文物局、吐鲁番学研究院：《雅尔湖石窟调查简报》，原载《吐鲁番学研究》2015 年第 1 期，执笔：陈爱峰、李亚栋，测绘：徐佑成、蒋金国、徐静、赵静、安世佳，线描：陈新勇、徐东良。

2. 吐鲁番地区文物局、吐鲁番学研究院：《大桃儿沟石窟调查简报》，原载《吐鲁番学研究》2012 年第 1 期，执笔：曹洪勇、徐东良，测绘：徐佑成，线描：徐东良，摄影：李春长。

3. 吐鲁番地区文物局、吐鲁番学研究院：《小桃儿沟石窟调查简报》，原载《吐鲁番学研究》2012 年第 1 期，执笔：陈新勇、李春长，测绘：徐佑成、陈爱峰，线描：徐东良，摄影：李春长、陈新勇。

4. 汤士华、陈玉珍：《雅尔湖石窟第 4 窟千佛图像研究》，原载《第三届吐鲁番学暨欧亚游牧民族的起源与迁徙国际学术研讨会论文集》，上海古籍出版社，2010 年。

5. 赵阳、陈爱峰：《吐峪沟石窟第 44 窟兔王本生故事考》，原载《敦煌研究》2013 年第 6 期。

6. 陈爱峰：《柏孜克里克石窟第 17 窟佛说大乘庄严宝王经变考释》，原载《敦煌研究》2016 年第 6 期。

7. 陈爱峰：《净土的选择：柏孜克里克第 29 窟六字观音经变考释》，原载《宗教学研究》2018 年第 3 期。

8. 陈爱峰：《柏孜克里克第 40 窟如意轮观音经变研究》，原载《吐鲁番学研究》2016 年第 2 期。

9. 陈爱峰：《高昌回鹘时期千手千眼观音图像研究》，未发表。

10. 陈爱峰：《高昌回鹘时期华严三大士图像研究》，未发表。

11. 陈玉珍、陈爱峰：《大桃儿沟第 9 窟八十四大成就者图像考释》，原载

《敦煌研究》2014 年第 6 期。

12. 陈爱峰、陈玉珍、[日]松井太:《大桃儿沟第 9 窟八十四大成就者图像补考》,原载《敦煌研究》2020 年第 5 期。

13. 陈爱峰:《大桃儿沟石窟第 10 窟观无量寿经变考释》,原载《敦煌吐鲁番研究》第十五卷,上海古籍出版社,2015 年。

14. 陈爱峰、吾买尔·卡德尔:《高昌故城东南佛寺与藏传佛教》,原载《中国藏学》2013 年第 4 期。

15. 陈爱峰、曹洪勇:《20 世纪初俄国探险家对吐鲁番大、小桃儿沟石窟的考察》,原载荣新江、朱玉麒编《西域考古·史地·语言研究新视野——黄文弼与中瑞西北科学考查团国际学术研讨会论文集》,科学出版社,2015 年。

这些论文,除了 3 篇是调查简报外,大部分都是针对某个洞窟或某一类题材壁画的微观解读。曾有同道好友善意提醒我,做石窟研究要有宏观的视野,不可拘泥于壁画这一个层面。他的提醒是很有道理的,但现阶段来说,我还达不到宏观的考量整个高昌石窟的能力。首先,石窟研究涉及学科甚多,无论你是学考古的,或是学美术的,亦或学历史的,都可以从各自不同学科出发,找到研究的切入点,而我目前更多的是从历史学的角度探讨壁画所蕴含的历史信息。其次,即使是壁画,我也只是熟悉整个高昌石窟的一小部分,具体来说就是限于目前所调查的石窟,如大桃儿沟石窟、小桃儿沟石窟、雅尔湖石窟及柏孜克里克石窟。在没有全面掌握资料的情况下,冒然总结出一个宏大结论的话,是有风险的。

有鉴于此,我想目前工作的重点还是要放在石窟调查上来。虽然这条路仍旧漫长,所幸的是得到了市领导及单位领导的重视,中断多年的调查工作重新开展起来。5 月的吐鲁番,天气已经火热起来,正如我那一颗火热的心。愿这本不成熟的小书,激励我继续向前,向着我梦中的地方进发!

2019 年 5 月 6 日

于吐鲁番葡城怡祥苑家中